不输在家庭教育上

第四十三卷

石宣 主编

中国商业出版社

图书在版编目（CIP）数据

不输在家庭教育上．第四十三卷 / 石宣主编．
北京 ：中国商业出版社，2024．12．-- ISBN 978-7
-5208-3233-5

Ⅰ．G78

中国国家版本馆CIP数据核字第2024B29A36号

责任编辑：聂立芳
策划编辑：张　盈

中国商业出版社出版发行
（www.zgsycb.com　100053　北京广安门内报国寺1号）
总编室：010-63180647　编辑室：010-63033100
发行部：010-83120835/8286
新华书店经销
阳谷毕升印务有限公司印刷
*
787毫米×1092毫米　16开　16印张　301千字
2024年12月第1版　2024年12月第1次印刷
定价：80.00元
* * * *

家长学校教材
《不输在家庭教育上》
（第四十三卷）

石　宣 / 主编

第四十三卷学习计划表（供参考）

课程	学习方式	时间	备注
家长学校教材（100篇）	班级微信群	4篇/月	家委会选定
	班级集体	1篇/月	家委会选定
	家长自学	15篇/月	家长自选
	亲子共读	1篇/月	家长自选
	作业	1次/月	自愿：家委会选定
公益课程	视频课程	家长自选	家委会推荐二维码
	直播间课程	学校安排	家长自愿参加

投稿信箱：jiajiao68@163. com

咨询请加微信

家长学校补订正版《不输在家庭教育上》
第四十三卷请用微信扫一扫

石宣家庭教育

高质量的家庭教育读物能够帮您打造一流的家庭育人环境

凡购买正版《不输在家庭教育上》第四十三卷赠送家庭教育视频和直播间等公益免费课程，学习方式由家委会或网络班主任发送。

致作者：没有收到稿费的作者，看到信息请速发邮件至767807199@qq.com（或联系汉柏老师：13876383639 微信同号）。内容写明：哪卷、哪页、哪篇文章，作者姓名、电话、微信号、详细邮寄地址、收款账号等。

编　写：全国家长学校实用教材编写组

主　编：石　宣

执行主编：石　姜　宏　远　于俊卿

落地式协同育人指导专家

（按姓氏笔画为序）：

大　海　大　漠　万　雯
千堆雪　Marie（新西兰）
马红娟　天　遇　王　虹
王　蓉　王　慧　王　蕾
王玲花　王凯燕（美国）
王鸽平　石　文　向华萍
向楠楠　刘会霞　刘春琴
刘梦泽　孙　岫　宋凤英
邹　丽　李　卉　李　欣
李建丽　肖丹玉　吴全正
吴汶柏　汪小洁　杨子龙
杨莉玲　杨悦桐　杨超琴
陈红玲　周　玲（美国）
英　子　范红娥　赵琴琴
陆秀云　郑梅英　欧　阳
高印荣　哲　洋　梁　戈
梁志芳（希腊）　郭丽艳
黄声兰　琴　琴　韩　凯
韩文翰　蒋慧婷　蒲　琳
翟蕾蕾　撰　七

装帧设计：雨　露

关于家庭教育的八句话

文/明珠絮语

1. 不是每个孩子都是读书的料

网上流行一句话："铁杵能磨成针，而木杵只能磨成牙签。材料不对，再努力也没用。"不是谁都适合学数理化语数外，通过文化课的考试实现生命跃迁，这个途径只属于一部分人。我们每个人都是各不相同的，我们的孩子当然也是各不相同的，让所有孩子都集中在高考的赛道上是个误区。

2. 天赋有时候比努力更重要

爱迪生说的那句"天才是1%的灵感，加上99%的汗水"，后面还有一句"1%的灵感是最重要的，甚至比99%的汗水都重要"。天赋是一个人在某个方面与生俱来的优势，如音乐、绘画、数学等。这些天赋能够使他在相关领域的发展中，比普通人更快地掌握技巧，更深地理解问题。天赋的存在为他提供了独特的竞争优势，使他在追求成功的道路上能够更快地脱颖而出。

3. 成绩和成功并不成正比

值得欣慰的是，不是每个青史留名的成功人士都是学霸，成绩代表的是一个人对现成知识的记忆、使用、归纳和整理能力，在高考中，这是全部，但在人生的竞争中，这只是一部分。

良好的智商当然有助于人生成功，但情商、逆商同样是重要条件。人生越往后走，拼的越是综合实力。只要找到自己的热爱并为之奋斗，脱颖而出的机会照样多。

4. 老师的作用是培养不是塑造

同一个老师教同一个班的学生，从第一名到最后一名水平参差不齐。老师只是一个园丁，学生最终长成什么样子，要看种子是什么样子。你是玫瑰的种子，不可能开出牡丹花。老师的作用是悉心培养，浇水施肥，让所有种子都茁壮成长。教育的作用在于，让每一粒种子都成为最好的自己。

5. 谁的孩子像谁

无论是长相，还是脾气秉性，孩子和父母很像。一部分来自基因遗传，一部分来自日常生活中的熏陶。至少在中小学阶段，在学生身上看不到老师的痕迹，却能看到父母的影子。家庭环境对孩子的影响至关重要，耳濡目染是最重要的教育。想让孩子成人，父母就得先成人。如果孩子的成长不遂人意，不要责备老师，应该反思自己。

6. 孩子的成绩指望不上别人

学习不是求人办事，也不要寄希望于补课。在学校都没有把知识学懂，靠课外补习就能学懂吗？起作用的还是父母，从小培养孩子的良好的学习习惯，比什么都重要。如果孩子小时候没有养成好习惯，现在只能花更多的时间和精力去弥补。指望花钱找人帮忙，希望都会落空。

7. 爱好需要从娃娃抓起

正常的童年，怎么过都是快乐的。很多事，对于很多人而言，小时候错过了，可能一辈子就错过了。尽自己的能力，让孩子从小尽量多涉猎一些东西、多接触一些新鲜事物，发现孩子的兴趣爱好，能让他一辈子受益。

8. 远离宣扬“读书无用”的人

不管孩子是不是读书的料，不管孩子的天赋如何，在学龄阶段都必须把书读完，而且尽量读好，这是孩子一生做任何事情的基础。在人生的每个阶段，把该做的事做好，这本身就是一种历练。

目　录

家教误区

名人家教

家庭之道

专家论坛

警示篇

青春期

心理健康

品格塑造

能力提升

习惯养成

亲子沟通

兴趣培养

教子心得

指导手记

文/立正妈妈

《教育应是：让花成花，让树成树》之一：

新时代育儿 不可再走寻常路

1. 不聊学习时，孩子让我感到陌生

案例1

妈妈说：“不好好吃饭，肚子里的小精灵不开小火车，食物就无法消化了。”儿子说：“错了。帮助消化食物的不是小精灵，而是我们的胃液。”妈妈说：“天黑了，太阳公公下班了，你也该睡觉了。”儿子说：“那是因为地球自转，另一面朝向太阳，所以这一面天黑了。”妈妈说：“快睡觉，圣诞老人只给睡着的小孩送礼物。”儿子说：“礼物是真的，但圣诞老人是假的。”儿子又说：“妈妈，你知道量子力学的不确定性吗？”妈妈说：“我想一下，待会告诉你。”儿子说：“你又要去百度了。”

案例2

爸爸给儿子传授足球知识：“足球起源于中国古代战国时期的齐国，当时足球名为蹴鞠，到明朝才没落。”儿子说：“古希腊人和古罗马人在中世纪以前就玩一种足球游戏，称为哈巴斯托姆。”见爸爸语塞，儿子反问：“爸爸，你知道为什么所有球类运动中足球最受欢迎吗？因为只有足球最符合人类血液里流淌的原始狩猎情结，那种追逐猎物的战斗状态，让大家疯狂。”

案例3

爷爷和孙子们开玩笑说：“你们是妈妈从医院里捡回来的，不听话就送回去。”大孙子反驳道：“爷爷你错了，宝宝是父母的精子和卵子结合变成的受精卵。”小孙子附和道：“没错，受精卵在妈妈的子宫里住十个月，然后，宝宝才能生出来。”

案例4

妈妈问儿子：“车里播放的音乐是哪个国家的？”没想到儿子从日本音乐说到小二度、大二度，以及如何用半音辨别小二度。然后，又从日本音乐说到印度音乐、非洲音乐和意大利音乐。又说到霍金的预言、中医的神奇、秦始皇的求丹之路。整个过程，儿子神采飞扬。

点评

如今四五岁的孩子嘴里冒出自转、公转，宇宙、黑洞等抽象词已经不是新鲜事了；六七岁的孩子懂天气、知星体，把中华民族上下五千年的典故说得头头是道；八九岁的孩子已经可以和人讨论人生哲学、

环境生态、历史人文、生物医学了。

2. 孩子无意间展露的知识，惊艳众人

案例 1

来自浙江绍兴的男孩从小酷爱火箭，小小年纪已经积累了很多专业的航天知识。有一年，父母带他参观拉萨藏域星球天文体验馆，他一眼就发现了介绍长征三号的视频标注的是长征五号；分离的顺序也错了，于是当场提出质疑。随后，有关方面对此进行了回应，表示小朋友很专业，展馆确实弄错了。

案例 2

河北四年级学生小田，在参观西安碑林博物馆时，发现碑刻上的年份标错了，他大胆地向工作人员提出纠错意见，得到了工作人员的认可和感谢。他说：我喜欢读历史书，我把《上下五千年》读了五遍，我正在读《二战全史》。当记者请他讲几个历史小故事时，他信手拈来，讲了隆美尔和蒙哥马利的故事。

案例 3

山西的一个幼儿园，孩子们在菜园里发现了一大片类似蜘蛛网的东西，他们通过亲身体验和自主探究，结合已有的经验，最终判断那不是蜘蛛网而是网绳，并了解了其用途。在这个过程中，孩子们展现出了强烈的求知欲和探索精神。

案例 4

有个小学生，在操场上摇头晃脑，看起来像背书一般，嘴里不停地念念有词，表情认真严肃，但实际上他是在算数学题。他的算数水平和熟练程度让人惊讶，他专注的样子也引起了周围的同学和老师的围观和赞叹。

点评

当我们沉浸在成绩、升学的焦虑时，目光所及，只能看到排名、重点中学、名牌大学，殊不知，这群看似不起眼的小小少年已经在“他的喜好、他的兴趣、他的优势”上，用让人诧异的速度，成长为我们难以置信的模样了。

3. 千万不要再说孩子不务正业了

案例 1

从小就爱打游戏的维塔，打出了心得，进而学习编程设计游戏。后来，学而优则教，其上传教学视频，教大家学编程。连苹果公司的CEO库克，都专门在微博上，向他送来祝福和肯定。

案例 2

来自深圳艺术学校的宣宣同学，上数学课时，灵感突现，于是冲回家，用四个旋律创作出歌曲并风靡

应知应会：教孩子学会大声呼救。（参考答案：p14）

全网。数学老师说会全力支持她追逐音乐。

案例 3

一个毕业即失业的何同学，躲在宿舍里废寝忘食地鼓捣视频，以一期《我做了苹果放弃的产品》的视频，获得微博热搜、哔哩哔哩网站热门第一、知乎热榜第一，迅速走红，何同学还获得与苹果CEO库克线上视频对话的机会，并受到数家媒体的关注和报道。

点评

这些孩子在校内可能表现平平、成绩平平，看似泯灭众人，却有着共同的特点：对喜欢的事物钻研到极致。点燃热爱，再微弱的光都是燎原之火。但追逐星辰大海的背后，离不开父母的支持。

4. 新时代的育儿，不可再走寻常路

案例

一个小学二年级的学生，成绩优秀，知识面广。每次在小区楼下玩，孩子们都喜欢围着他问这问那，并戏称他是“行走的小百科”。他的妈妈说，孩子得益于爷爷从小对他进行的地理启蒙。孩子的爷爷是清华大学退休的教授，从孩子幼年开始，就带着他研究地理。

孩子的爷爷说：“一个地方的地形决定一个文明的发展方向，而一个文明的发展包括人文习俗、历史政治、经济文化等多个方面的内容。”凡是能看懂地图的孩子，空间思维能力、分析能力都超于同龄人。所以，很多老师常说地理其实是理科，就是这个原因。

点评

“别人家的孩子”背后是“别人家的父母”。新时代的孩子在国际上被称为“阿尔法一代”“α世代”。作为在互联网中成长起来的一代，他们的知识随处可得，思辨能力却难得。

作为父母，新时代育儿不可再走寻常路，与其挤破头冲上独木桥抢学位，不如陪伴孩子寻找兴趣点，培养孩子独立思考和学习的能力，引爆孩子的求知欲。那么，成功的道路就不仅仅局限于好大学、好工作，任何一方沃土，都可以成为他们展现光芒的舞台。

家教语录(1)

孩子在表扬自己的父母的爱里长大，在和朋友的关系中承认对方的优点，友好相处。表扬和鼓励孩子，是从注视孩子的个性和在欢乐的日常家庭生活中产生，重视孩子的看法是很重要的。

文/Guokr

《教育应是：让花成花，让树成树》之二：

下一代的未来没有标准答案

在纪录片《生命·成长》中，心理学家贺岭峰说："翻开家庭教育的历史，古今中外从来没有一批父母像现在这样，在孩子的教育上花费了太多的时间、精力和情感。""上百年后如果有人回顾这段教育史，评价应该是负面的。"有人可能会说："倾尽所有，何错之有？"或许，错就错在：付出太多，方向错了。

1. 孩子将来面对的，跟你面对的不一样

案例

有一位出生在偏远山区的爸爸，当年全家掏空家底供他读书，后来他凭借不屈的努力，通过了一场难度系数超高的资格考试。通过这次考试，他知道自己一定会被大公司聘用，因为他拿到了跨越原有阶级的敲门砖，成为跨国公司的高管。他的下一代含着金钥匙出生后，自然不用再经历他从前贫困潦倒的生活，从小锦衣玉食的孩子享受着来自父辈创造的物质生活，上着昂贵的国际学校，未来看起来一片光明。但这个爸爸却说："我儿子的人生将比我更难，他要面对的未来世界，你根本不知道竞争的终点在哪里。"

点评

时代不同，再结实的铁饭碗随时都有可能被砸碎。2023年世界经济论坛的最新报告显示，全球近四分之一的工作预计将在未来5年发生变化，将近一半的工作将在未来15年内被人工智能所取代。短短二三十年，世界的变化早已天翻地覆，一纸文凭就能走天下的时代已经过去了。

这代孩子所处的环境日新月异、变化万千，这代父母的脚步难以跟上。可惜，充满偏见的父母，却依然固执地让孩子"听话"，说着"我吃过的盐比你走过的路还多"，打着"为你好"的名号，干涉和控制孩子的人生。对此，贺岭峰连连摇头："孩子将来面对的世界，跟你面对的不一样。所以，用我们的价值观判断未来，是一件很可怕的事。在习得新东西方面，你原有的知识、经验不是优势，反而是阻碍。"

2. 父母的焦虑，正在拖孩子的后腿

举例

先是焦虑孩子说话晚，孩子会说话了，又焦虑孩子没礼貌、乱打

应知应会：培养高情商的孩子，父母该怎么做？（参考答案：p166）

人；孩子不打人了，又焦虑孩子不会拼写；孩子会拼写了，又焦虑孩子上课不主动发言。前面的焦虑刚消失，后面的焦虑又接踵而至。可是，过度的焦虑是有害的。

案例

2018年，第一批“00后”进入大学，某大学为本校大一新生做了一次心理普查，结果显示：30.2%的新生表示厌恶学习，如果让自己选择，这辈子再也不想学习了。

点评

面对多变的时代，孩子最需要的能力是“以变应变”。可是，在他们的生活中，父母最忌讳的却是“变”。父母早就画好了蓝图，生怕孩子输在起跑线。从孩子出生起，他们就开始事无巨细地插手，规划好的康庄大道，要求孩子每一步都稳扎稳打，不偏不倚；列好的每日清单，要求孩子每个都循规蹈矩，尽善尽美。当这代父母依旧以惯性教育下一代时，殊不知，未来早已不再有标准答案了，越是以传统的方式逼迫孩子埋头苦学，孩子被时代的列车抛得越快。

父母的焦虑，正在拖孩子的后腿。孩子成为父母焦虑的替罪羊，父母的爱与期待变成了孩子成长的负担。父母的控制与挤压，让孩子享受着最好的物质，却背负着最沉重的枷锁。

3. 那么，应该如何养育孩子呢

（1）摒弃唯分数论

案例 1

哈佛大学曾经进行了一场历时75年的研究，主题是“什么样的人最有可能成为人生赢家”，研究人员选择了724名本科生，跟踪研究他们的人生经历，探讨“人生赢家”的符合指标。结果显示：发展最好的那些人都把精力投入了关系中，尤其是家人、朋友和周围人。这个实验用一代人的人生缩影告诉我们，所谓的人生赢家，无关财富、名声，或者事业有成。

案例 2

贺岭峰曾谈到让女儿学做饭这件事：“我希望哪怕将来有一天我们都不在了，她一个人在这个世界上，突然想吃什么东西了，自己就可以做出来。”做饭看起来如此简单，他却认为比拿满分还重要，因为这是一种能够“给自己温暖、幸福”的能力。当我们没办法护孩子一辈子周全的时候，让孩子拥有爱自己、爱人生的能力无比重要。我们经常说让孩子“赢在起跑线上”，其实越是希望孩子跑赢人生的马拉松，越要摒弃唯“分数”论，别让本该被重视的人格塑

应知应会：防止亲子疏离的小方法。（参考答案：p61）

造、身心培养被学习给淹没了。

点评

余世存曾说："你的职责是平整土地，而非焦虑时光。你做三四月的事，在八九月自有答案。"为人父母应该是一片让种子茁壮成长的土壤，在孩子还小的时候，用欣赏的眼光、鼓励的话语、支持的行动，给足他安全感，让他保持好奇心，拥有面对世界热情洋溢的生命状态，无论时代如何变化，在爱的土壤里生根发芽的孩子，都会拥有一份"以不变应万变"的底气。

（2）拥抱不确定性

案例

一位妈妈曾经因为孩子不理想的分数而感到困扰，但在一次德育作业中，孩子独立录制了一段5分钟的视频，让她看到了孩子的潜力。妈妈开始反思自己对分数的过分关注，意识到应该理性看待孩子的成长，尊重孩子的兴趣和天赋。从此，她鼓励孩子尝试新事物，并给予足够的空间和支持，让孩子在探索中发现自己的优势。通过调整教育方式，妈妈不仅看到了孩子的成长，也减轻了自己的焦虑，还增强了亲子关系的和谐。

点评

心理学家赵昱鲲说过一段话："做父母的总是忍不住想象孩子的未来，但是在无限多的可能性中，孩子到底会有怎样的人生是你无法决定的。无论你怎么焦虑，都不可能消除生命成长的不确定性。"

所以，父母要给自己的心理松绑，拥抱不确定性。不要全方位、无死角地控制孩子，更不要用自己老一辈的思想去指导孩子的人生。育儿没有标准答案，孩子未来要面对的世界，一定比现在更加复杂。与其焦虑跟不上，不如脚踏实地于眼前，将养育的重心回归到培养孩子通用的软技能上。

心理学教授斯泰拉·克里斯蒂曾强调：所谓通用的技能，就是那些帮助我们在这个复杂世界里生存并茁壮成长的技能。比如调节自己的欲望和情绪，能够直面竞争，也能乐于分享；比如学会倾听他人，也能表达自我；比如不惧改变，能够享受日常，也能直面挑战；比如懂得感恩，也愿意付出。因此，无论未来怎么变，他们都能找到快乐和安定。靠老牛拉车，车跑不远。靠父母推着走，孩子走不动。但只要孩子自身对生活抱有热情，愿意主动去拥抱世界，就如同自带发动机的汽车，动力满满，未来才能跑得更快，跑得更远。

《教育应是：让花成花，让树成树》之三：

我们要看到孩子的多元能力

文/小树妈妈

1. 孩子说“看到排名，我完蛋了”

2013年高考，女孩小赵排名某市第一，她顺利地被北京大学录取。但当小赵知道自己排名的那一刻，她的感受却是很不开心的，她觉得自己完蛋了。对于她而言，“完蛋了”并不是戏谑、玩笑，而是她内心最真实的声音，因为某市第一，达不到清华大学、北京大学各个专业随便选的程度。为了满足父母希望她上北京大学的期望，她报了小语种的志愿，选择了自己不喜欢的日语专业。然而，因为对学日语没有兴趣，所以学起来很吃力，那种失落感可想而知。毕业时，小赵两手空空地离开了北京大学。

当初，凭借小赵的高考成绩，选一所普通的大学、喜欢的专业，是一件很容易的事情。可是，为了不让父母失望，她选择了一条在别人看起来很正确，但自己走下去却很艰难的路。小赵的事例也折射出当下很多孩子的现状，尤其是那些从小乖到大的孩子，越被期待，越不敢试错和成为自己。

豆瓣上有个“好学生心态受害者”小组，很多“好学生”在这个小组里抱团取暖：“我是被父母吓大的”“我习惯于压抑自己的需求”，这些孩子从小习惯了顺从和听话，做什么都优先考虑别人的想法。而为了迎合讨好，他们活成了虚假的自我，成为别人口中的乖小孩，长大之后被“好学生心态”困在了牢笼里。

2. 我们要看到孩子的多元能力

陈默老师说：“有很多人本来可以很有成就，为什么没有呢？因为他的潜能被抑制住了。”小赵就是如此。她说，自己从北京大学毕业后，她也曾尝试过找别人眼中有前途的好工作。她辗转北上广深，去过国企，也去过私企，折腾了好几年，最终都没干成。

最终，她回到老家。在不断尝试、碰壁后，小赵决定做自己擅长的写作，从开始写到文章发表，再到她的小说在竞赛中入围。小赵说，被人看到、被人肯定是一件很快乐的事情。她找到了适合的路，也找到了自信。

在一期《纪念·成长》节目中，心理学家叶斌说过一段话：“看到孩

对照：你是只看孩子缺点的父母吗？（参考答案：p20）

子的多元能力，帮助孩子找到适合的路。”他把一个家庭比作一片森林，有人是树，有人是草，有人是花。在不同的教育下，形成不同的生态。那么，想要发现孩子到底是树、是花、是草，就要创造丰富的外部刺激环境，让孩子去尝试，父母要做默默的观察者，仔细观察孩子的反应。否则，你就不知道孩子会不会、喜不喜欢、擅长与否。而一旦孩子找到了自己的天赋或热爱，它带来的动力和能量是很强大的。它能让每个普通的孩子发光，也能让孩子从三分钟热度变得极为专注。

父母要通过观察，帮助孩子发现天赋，并培养天赋，使它变成孩子的才能，这样孩子就可以做自己喜欢的事。

3. 如何帮助孩子发展多元能力

（1）鼓励好奇心

好奇心是开启孩子多元智能和创新能力的第一步。父母应该激发孩子的好奇心，为他们提供足够的资源和指导，让他们自由探索、学习和成长。

（2）提供多元化的学习经验

为孩子提供多种活动、玩具、书籍和课程，帮助孩子尝试不同的领域，发现自己的兴趣和潜力。这有助于孩子发展智能，并更好地适应未来的多元化社会。

（3）培养观察力和创造力

鼓励孩子多观察周围事物，并用自己的方式表达出来。引导孩子从不同的角度思考问题，鼓励他提出自己的独特见解和解决方案。

（4）鼓励解决问题

当孩子遇到问题时，引导他思考问题的原因和解决方法，而不是帮助他解决。通过这种方式，孩子可以逐渐学会独立解决问题，提高自信心和能力。

（5）培养合作精神

让孩子与同龄人一起合作完成任务，培养他的团队合作和沟通的能力，有助于孩子更好地理解和尊重他人，增强社会责任感。

（6）提供支持和鼓励

在孩子成长的过程中，为他提供支持和鼓励是很重要的。当他遇到挫折时，给予他支持和鼓励，帮助他克服困难并取得成功。

家教语录(2)

“自我肯定感”意味着“我很重要”“我不可替代”，前提是需要让孩子知道他对你有多么重要，孩子感到满意和放松，“自我肯定感”也会从中悄悄建立。多说“怎么了”“干得好”等；如果看到孩子的眼睛，要微笑回应；通过观察孩子的眼睛和表情进行交流；多做身体接触。

反思：拉开个体差距的是人格特质，不是成绩。（参考答案：p40）

文/李松蔚

《教育应是：让花成花，让树成树》之四：

分开你和我 孩子才是主角

一

师兄、师嫂都是北京大学的学霸，现在又都事业有成，可居然拿自己上小学的儿子没办法。师兄的儿子聪明、英俊、有教养，唯独上学后有一点让他们头疼，不爱学习，每次考试，都是班级倒数。

有一次，我去他家做客，师兄说："他妈准备辞职了。"师嫂补充说："我们送他上补习班，给他请一对一的家教，都没有效果。只有我们守在旁边，才能镇住他。所以，想到暂停自己的职业生涯，督促他学习。"即便如此，他们对孩子的前途仍不乐观。

师嫂说："现在我们已经很用心了，每天晚上都看着他学习。为这事我们夫妻拌过嘴，他老嫌我做得不够。"师兄解释："是我们前几年做得不够，现在只能补，每天晚上陪着他学习。"

我问："现在你们已经陪得很多了，但孩子的成绩仍没有起色，为什么？"师嫂问："你是觉得，问题不在这里吗？"我点头："问题确实不在这里。"

整个对话中，师兄、师嫂一直在自责：我们这里做得不够，我们那里做得不够；我们试过很多种方法，他还是不肯好好学习，仿佛父母应当为这件事承担百分之百的责任；我做好了，孩子就好了。

二

但是，好好学习究竟是谁的课题呢？是孩子的课题。养孩子不是照着图纸搭模型，只要操作正确，就能搭出一个东西。养孩子像种花，盖上土，浇上水，你还要有一段等种子自己发芽的时间。但自始至终，我都没有听到一句孩子自己的立场。

父母完全不觉察，按他们的认知，他们就是孩子的代言人："你是为我们学习吗？不是啊！你是为自己学习。"我问他们："孩子呢？他有改变的动力吗？"

我说："问题就在这里，你们的孩子就是在为父母而学习。他成绩好不好，对他重要吗？他现在学习就是完成任务，他这辈子就算不奋斗，也够吃够喝了，对不对？"师兄问："应该怎么解决呢？我们要怎么

反思：如何看待孩子的不务正业？(参考答案：p2)

做才能帮到孩子？”我说：“我有办法帮助他。”师兄马上问：“什么办法？”我说：“你看，所以孩子没法帮助自己。”师兄愣住了，忽然意识到了问题所在。只过了几秒钟，他对我说：“我知道问题出在哪里了。”

三

关于教育孩子，我们目前掌握的理念存在一个致命的误区，就是把太多的责任放到父母身上了，每个职场妈妈都欠孩子一句对不起；你在教育孩子上的偷懒，都会变成最深的遗憾。

这些理念不对吗？并不是，它们也有道理，但最多只有一半的道理。它们强调的是，你做好了，你的孩子就好了。它不关心孩子自己是怎么想的。所有这些道理，都是讲给父母听的。它们把父母捧到了一个决定性的位置上：如果孩子成长得太慢，那是因为你太懒。

它们在暗示：孩子怎么想并不重要，你才是他的人生主角，而孩子只是一个没有主见，不明是非，也没有能力为自己负责的人。孩子会准确无误地接收到这个暗示。

四

当着师兄、师嫂的面，我和他们的孩子聊了一次。我问他：“你一点都不喜欢学习是不是？”“也还好。”师兄、师嫂鼓励他：“没事，你怎么想的，就怎么说。”

“你喜欢做的事是什么？”他笑了，说：“打游戏。”师兄习惯性地补了一刀：“你能打一辈子游戏吗？”我看了他一眼，他立刻收住了。他已经在改了，但还是会习惯性地替孩子作判断。“万一他以后做职业选手呢？”我说。

孩子立刻摇头：“我做不了职业选手，那个其实很辛苦。”他居然是考虑过的。“所以你有没有想过将来做什么？”孩子吐了吐舌头不说话。师兄说：“他哪里会考虑这些。”孩子想了想说：“做有意思的事情。”师兄马上不失时机地说：“做什么都要先考大学。”我又一次盯住他。

我转向孩子：“具体说呢？你想做什么？”他犹豫了一下，脸涨红了说：“导演。”师兄和师嫂对视了一眼，表情惊讶。孩子从来没跟他们说过这个想法。师兄说：“当导演你得先考大学。”这次师兄被师嫂拦住了。

我问孩子：“你知道要怎么当导演吗？”孩子点头：“不是当电影导演，我只是想拍一些搞笑的短视频。很简单，自己拍自己剪，传到网上

你的音量影响孩子成长的质量。（参考答案：p195）

就可以了。不赚钱，我就是觉得挺有意思。”

“你了解这么多，第一步的打算是什么？”他的父母直直地看着他，就像看一个初次见面的人。他说：“我想要一台自己的微单相机。”我拍了拍师兄的肩膀：“听到没有？现在，你可以跟你的儿子谈条件了。”很难相信吧？这样尽心尽责陪伴的父母，居然从来没有听到过孩子的梦想。

五

只要问一句，耐心等一等，孩子就会说出来。父母却一直满心焦虑地“我该怎么做，才能让他变得更好”。当然，并不是每个不爱学习的孩子都和师兄的孩子一样。同样的对话教给另外一个人，用来帮助其他的孩子，不一定有用。父母需要的不是学习一套对话的技巧，而是改变一套理念。一句话：孩子是他自己的主角。

就像上面的对话，没有任何技巧，仅仅是把孩子作为主角的一次访谈。难的不是怎么做访谈，而是怎么不把它变成一次干预。

如果想要干预，对话就是这样的：“我不喜欢学习。”“可是我觉得学习很重要啊！”以孩子为主角的时候，对话是这样的：“我不喜欢学习。”“那么，你喜欢做什么呢？”

如果想要干预，对话就是这样的：“我以后想当明星。”“你可拉倒吧！就你？”以孩子为主角的时候，对话是这样的：“我以后想当明星。”“嗯，你有没有想过怎么做？”

如果想要干预，对话就是这样的：“我讨厌你们管我。”“我们不管你怎么行？”以孩子为主角的时候，对话是这样的：“我讨厌你们管我。”“如果我们不管你，你有什么打算？”

你可能会想，这两种对话方式究竟有什么不同？关键在于如何分开“你”和“我”，如其实我也就是这么说说而已，你仍然可以保留你的想法；无论我有多么想干预你、影响你，我都必须接受这个事实，你始终是一个独立的人，你有自己的想法；我会试着去理解你是怎么想的，你会如何为自己的生活负责；就算我想改变你，也得先站在你的立场上，不是吗？

我见过很多父母，为了本该属于孩子的责任跟孩子较劲，然而做得越多，错得越多。越是自省、检讨，从自己身上找原因，就越是向孩子宣告：你没有资格承担责任。但其实都忘了，孩子才是主角。

文/番茄妈

《教育应是：让花成花，让树成树》之五：

找到长处 每个人都未来可期

1. 孩子没出息，多半是方向错了

案例 1

一个爸爸无奈地说："我清华大学毕业，辅导孩子数学；他妈北京大学毕业，辅导孩子语文，但孩子三门功课加起来，还不到一百分，我想不通，是孩子笨，还是我们两口子笨啊。"

案例 2

邻居家有两个儿子。培养大儿子的时候没有经验，只想让他读最好的学校，将来有一份光鲜的工作，于是每天逼他学习，其他什么都不让他做。结果，大儿子不是读书的料，努力十几年，彼此都疲惫不堪，后来大儿子考了一个专科学校。邻居的小儿子学习也不好，但他喜欢研究服饰、穿搭，是学校时尚的风向标。邻居有了前车之鉴，不阻拦，还支持小儿子穿奇装异服，陪他研究衣服。小儿子顺理成章地考进了艺术学院，毕业后，他联合别人一起创立了自己的品牌，还成立了个人工作室，在市场环境复杂多变的情况下，他依然能保持业绩稳定。同一对爹妈所生的两个孩子，因为教育方式不同，人生走向大不相同。

案例 3

曾闻一的父亲曾经强迫曾闻一学奥数、学钢琴，在巨大压力下，曾闻一的心理出现了问题，爱哭、敏感，和自己较劲，并突发了心脏病。父亲这才慌了神，停了孩子的补习班，并降低了对孩子的要求，孩子"只要活着就行"。周末，父亲带着曾闻一去滑雪散心，没想到，曾闻一竟对滑雪运动上了心，并且天赋过人，进步飞速，不仅滑成了全国冠军，还被国家队选上，去瑞士集训。曾闻一父亲的无心插柳，误打误撞地找到了教育孩子的真谛。

点评

很多父母为了孩子拼尽全力，结果总是不尽如人意。其实不是你不努力，而是你努力的方向错了。教育从来都不是把孩子塑造成你想要的样子，而是帮助孩子把他的优点发挥到极致。每个孩子都有自己的长处和短板，只要找到发挥长处的潜能，每个人都能取得惊人的成就。

2. 找到长处，每个人都未来可期

案例 1

音乐剧《猫》是百老汇历史上

最长演不衰的剧目，曾一度成为音乐剧的代名词。该剧的编舞吉莉安·林恩从小就被认为是问题儿童。林恩上小学时，父母收到学校的通知，认为她有学习障碍，因为她在教室里经常乱动，影响同学，干扰老师上课。妈妈带她去看心理医生，心理医生一边和妈妈交谈，一边观察小林恩。之后，医生便在诊室播放音乐，并把妈妈叫出来，两人在窗口暗中观察。他们发现小林恩会随着音乐的节奏进行走动、摇摆和舞蹈。医生对小林恩的妈妈说："你的女儿没有病，她只是有跳舞的天赋罢了。"于是，在医生的指引下，妈妈带着女儿去了舞蹈学校。在那里，林恩的舞蹈细胞被点燃，最终成为当代著名的编舞家。

点评

有人说，孩子的智能发展是不均衡的，都有优点和弱点，一旦找到最佳点，使智能得到充分拓展，便可取得惊人的成绩。每个孩子都是独特的，都有各自不同的潜能。若逼着孩子不断填补自己的短板，孩子只能心力交瘁，最后一事无成。但如果能够充分发挥孩子的长处，孩子就能如鱼得水，未来可期。

案例 2

杭州15岁男生屠彦博，为观鸟选择休学一年。他成绩一般，但从小就对鸟有着狂热的喜爱，只要有时间就去观鸟。父母对他的热爱十分支持，不仅为他配备了观鸟设备，爸爸还从杭州自驾到云南，只为陪他去观鸟。到目前为止，他已经收集记录了1600种鸟类的资料。

点评

著名心理学家加德纳说："每个孩子都是潜在的天才，只是表现出的方向不同，父母要了解孩子的智能优势，才能将孩子培养成一个优秀的、适应社会发展的人。"优秀没有普世标准，每个孩子都是独一无二的。孩子的潜能就像闪闪发光的钻石，需要父母去挖掘和守护。孩子一旦找准自己的方向，整个人就会越来越自信，内驱力十足，未来的路也会越走越顺。

魏书生先生也多次讲道："成功的教育其实很简单，那就是发现孩子的长处，守住、发扬，去努力。"好的教育从来都不是随波逐流，而是因人而异的私人定制。

家教语录(3)

孩子看到父母的行为，就会变成自己的常识。好事也好，坏事也好，孩子的行为会随着父母的行动而改变。所以，你希望孩子变成什么样，就要给他树立一个好榜样。

文/小树妈妈

教孩子学会自保

1. 孩子太乖也有弊端

案例

有一则新闻：一个大学生在户外骑行的时候，在一个转弯处失去平衡，连人带车翻进了深沟里。当有人经过时，被困的大学生没有急呼“救命”，而是平和又略带几分礼貌地喊了几次“你好”，路人开始还以为他是在下面和谁唠嗑呢。确认他是在呼救后，路人迅速地帮他拨打了119。待消防员赶到现场听说了事情经过后，赶忙提醒他：“小伙子，咱就别‘你好你好’的了，在这种紧急情况下，喊救命肯定更好使。”

点评

现在的孩子家教普遍很好，张口闭口“你好”“对不起”“麻烦了”“谢谢你”“没关系”“不客气”，跟谁都客客气气的。还有很多大学生会在火车站乱放行李箱、吃陌生人递过来的东西。他也许从未想过，万一错拿行李丢失了钱财怎么办？万一食物被下药该怎么办？发自内心地觉得每个人都是好人。

这些孩子通常心地善良，老师喜欢，父母省心。但太过乖巧也有很多弊端，比如容易轻信他人，遇到不公也不敢据理力争，一旦面对危险，也容易被礼貌和规则束缚，不能第一时间找到最有效的解决方案。这些问题在学生时期还不明显，一旦步入社会，就会有很多隐患。

2. 危险是随时可能发生的

案例

教育家吴甘霖在节目中，谈起了儿子吴牧天在长沙读书时遭遇绑架的案件。当被歹徒控制后，吴牧天没有慌张，异常冷静，然后迅速制订了一套“自救方案”：第一步，冷静配合。他察看了附近的环境，发现四周无人，就没有选择跟坏人硬碰硬，而是假意配合，先稳住对方的情绪。第二步，借力打力。当歹徒押着吴牧天路过一处餐馆时，吴牧天故意冲进去打翻了服务员手中的碟子，结果当场就被饭店的人围攻了，他也成功完成了自救。吴甘霖感慨地说：“幸亏我提前让孩子意识到，危险是随时可能发生的，并教会他见机行事。”

点评

在一期《奇葩说》中，黄执中说过一句话：“人心存良善，更应懂自保。”因为善良终究要建立在智慧之上，万一他哪天遇到坏人或危险，要具备逃脱的能力。

教孩子学会“吃三种苦”。(参考答案:p31)

中国人民公安大学犯罪学教授曾提示过各位父母："坏人专挑什么样的孩子下手？是那种软弱、遇事一吓就傻的孩子。"我们不但要让孩子提高心理素质防患未然，还要告诉孩子，遇到紧急情况，可以打破规则。比如遇到火灾、地震、洪水，可以打破玻璃、破坏桌椅，先逃生；遇到坏人，可以大喊、打闹、咬人、踢人。要让孩子知道坏人是可以骗、可以虐的。如果遇到危难情况，大可不必太过礼貌，要大呼"救命"引发关注。凡是能保护自己的方式，都可以用上，关键时刻保命要紧。

3. 怎么教孩子提防坏人

案例

一个女生出游，在火车上遇到一个人，以为是好人，结果被人拐卖。一些女生被骗、被绑架、被拐卖都是因为把对方当好人，才使自己陷入万劫不复之中。

点评

心理学家曾奇峰曾说："不设防的心灵，无法完整而清晰地活下去。"即便孩子心中装满真善美，也要让他了解人性，懂得自保。

我们要告诉孩子：可以给陌生人指路，但决不能带路；如果对方坚持，就让他去找警察帮忙。放寒暑假，很多孩子避免不了会一个人在家，如果有快递员和外卖小哥上门，可以选择无接触派送，把东西挂在门把手上，或派送到楼下的快递柜；如果有修理工、水表员来叫门，可以另行约定大人在家的时间；陌生人决不能踏入家中半步，因为不清楚对方是否会假扮身份。如果出门在外，遇到绕路的网约车司机，要及时大胆地"喊停"，特别是深更半夜，被拉到人烟稀少的荒郊野岭，会凶多吉少；独自在外，不要和陌生人说话，不吃陌生人给的水和食物，不透露自己的信息，也不要同情心泛滥什么忙都帮，因为你不知道这背后，是不是一场蓄谋已久的骗局。

总之，我们要告诉孩子，对于陌生的人和奇怪的事，要多留个心眼，多怀疑一下，再决定怎么做，才能护自己周全。

孔子认错

孔子作为儒家学派创始人，犯了错误，依旧能够坦然接受。一次，孔子去武城查看子游治理的情况，当听到弦歌之声时，孔子笑道："武城这个地方哪里用得着礼乐之教。"子游说："你说过'君子学道则爱人，小人学道则易使也'。"孔子听后当即肯定子游的观点，承认自己的错误。

孩子不是懒，而是功能不足，怎么为孩子赋能？(参考答案：p173)

文/洪恩

让孩子做回孩子本身

1. 孩子没考好怎么办

案例1

一个男孩的成绩不理想，很伤心，回家后，他趴在妈妈的肩膀上泪流满面。看到儿子的试卷，妈妈没有责怪，而是轻轻地拍着儿子的后背告诉他："可以了，你已经很努力了，分数决定不了一切。"她说她不求孩子成龙成才，只求他平平安安、健健康康。

案例2

一个妈妈为了儿子，辞去了工作，牺牲了自我，每天接送儿子上学放学，照顾他的生活起居，陪他学习到很晚。渐渐地，她发现儿子变得越来越优秀的同时，也越来越缺少了笑容。一天，她在外面看到一个孩子，一边吃着雪糕，一边拉着妈妈的手有说有笑，她才明白自己错过了欣赏儿子成长的机会，而儿子也失去了享受童年快乐的时光。

点评

孩子的成长应该是平衡的，一边是成绩，一边是快乐；一边是知识，一边是能力；一边是当下学得好，一边是今后走得稳。当两者不能兼得时就需要做出取舍，怎么取舍？一定要考虑一些容易被我们忽视的东西。

2. 被忽视的"机会成本"

案例1

心理学家赵昱鲲分享，儿子小时候，很多父母都会找他讨论该给孩子报什么样的辅导班，比如："6岁之前是学外语的敏感期，要早点开始，一起学吧；小学入学时，学校要求孩子认识100个字，会10以内的加减法，得赶紧学一点；语文最重要，得给孩子找个好点的语文老师"；等等。而赵昱鲲则表示"什么都不学"。别人劝他："孩子闲着也是闲着，多学点东西，艺多不压身，又不损失什么。"他不赞成："这话不对。孩子损失了其他选择的机会，付出了机会成本。"他说：父母在为孩子做选择时，千万不要忽视机会成本。选择是一种拥有，更是一种失去。当我们在头脑中刻入了"机会成本"这个概念时，我们就会理智很多、看清很多，也才能作出最适合孩子的决定。

点评

机会成本是经济学的概念，是指为了获得某种东西而放弃另外一种东西的最大价值。父母为自己作选择时，往往会左右权衡，但到了孩子身上，就没有那么理智了。英

不想毁了孩子，就给他留面子。(参考答案:p149)

语、作文、数学、科学、体育……哪个不重要？哪个能不重视？这些对于孩子都很重要。但孩子的时间和精力毕竟有限，我们要考虑的是，到底什么才是最重要的？

3. 帮助孩子成为他自己

案例

根据《2022国民抑郁症蓝皮书》中的数据显示，在当前抑郁症患者中，18岁以下的青少年占到30.28%。走入他们的内心才发现，糟糕的、不愉快的人际关系和家庭关系是最主要的因素。

点评

孩子的世界应该是快乐而纯真的，他们带着对多彩世界的无限希望，用力地拥抱生活。但在现实中却远没有这样的美丽。原本应该是温暖的、放松的，能够感受到支持与力量的家，在孩子的眼中，却充斥着冷漠虚伪、喜怒无常、焦虑严苛、缺乏关爱。而这些现象的背后，则有着一个共同的根源：教育焦虑。就像有人说："读好书、上好大学、找好工作、有好的生活，是目前对普通人家而言成本最低、概率最高、方法最可靠、规则最公平的路径。"

父母希望孩子成绩优秀，十全十美，能够逆天改命，走上一条康庄大道。只是他们忽略了教育路上一个很重要的问题：学习不光是父母一个人使劲，而是需要父母和孩子一起携手，带着严厉，更带着慈爱。

心理学家赵昱鲲说："养育是父母自我完善的一个过程，不要妄想把孩子塑造成你想要的样子，而是要帮助孩子成为他自己。我相信这是帮助你从育儿焦虑中解脱出来的路径。"世界上的选择有千千万万，而抚养孩子长大，则是其中最复杂、最难做的一道题，没有标准答案。

我们希望获得的不是最正确的，而是最合适的答案。因此，面对选择时，千万别忽略了机会成本，也别忘记教育的初心。无论我们作出什么样的决定，孩子的健康与快乐永远是最重要的。

放下我们的焦虑，给孩子一些放松的机会。孩子的一生无论是成功还是失败，无论是走哪条赛道，让孩子做回孩子本身，快乐成长，他们才能真正赢得人生。

家教语录(4)

认真听孩子说话，孩子会觉得自己被爱了。孩子说话时大脑在思考并发展思维能力，父母应停下手中的事认真听；不要否定孩子；边听边点头呼应；边听边思考孩子的感受；重复孩子的讲述，确定他的情感表达。

别让安逸夺走梦想

文/枳为橙

1. 凡是让你舒服的东西，终将让你痛

案例1

在生活中，有哪些事是小时候不懂，长大后追悔莫及的？一个网友说，小时候喜欢看成语故事，有个耳熟能详的故事叫“掩耳盗铃”。当时心想，这人真傻，捂着耳朵偷东西能骗得了谁呢？然而，等长大了，才后知后觉，自己和同学们一起逃课、抄作业、考试作弊，做了很多明知不该却克制不住欲望的事情，没被抓到就沾沾自喜，但警钟早已响起，只是自己捂着耳朵呢，听不到。

案例2

在电视剧《大考》里，潘小宣生长在富裕家庭，几乎没吃过苦。但在他看来，学习没有半点用途，生活中用不到；他不想上大学，只想去外面的世界看看。后来，潘小宣休学去了父亲的工厂工作，他的聪明机灵得到了师傅的认可，他乐在其中。但有一天，他因为太自负差点闯下大祸，想弥补却看不懂说明书，他这才明白了无知的代价。

点评

歌德在《少年维特的烦恼》中写道：“凡是让人幸福的东西，往往又会成为他不幸的源泉。”你以为安逸带来的是幸福，但是在舒适区停留得太久，就找不到前进的方向了。你以为会偷懒是机智过人，但是结局就像茨威格在《断头王后》里写的那样：“她那时还太年轻，不知道所有命运赠送的礼物早已在暗中标好了价格。”时间是检验结果的唯一标准，那些你以为不幸且痛苦的岁月，等未来某天想起，或许就是你人生中最美好的时光。

2. 别让一时的放纵，成为一生的遗憾

案例

在《我与地坛》的书评里，有位读者写了一段话：“一个人十三四岁的时候在路上捡到一支枪。因为年少无知，他扣下扳机，没人受伤，也没人死，他以为自己开了空枪。后来他30岁，或者更老，走在路上，他听到背后有隐隐约约的风声。他停下来，转过身去，子弹正中眉心。”所谓的枪指的就是那些因为年少无知走错的路、作错的选择，并不当回事，就任其不断恶化的坏习惯。但等到你真正明白的时候，子弹已正中眉心，到那时，再想改变，已然来不及。

点评

确实有些人直到再也无法弥补遗憾时，才能明白其中的真理。趁一切还来得及，告诉孩子：你用摞起来的书，挡住老师的视线，挡住的却是自己的未来；你深夜里躲在被窝里玩通宵的游戏，消遣的是自己的人生。千万别让自己一时的放纵变成一生的遗憾。

3. 营造一个滋养幼苗的环境

案例

获得《最强大脑》"脑王"称号的杨易，年少时，经常冒出不想学习、不想写作业、想出去玩的想法。每当他遇到难题想放弃时，妈妈就告诉他："很多事情就是要多花一些时间才能学会。如果你现在放弃，考试、比赛的时候遇到这个题目，你就只能后悔，'我当时本来可以学会'，你想这样吗？"在妈妈一次次的鼓励下，杨易慢慢学会了自律，找回了自我，越来越出色。

点评

教育家陶行知说："幼儿比如幼苗，培养得益方能发芽滋长，否则幼年受了损伤，即使不夭折，也难成材。"贪图安逸是人的本能，孩子也不例外，所以父母一定要及时督促，别为孩子积攒坏习惯，更别让孩子自毁前程。

（1）戒掉对手机的依赖

告诉孩子：长时间沉溺手机会导致无法集中注意力，从而让学业荒废；还会影响发育，长时间地坐着、躺着、趴着玩手机，缺乏身体锻炼，会对健康造成一定影响。

（2）注重习惯培养

告诉孩子：好习惯是成功的开始。早睡早起，按时完成作业，坚持运动，坚持阅读，这些好的习惯不仅可以让你拥有健康的身体，还能让你成为更好的自己。

（3）制订合理规划

告诉孩子：业精于勤，荒于嬉；行成于思，毁于随。不要放纵自己；注重劳逸结合的同时，及时巩固学过的知识点。不管是当下的学习，还是未来的生活，唯有做到有条理、有规划，你才能离自己的目标越来越近。

（4）给予高质量的陪伴

李玫瑾老师说："孩子的表现就是父母的水准。"你在家的样子就是孩子十年后的样子。你经常陪伴孩子读书、运动，孩子就会从中获取能量；你时刻督促孩子坚持、勤奋，孩子就会拥有坚定的人生目标，变得越来越优秀。学习的机会一旦错过，就再也无法重来。

对照：父母过度焦虑，可能会拖孩子的后腿。（参考答案：p4）

最伤孩子的五种行为

文/瑾山月

1. 打骂孩子，是发泄情绪

案例

有一则新闻，2021年7月，张某因为孩子哭闹不止，情绪失控下，对孩子进行了打骂，并捂住了孩子的嘴部，导致孩子窒息死亡。这一事件，不仅伤害了孩子，给家庭带来了巨大的痛苦，也引起了社会对家庭教育方式的广泛讨论。

点评

心理学中有个“失望性情感隔离”的概念。说的就是：被吼大的孩子，会在心理上疏远父母，进而在极度无助中变得敏感、胆小，或者叛逆、暴躁。

漫画家蔡志忠在一次采访中坦言，自己的耀眼成绩，离不开父母的温润平和。时至今日，他依然记得，每当受挫时，父母都会耐心地劝导他。他在自传中写道：“每当想起家，脑海里的第一个画面绝对是父母慈祥的笑容。”所以，家到底是伤人的牢笼，还是遮雨的屋檐，取决于父母提供的是情绪，还是爱。

2. 只看孩子的缺点，是挑刺

案例

我儿子有个挺好的玩伴叫小明。一天，我偶遇小明的妈妈。没聊几句，小明的妈妈便开始数落自己孩子的不是，说小明很贪玩，脾气也很不好，总之就是浑身上下都是缺点。

点评

一个老师说：“你眼中的孩子的问题，其实是孩子的解决方案。”怎么理解呢？你觉得孩子逃课是问题，其实逃课是孩子针对一些麻烦的解决方案。这些麻烦可能是学习压力大、被同学孤立、疲劳、焦虑。当父母意识到孩子的问题，恰恰是帮孩子解决问题的契机。

这个思路类似心理学家阿德勒的“目的论”。就是要思考如何帮助孩子达成目的。比如看到孩子拖延，帮他打消做事前的顾虑，使他高效地完成计划；发现孩子不好好读书，帮他找到原因，激活孩子的好奇心和内驱力；发现孩子心情低落，和他谈谈心，陪他出去玩玩，帮他把负面情绪排解掉。父母要做的不是拿着放大镜对着孩子挑刺，而是在关键时刻帮他一把。

3. 过度担心孩子，是诅咒

案例

孩子要参加一场考试，母亲对孩子说“千万不要紧张，千万不要粗心”。于是，本来不紧张的孩子听到“紧张”“粗心”，马上就紧张起来了。进入考场，整个人都是紧绷的、无法放松的。在这种状态下，孩子做不到认真，看题目也显得很粗心。成绩出来了，妈妈可能还会说“叫你别紧张、别粗心，你看看，题目都漏了”。

点评

你的每次担忧，都是在向孩子传递焦虑；你的每句警告，都是在打压孩子的勇气，都是在暗示孩子：世界很危险，你自己很脆弱。而孩子会不断地强化这些暗示，从而变得紧张、怯懦、不自信。

对父母而言，关心孩子是本能，但克制没必要的担心则是必要的。我们往后退一步，孩子才能往前进一步。

4. 让孩子内疚，是控制

案例

在综艺《不要小看我》中，小桃因为作业没背下来，让妈妈逐渐失去了耐心。结果，每当小桃背诵卡住一次，妈妈就抽自己一个嘴巴，即便小桃吓得露出了惊恐的眼神，都无法平息妈妈的愤怒。用这种“自虐”的方式教育孩子，虽然可以通过让孩子内疚而修正自己的行为，却会给孩子造成心理压力。

点评

让孩子内疚的教育方式是不正确的，它不仅无法达到预期的教育效果，反而会对孩子的心理健康和情感发展造成负面影响。正确的教育方法应该是基于理解、尊重和正面的引导，帮助孩子建立健康的心理状态和正确的人生观。

5. 父母不和，是摧残

举例

一个网友分享，我父母都快60岁了，还总是因为一些鸡毛蒜皮的小事就吵起来。我父亲脾气不好，喜欢动手，导致现在他们一发生口角我就紧张。我经常睡到半夜惊醒并想起我爸摔东西的样子，然后，就整夜睡不着。

点评

在应对冲突、消化情绪上，孩子远没有大人那么强。父母吵完后，或许一会气就消了，但留给孩子的阴影，却久久无法消散。

儿童问题研究专家迈克尔·霍顿说：“尽管孩子生来带有不同的气质和基因，但家庭环境能够帮助孩子形成巩固的行为方式。”所以，别再满身戾气地对待彼此，有话好好说，有事好好商量。一个其乐融融的家，才是给孩子的最好礼物。

文/筱恬

孩子成长需要三样东西

1. 一个好身体

案例

一个妈妈说，体质差的孩子伤不起。原来，她的儿子在市级科创比赛中拿到一等奖，获得了全国晋级赛的资格。可就在临比赛的前几天，他却被确诊为肺炎，高烧不退，需要住院治疗。一个高考加分的机会就这样丢了。

点评

都说身体是革命的本钱。这句话，对孩子而言更是真理。其实当今社会的竞争，到最后拼的就是抵抗力。谁能不生病，谁才能坚持到最后，从而争取到更多的资源。要想增强孩子的体质，最好的办法之一就是坚持锻炼。

根据《中国儿童青少年身体活动指南》中的标准，6～17岁的青少年每天应累计至少一小时的中高强度的运动。

值得一提的是，运动能带给孩子一系列的好处。如对提高成绩有帮助。当孩子的体质得到增强后，专注力、记忆力等能力都会相应提高，整个学习状态和效率自然都会变好。再比如，培养了孩子坚毅的性格。有研究发现，那些长期坚持锻炼的孩子，往往更自律，更善于控制情绪；目标更清晰，为此全力以赴，并且始终以乐观的心态，面对挑战与失败。这样的孩子具备了成功不可或缺的宝贵品质——坚毅。

因此，学业之余，那些宝贵的闲暇时光，不要再用来刷题，不妨就让孩子尽情地动起来，去户外奔跑、跳跃、踢球。挥汗如雨的过程，不仅能为孩子塑造良好的身体素质，还将赋予他强大的内心和永不言弃的精神。

2. 一个善于思辨的头脑

案例

还记得那个上过《新闻1+1》的“火箭男孩”吗？随着年龄的增长，他对火箭的痴迷与日俱增，更是亲自动手自制固体燃料火箭。在自制过程中，他查阅大量资料，研究各种材料，还自学编程语言、物理、化学、航天理论、电子线路等知识。经过10个月的努力，他成功制造出自己的第一枚火箭，并且发射成功。

点评

教育部《普通高中课程方案》中提到，新时代的青少年应该“敢于批判质疑，探索解决问题；能够自主学习，独立思考；要学会获取

警示：孩子被霸凌，根源在父母身上。(参考答案：p126)

判断和处理信息，具备信息化时代的学习与发展能力”。

思辨力是这届学生成才的必备项，将助力孩子从“流水线产品”中脱颖而出，成为独一无二的“精品”。至于这项品质该如何培养，概括起来就是三点——鼓励孩子多阅读、多提问、多实践。

在阅读中累积学识，发现困惑和疑问；在提问中独立思考、理性判断；在实践中探索真相，找寻解决之道。由此，孩子便形成了思辨的闭环，从而保证自己的认知水平不断提高。

3. 一双灵巧的手

案例

无锡女孩孙佳瑞从8岁起，就跟着爸爸学做菜。长期的耳濡目染让她爱上了烹饪，如今她不仅学会了五六十种家常菜的做法，还学会了单手掌勺、海底捞月、颠勺颠锅等技巧。母亲节那天，她给妈妈准备了两道菜。出色的厨艺，被网友夸上了热搜。看得出来，未来的她不仅有能力把自己照顾得很好，也一定是一个热爱生活的人。

点评

我国最新版《义务教育课程方案和课程标准（2022年版）》规定，每个孩子都得通过劳动课学习煮饭炖汤、修理家电、整理收纳等力所能及的家务活。事实上，这些看似稀松平常的日常琐事背后，藏着孩子成才的密码。

著名的哈佛大学“格兰特研究”表明：孩子未来职业生涯更成功的关键，就是让他们从小做家务，越早开始越好。

一双灵巧的手掌握的不仅是生活的技能与本领，也是在任何条件下，都能过得滋润的底气与保障。

教育家苏霍姆林斯基曾说：不要总是牵着孩子的手走路，而是让他自己独立行走。总有一天，孩子会挣脱我们的臂弯，到偌大的世界独自去闯。我们能做的，就是在陪伴他们的时间里，及时强健他们的体魄、武装他们的头脑、锻炼他们的能力，然后适时放手，让孩子自己去主宰自己的前程。

20个“反内卷”的经验（1）

1. 对自己始终有一种“闲暇”的允许。如果此刻你正经历着崩溃，请记住这不是终点，而是起点。当工作超出了自己能承受的强度，觉察它，然后冷静地告诉自己：任何时候停下来都可以。

2. 不要在头脑中构建一个“完美的人”。很多时候，我们受困于“想象中的完美”。

文/小P

哪些投入在影响着孩子成功

孩子成年后的人生差距是如何拉开的？经济学家詹姆斯·赫克曼在实验中发现了答案。

1. 第一个实验，智商不能左右人生

这是一个对高中辍学的孩子的培训项目（等同于高中文凭GED），参加这个项目的孩子无须读完三年高中，只要修完GED就可以毕业。类似于办个补习班，让辍学的孩子快速修完高中三年的课程。

按常理可以默认这些拿到了GED的孩子，与普通高中的毕业生有着相似的智商水平、学习能力、学习成就。

但赫克曼发现，这些拿到GED的孩子没有按部就班地去读大学或获得大专文凭；普通高中的毕业生有46%进入大学，接受GED的孩子只有3%进入大学或获得大专文凭。

不仅如此，拿到GED的孩子似乎也没能扭转人生方向，日后的年收入、失业率、离婚率、吸毒率与辍学的孩子毫无二致。也就是说，通过提高孩子的智商水平、学习能力、学习成就，也没能帮助他们获得更好的人生。这让人们开始重新思考，究竟是哪些投入在影响着孩子的成功？为什么接受了GED培训项目的孩子也会走向失败的人生？带着这样的疑问，赫克曼开启了第二个实验。

2. 第二个实验，非认知技能在影响着人生成功

他将一些3～4岁的孩子分为两组，一组进入一所高质量的幼儿园，另一组则被“自然放养”，这次对比研究长达40年。赫克曼发现进入高质量幼儿园的孩子，有着更高的高中毕业率和就业率，40岁后的年收入高于放养的孩子。

但这并非取决于高质量幼儿园的“教育资源优势”，因为他们做了两次测试。第一次实验是在孩子三年级之前，进入幼儿园的孩子成绩普遍高于被放养的孩子；第二次实验在孩子上三年级时，两组孩子的成绩几乎没有差异。也就是说，这些孩子其实一样“聪明”。

那么，到底是什么在影响着人生成功呢？赫克曼发现，明显不同的地方，集中表现在孩子们的“个人行为”和“社交发展能力”上，具体表现在孩子对事物的好奇心、

反思：家庭的不幸源于内耗。(参考答案：p98)

兴趣、创造力，与老师、同学、伙伴的关系以及孩子的坚持力、自控力、自省力、自信心、社交能力。赫克曼将这些与智商无关的元素，称为“非认知技能”。非认知技能极大地影响了一个孩子未来的成长轨迹，可以帮助孩子获得更成功的人生。

3. 发展兴趣和爱好，可以提升非认知技能

每每问起成功人士父母的育儿经，大多数父母都会谦虚地说：“我们没做什么，全靠孩子自己。”细究下去，他们都坦言关注孩子的兴趣探索，把兴趣班的选择权交给孩子。当孩子找到兴趣时，就会主动学习，有专注力，主动解决问题，这个时候父母就可以慢慢放手了。

比如，陈奕帆在四年级的时候，就喜欢上了编程，至今已经参加了十余项编程的比赛。他最喜欢的事就是在晚饭后看看编程的书，很多人称他为“别人家的孩子”和“编程小天才”，但真正让他有所成就的是他在这件事上的兴趣和热爱。

再如，游泳健将迈克尔·菲尔普斯在幼儿园时，老师经常说他不能安静，不能集中精力。于是，他的母亲想到了一个好办法，即找到他感兴趣的事，最后确定为游泳。找到他感兴趣的事，成为菲尔普斯的一个转折点，并在多年后，成就了一代“奥运传奇”。

但这不代表学习不重要，只是我们不能忽视对孩子而言同样重要的以兴趣为导向的发展。可能有些父母要安排孩子去学钢琴、学英语、学播音，先不要着急，要想通过兴趣发展孩子的非认知技能，还需要一些条件。

第一个条件：孩子喜欢。孩子经常会有很多爱好，我们可以先耐心观察，观察孩子愿意在哪些爱好上花时间，更愿意积极主动地去解决遇到的问题。

第二个条件：学会放弃。很多父母都有一种困境，孩子说喜欢，上了兴趣班，学着学着又说不喜欢了。最明智的做法是：坚持引导孩子探索其他感兴趣的活动或爱好，确保孩子仍然有机会发展自己的兴趣和才能。

20个“反内卷”的经验(2)

3. 接受孩子成为“普通孩子”，也接受自己是个“普通大人”。不要把“对完美的焦虑”投射给孩子，也不要因为自己不是“完美大人”而愧疚。

4. 不要和别人比来比去。人生可以有很多种丰富的体验，不要只浪费在“跑赢身边人”这一项上。

胜利者效应带来的启示

文/王大龙

1. 什么是“胜利者效应”

浙江大学胡海岚教授经过多年研究，提出了“胜利者效应”的概念：如果能够先战胜一个较弱的对手，那么在面对强大对手时的胜算就会比直接面对强敌大得多。因为在获得胜利之后，人的大脑皮层中某一神经回路的突触连接程度显著加强，进而影响后续的表现。胜利的经历可以改变身体的内在机制，从而形成更有利于再次获胜的状态。换句话说，成功才是成功之母。

2. “胜利者效应”给我们带来的启示

胜利者效应“能时常感受到成功所带来的成就感是通往更大成功的关键”。因此，相较于只制定宏大而遥远的目标，父母还要鼓励孩子制定短期内可触及的目标以及可执行的计划。只有目标达成，孩子才能体会到胜利所带来的成就感，胜利者效应才能发挥作用，从而激发更多的动力。

孩子在某个领域的胜利感是可以迁移到其他方面的，比如在足球比赛上的胜利体验，可以促进学习上的进步。如果父母合理利用这一现象，更多关注孩子的优势，增强其整体的自信心和成就感，孩子就会获得更多的内部动力。

3. 给孩子一定的选择权

大脑在指挥行为时，受内部动力和外部动力两种模式的影响。内部动力比外部动力更有韧劲，过多依赖外部动力会削弱内部动力。

所以，父母要给孩子一定的选择权，这样他才会逐渐学会对自己的决定负责，从而拥有来自内部的动力。比如自己选择在什么时候完成作业，或者选择进行怎样的体育活动。拥有内部动力的孩子会持续感受到进步带来的喜悦和成就感。当“胜利”来自自己对自己的要求以及所设立的目标，才能最大限度地使这个“胜利”改变自己内在的机制，从而带动更多的胜利。

4. 帮助孩子获取更多的内部动力

首先，父母要夸奖孩子的努力而非成果。在遇到困难的时候，他才会有更大的自信和动力去克服，从努力的过程中体会到成功感。

其次，当孩子遇到挫折时，父母提醒他取得的进步能增强其自信，比如孩子已经读了多少本书、跳了多少次绳，即使成绩不太理想，但他的进步值得骄傲。

孩子叛逆，是对你有期待。（参考答案：p138）

文/可乐爸爸

“别人家的父母”什么样

1. 帮助孩子养成好习惯

案例

2023年高考，湖南双胞胎兄弟申致和申泽双双考进清华大学。父亲申斌一直很重视培养孩子的学习兴趣、学习习惯。申斌说：“当孩子提出问题时，父母一定要认真回答，这样才能让他们对知识产生兴趣。”长时间的坚持，孩子们养成了自律的好习惯，学习成绩也一直稳定在班级前列。

点评

教育家叶圣陶说：“教育的本质是培养习惯。”好习惯是孩子成长路上的基石，它能够让孩子在自律中发掘潜能，塑造孩子的性格，影响孩子的一生。

诗人德莱顿说：“首先是我们养成习惯，随后习惯养成我们。”

2. 引导孩子爱上阅读

案例

2023年高考，江西的杨一鸣取得了726的高分。杨一鸣的父母很重视孩子阅读习惯的培养，经常陪孩子去图书馆读书，在父母的影响下，杨一鸣爱上了阅读，并在学习上一直保持着优异的成绩。

点评

作家梁晓声说：“书架是一个家庭最好的不动产。最好的家风是阅读。”读书和不读书的孩子，长大后不一样。热爱读书的孩子，看到的不只是眼前，还有大千世界和广袤的宇宙。

鲁迅先生曾说：“脚步丈量不到的地方，书可以；眼睛看不到的地方，书可以。”

3. 给予高质量的陪伴

案例

2023年，被保送到北京大学的学霸丁卓立，在提到对自己影响最大的人时，第一时间想到的是自己的父母。在丁卓立眼里，父母的陪伴是他学习和生活上的最大支撑和动力。

点评

作家刘墉曾说：“家庭教育最重要的就是陪伴，从儿童期到青春期都要陪着孩子一起度过，与他们一起欢笑，一起成长。”

作家饶雪漫说：“陪伴是对孩子最好的教育，教育只是不同方式的陪伴。”

教育孩子首先不要输在家庭教育上

提升家长的家庭教育综合素养从学习家庭教育开始

父母爱孩子的十个瞬间。(参考答案：p54)

文/桌子先生

教育不在于你说了什么

一

一个奶奶将小孙子放在自己的腿上，原以为奶奶带孩子，都是说一些“宝宝”“乖，听话”之类的言语，但没想到，这个奶奶一开口，震惊了无数人。她字正腔圆地朗诵道：“我的祖国，人口众多、地大物博、幅员辽阔……”很多网友惊讶：“这声音，这腔调，一听就是播音员啊。”

果然，这个奶奶是电台播音员，多年的工作经验和发声习惯，让她一张口说话，就惊艳众人。除此之外，名人文章、文言文，她每天都朗诵给孩子听：“白杨树是不平凡的，它在西北极为普通，不被重视，但我赞美白杨树……”“庆历四年春，滕子京谪守巴陵郡，越明年，政通人和，百废俱兴……”孩子困了，哈欠连连，她又给孩子唱儿歌：“太阳光金亮亮，雄鸡唱三唱。花儿醒来了，鸟儿忙梳妆。”这样的哄孩子方式，真是令人羡慕不已。

可以预见，这个奶奶的小孙子，长大后的文化素养不会差。因为他耳濡目染，在这样的熏陶下长大，起步就比别人领先，这是文化氛围的力量。在这样家庭长大的孩子，优秀就像春风化雨，自然而然。这就是家庭教育胜过学校教育的原因。

二

有一个街头采访：一个孩子面对镜头侃侃而谈，一点都不怯场，颇有大将风范。原来，他的奶奶是语文教学研究员，他每次去奶奶家，奶奶都教他文化类和古诗词类的知识。所以，他小小年纪，就博览群书。奶奶和孩子在一起的时候，不是一个人刷手机，而是祖孙两人一起，各自捧着一本书读，读完再互相交流心得体会。

这才是懂教育的长辈。他们不逼迫孩子，而是用自己的行动去感染孩子、带动孩子。那些潜移默化的教育、待人接物的行为、坚韧不拔的精神，正无声地影响着孩子，伴随着孩子成长。

家教语录(5)

消除孩子对朋友不接受的意识很重要。在公园等场所，让孩子一边感受同龄孩子的社交气氛，一边享受亲子游戏就好。习惯了环境，孩子的心情就能安定下来，对陌生抵触的意识也会一点一点地缓和下来，自然而然就可以和朋友一起玩了。

三

一个医学院的大学生，假期在家里练习手术的手法和刀法。爷爷奶奶在旁边给他讲解、指导，“过了线就要开始旋转”“不要做废动作”。原来，这家人三代都是学医的，他们每天在家讨论的都是病情、治疗方法、生命科学的奥秘。孩子在这样的氛围中长大，成为一名医生，就像吃饭、喝水一样，是再正常不过的一件事。

四

在一个牛肉店，一个老人带着三个男孩一起吃牛肉面。牛肉面没上来之前，他们买了几杯加了冰的可乐，于是老人讲起了冰块为何漂浮，为何冒烟，可乐为何有气等物理知识。三个孩子听得津津有味，时而提出一两个问题，认真听老人解答。可以想象，在这种环境下长大的孩子，对世界一定充满好奇心。

对于孩子而言，父母、长辈是最具传播力量的人。孩子的耳朵比你想象得更灵敏，模仿能力也比你想象得更强。你尊重知识，谦和有礼，孩子就不会口出狂言、不学无术；你出口成章，言之有物，孩子就不会满嘴脏话、素质堪忧。

什么样的土壤，长出什么样的花。你的家庭环境里，藏着孩子的未来。孩子就是父母的一面镜子，在他们身上，可以照见父母最本质的样子。

五

在一个家长会上，一个父亲趴在孩子的书桌上睡大觉；另一个父亲虽然没有睡觉，但始终目光呆滞，老师说了什么，他都没有听进去。后来，老师对两个父亲说，你们的孩子上课时的画面，与你们两位如出一辙。

教育从来不在于你说了什么，而在于你做了什么。孩子不会听你说什么，而会看你做什么。

董宇辉曾分享：有个学生成绩一直不好，老师家访时发现，他家里的噪声对他造成了干扰。每天晚上，孩子的奶奶、父母都会邀请一些人来家里打牌，在吵闹声中，孩子无法集中精力。这样的家庭氛围，让孩子怎么安心学习呢？差距就是这样产生的。

20个“反内卷”的经验(3)

5. 掌握一点“高效利用时间”的技巧。调整心态，主动放弃某些无意义的追逐。

6. 行动起来，捍卫自己的边界。自从我下决心退出20个没用的微信群，生活变得美妙多了。

六

浙江考生王雷捷的妈妈学历不高，却喜欢捧着一本书在孩子的身边读。耳濡目染之下，王雷捷也爱上了阅读。高考时，深厚的文学功底、广泛的阅读兴趣，以及对作文主题的深入理解和独特表达，使他的作文在众多考生中脱颖而出，并一举成为浙江的高考状元。

武亦姝的父母文化水平不高，但他们会在每天下午的四点半关掉手机，一家人在一起玩诗词接龙游戏，结果武亦姝在诗词大会上大放异彩，被清华大学录取。

江西考生刘梦的母亲文化水平低，但在孩子学习的时候，她也跟着一起学，还帮孩子收集错题。高考后，女儿获得江西文科状元。

在一档节目中，有人问易中天："怎样才能让孩子爱读书呢？"易中天回答："很简单，你是一个爱读书的人，你的孩子就会是一个爱读书的人。"

七

家庭教育是无形的精神影响。好父母应该用自己的行为去影响孩子，带给他一个好的学习环境，传给他一种精神。你努力追寻自己想要的，孩子就会在这个过程中，明白什么叫拼搏；你从不放弃精进自己，孩子也会耳濡目染，认为学习是一种自觉的行为；你广泛涉猎、学富五车、侃侃而谈，孩子也会崇拜知识与书籍，渴望变得和你一样优秀。

所谓教育并没有什么声响，它只是让走在前面的人，做好自己的事，后面的人跟着学，教育自然就发生了。最好的学区房，永远是你家的书房；最好的名校，永远是你和孩子共同读书的地方。

事有三不管(1)

1. 不管情事

案例

一位网友分享，闺密和男友闹分手，向她诉说感情不顺。网友听后大动肝火，直言对方配不上闺密，不要也罢。不料几天之后，闺密和男友和好，不仅责怪网友之前说男友的坏话，甚至还把聊天截图发给男友看。网友原以为自己仗义执言、大仁大勇，殊不知落了个左右都不是的下场，尴尬至极。

点评

每个成年人都有自己抉择的能力。当别人找到我们倾诉时，我们只需当好听众，无须为他人的事出谋划策，更无须在他人的关系中指点江山。人到中年，学会缄默，把拨开云雾的主动权交还给对方，是为人处世最安全的壁垒。

帮助孩子找到发挥其长处的潜能。(参考答案：p12)

文/小D爸

教孩子学会“吃三种苦”

学习是要“吃苦”的。要想成为学霸，必须要学会“吃苦”，才能有所突破，破茧成蝶。

1. 吃“普通的苦”

“普通的苦”是严格按照老师的要求去做。虽然我把它定义为普通的苦，但效果一点也不普通。

有一位优秀的青年数学家，北京大学数学系毕业，国际拉马努金奖的获得者。他说自己初中毕业后，去问了一个高中老师，该怎么准备高中的数学？老师说，你把《数学精编》一套都做了吧。于是他老老实实地利用暑假，一边自学，一边刷完了《数学精编》一套中的所有题目，高中数学就学完了。按照他自己的说法，当时自己在数学尖子班成绩不算突出，但很听话，老师要求做的事情，坚持做到。之所以叫它“普通的苦”，因为看上去似乎人人都能做到，但深究，真的不普通，能有这样的定力，忍受这样的枯燥，非常人也。

2. 吃“中级的苦”

“高强度的用脑”是所有学习方法的基础，也是提升学习效率的保证。比如强调学习寻找“心流”，就是全神贯注、屏蔽一切外部干扰的状态，这个时候大脑在高效运转，100%的脑力都聚焦在学习活动上。又比如顶尖学术期刊《科学》证明，用“提取法”进行记忆，要比重复阅读四遍的效率高得多，因为“提取法”需要更多的脑力。有的孩子学习的时候，辛辛苦苦地记了很多笔记，但效果往往不好，因为只做了表面努力，思维却不深刻。为什么高强度用脑是一种苦？美团创始人王兴说：“大多数人为了逃避真正的思考，愿意做任何事情。”

人，特别是孩子，有一种天然的生物机制，就是要减少思考。这是因为人类在远古时候为了减少能量消耗和保持对外界的机敏，要更多地依靠“直接反应”而不是“深思熟虑”再行动。

所谓吃“中级的苦”，就是对抗这种天性，主动、深入地思考，虽然很累，但唯有如此，才能有真正的收获。

3. 吃“高级的苦”

我对女儿说，在学习中最重要的就是对自己保持诚实，“知之为知之，不知为不知，是知也”，不能承认自己的现状，就无法确定自己进步的起点。吃“高级的苦”，对抗的是自己，也就是不断审视自己，不断地反思、纠正，敢于否定自己，实现蜕变。

杨振宁于1957年获得物理诺贝尔奖，但在刚开始从事物理研究的时候，他的实验做一次失败一次。实验室里有一台旧的加速器，经常出现问题。每次它出问题，杨振宁都需要花好几个小时才能发现毛病，而其他同学则只需要花几分钟，就可以轻易地发现毛病。按照大多数人的看法，简直可以用笨手笨脚来形容杨振宁。杨振宁进行了反思，向老师征求意见，最终调整了自己的研究方向，从实验研究改为理论研究。之后，才有了“宇称不守恒”的理论突破。可见，所有优秀的学习者，都善于反思，不断调整策略，追求更好的效果。

然而很多人都不愿意承认自己的做法不好、方向有错、不够努力等，不得不反思时，也要找各种借口，或对明显的问题视而不见。

4. 锻炼孩子吃苦

法国思想家伏尔泰说：“让你疲惫的不是远方的高山，而是你鞋子里的沙子。”眼前的苦，比遥远的目标更让人畏惧。《黑神话：悟空》的制作人冯骥说：“你想走到那座山就得忍受这样的过程。”

能吃“普通的苦”是一切成就的基础。有些孩子天生能忍耐，有些孩子则容易心浮气躁。能忍耐的孩子，能吃“普通的苦”。天生浮躁不愿意吃苦的孩子，则要“利诱之”，其实就是通过外部的激励措施，慢慢地帮他找到可以坚持的理由。观察孩子是在机械地学习，还是能够深入思考。随着孩子年龄增长，还要培养他们的反思能力。

一个孩子敢于反思自己，通常是因为有父母的信任和包容。没有外部责备的压力，就更加敢于直视自己的弱点，敢于剖析自己，不会有不安全感。

人的好习惯、坏习惯都是惯出来的。但凡表现得有努力的迹象就要夸他，让他觉得努力是一件最好的事情。如果努力后的结果还不错，就可以庆祝了。鼓励孩子的时候，只和孩子自己比较，切记不要和其他孩子横向比较。“吃苦”有了甜头，那就继续试试，这样循环下来，习惯就养出来了。如果慢慢地适应了吃“普通的苦”，再用同样的方式，激发他的深度思考和自我反思的习惯。每个等待破茧成蝶的孩子，都要学会如何经历吃苦的过程，而他们的引路人就是父母。

教育是个缓慢的过程

文/遇见

人生不是一场短跑，而是一场持久的马拉松，急于求成只能一事无成，稳扎稳打方能行稳致远。在教育孩子这件事上，也是如此。

1. 过度焦虑，会毁了下一代

案例

在纪录片《零零后》中，男孩锡坤文静内向但智商很高，上幼儿园时他就爱上了科学，喜欢做各种科学实验，因此，锡坤的动手能力和专注力都很强，也很好学。锡坤想当科学家，妈妈很支持，给他提供有关的书籍、材料，但又担心他沉迷科研缺少社交，又给他报了语言班、夏令营，还事无巨细地教他怎么和小伙伴相处；四年级时，锡坤喜欢上了魔术，妈妈同样支持，给他买各种魔术道具，鼓励他在朋友面前表演节目，但又担心他学魔术，将来可能无法养家。结果，在纪录片结尾，那个初见时调皮淘气却积极阳光的孩子，在妈妈的过度焦虑下，变得敏感自卑了。

点评

一个教育编辑部写过一句话："我们为人父母的生怕不能给孩子最好的，生怕孩子输在起跑线上。殊不知，我们的过度期待，造成了我们的焦虑，不断把孩子往悬崖边上逼。"

孩子成绩差，父母担心他考不上好大学；孩子成绩好，父母又担心他没有才艺，竞争不过别人；孩子性格内向，父母担心他难以与同龄人相处；孩子性格外向，父母又担心他锋芒毕露、惹人厌烦。无穷无尽的焦虑，捆绑着父母，也压抑着孩子。但父母一定要明白，世界上没有十全十美的孩子，就像每朵花都有它的花期一样，每个孩子都有自己要走的路，父母过度焦虑、过度干预，只会让花枯萎、孩子的路走歪。

作家张文亮写过一个故事，叫《牵一只蜗牛去散步》："上帝给了我一个任务，叫我牵着一只蜗牛去散步。我不能走得太快，因为蜗牛已经尽力爬了，但每次总是那么一点点，我催它、唬它、责备它，甚至想扯它、踢它。突然，我闻到了花香，感受到微风，听到虫鸣和鸟叫，看到满天星斗。我突然明白我错了，是上帝叫一只蜗牛牵着我去散步。"养育孩子也是如此，它是一个缓慢的过程，需要我们用心去体会和付出，太过匆忙的催促，只会让我们错失沿途的风景。

建议

（1）控制情绪，不把焦虑传给孩子

父母都期盼孩子能有更好的未来，这种想法很正常，但担心过了头就成了焦虑，压抑孩子的天性，反而会让孩子无法健康成长。

（2）学会欣赏，看到孩子的闪光点

没有人是完美无缺的，人之所以不同，便是各有优缺点。每个孩子都是独特的，差别在于他们的父母能否发现他们的优点。

（3）懂得生活，给孩子高质量的陪伴

比成绩更重要的是生活。父母多陪伴孩子，读书、运动、散步、旅游，既能缓解彼此的焦虑，又能加固亲子关系。

2. 盲目抢跑，会拖垮孩子

案例

一个妈妈说，她开始对女儿的要求并不高，幼儿园阶段只是根据女儿的喜好给她报了两个兴趣班。但是女儿上小学后，第一次期中考试成绩就倒数了。和其他父母聊后才知道，别人家的孩子刚上幼儿园，就开始学一年级的课程了，等幼儿园毕业，三年级的课程都学完了，相比之下，她的女儿已经落后好几年了。

为了弥补差距，她给女儿请了家教，还报了好几个课外班。每天女儿放学一到家就开始上家教课，除了做学校布置的作业，还要做家教布置的作业。周末两天从早到晚上课外班，没有一点休息时间。一段时间下来，女儿的成绩有所提升，但身体垮了，精神萎靡。妈妈很难过，却不知道该怎么办。为了不让自己的孩子落后于别人家的孩子，别人家给孩子报三个课外班，她就给孩子报五个课外班；别人家让孩子学奥数，她就让孩子考雅思。

点评

社会学中有个名词叫“剧场效应”，简单说就是，一群人在剧场看戏，开始大家都坐着，突然有人站起来，挡住了别人的视线，为了能看清舞台，别人也只好站起来，渐渐地，所有人都站起来了。如今，在孩子的教育中，很多父母都是这样，陷入了“剧场效应”的旋涡，生怕孩子输在起跑线上。

教育家卢梭说：“误用光阴比虚掷光阴损失更大。”错误的教育方式比不教育带来的伤害更大。教育最大的失败，就是父母用蛮力管制孩子，不断给孩子施加压力，这种压力最后会毁了孩子的一生。管制并非全然有错，适度的管制反而能督促孩子变得更好，错误的是其他什么都不管，只在学习这一件事上使蛮力。

教育家陈鹤琴先生说："做父母，最好只做'一只手父母'。"什么是"一只手父母"？就是不要处处都管制，也不要事事都放纵，也就是：一半是管制，一半是松弛。

建议

（1）习惯上管制，结果上松弛

教育的目的是培养习惯。只要孩子能在教育中养成良好的学习习惯、自律习惯，即使成绩不好也没有关系，这些优秀的品质足以支撑孩子成为更好的人。

（2）目标上管制，过程上松弛

没有谁的成功是被逼着达成的。想让孩子爱上学习，最重要的是激发孩子的内驱力。父母可以帮助孩子树立职业目标，当孩子有了明确的方向，自然就会积极地前行。

（3）心态上管制，情绪上松弛

让孩子经历一些失败，并在失败中成长。培养内心强大、抗挫能力强、不轻言放弃的孩子。尽量给孩子提供一个宽松的成长环境，小事上不消耗孩子，让孩子自由地去探索。

3. 不要总在小事上消耗孩子

案例

一次聚餐，一个妈妈抱怨自己的儿子胆小，没有主见，做事畏首畏尾，没有遗传到她和老公的优秀品质。话音未落，她的儿子进来了，刚要坐下，她就生气地质问道："见了大人不打招呼吗？平时教你的都忘了吗？"孩子脸涨得通红，他打了招呼，默默地坐下。点菜时，我把菜单递给孩子，让他点自己爱吃的东西。他很开心，点了一道红烧肉，他的妈妈却说："红烧肉太腻了，不健康，换一道菜。"他换了清炒时蔬，他的妈妈又说："你正是长身体的时候，吃这么素怎么长身体？"孩子脸上的笑容没了："你点吧，我吃什么都行。"他的妈妈又生气了："你怎么这么笨，都说了让你选，你能不能有点主见？"孩子什么话都不说了，一直低着头。

点评

心理学家塞德兹说："人如同塑造陶瓷一样，小时候给予什么样的教育，就会成为什么样的雏形。"最不好的家庭模式就是，总在小事上消耗孩子。你发的脾气和孩子所犯的错误不匹配，却足以让孩子笼罩在挥之不去的阴影中。

有个网友说："上了大学之后，看到舍友和其家人的相处模式我才知道，原来衣服破了可以补，不会挨骂；挑食可以被理解；东西丢了可以再买……"

西班牙有句谚语："如果经常流泪，就看不见星光。"在挑剔中长大的孩子，很难学会表达需求、表达爱。家庭存在的意义不是做孩子的裁判，而是提供一个孩子可以犯错，又不会有严重后果的地方。好父母是孩子最重要的能量源泉；好家庭是孩子最坚强的后盾。

建议

(1) 就事论事，不要肆意发散

包容孩子的"小错误"。很多事既已发生，重要的不是指责，而是处理，教会孩子正确解决问题的方式。

(2) 学会沟通，改变说话模式

语言暴力是最伤人的一种方式。一味地批评和责骂只会让孩子变得更差，恰当地鼓励和尊重，才能让孩子更优秀。

(3) 适当留白，彼此留出空间

被填得太满，孩子将失去成长的自由，失去成长的各种可能性。而留白才是留给孩子的成长机会，那种肆意成长的蓬勃的生命力，才会在孩子的身上体现出来。

诗人海桑给女儿写了一首小诗："你不是我的希望，不是的，你是你自己的希望；我那些没能实现的梦想，还是我的，与你无关；你何妨做一个全新的梦，梦里，不必有我；然而我爱你，我的孩子，我爱你，仅此而已。"

对于父母而言，养育孩子是一场修行。在见证一个生命成长的同时，提升自己，完善自己。不要妄想把孩子塑造成你想要的样子，而应该帮助孩子成为自己，让他成为他想成为的人。

话有四不说(1)

1. 不说怨话

案例

作家三毛曾说她在阅读读者来信时，发现一些书信都有一个共同点：千篇一律的抱怨。她对此十分不解。她在撒哈拉沙漠流浪的时候，生活条件极其匮乏，但却甘之如饴：吃饭时，没有大鱼大肉，她就把粉丝想象成鱼翅；结婚时，没有华服加身，她就到厨房抓一把香菜嵌在帽子上，幻想自己戴的是璀璨的皇冠。

点评

著名诗人塞缪尔说："世界如一面镜子，皱眉视之，它也皱眉看你；笑着对它，它也笑着对你。"心由境转，境由心生。世间不如意事十之八九，被抱怨奴役的人，只能体会到越来越深的挫败感；用积极乐观的心态，打破怨念的牢笼，才会在不经意间发现乐趣和希望，烦恼也会随之烟消云散。

文/张惠姗

孩子的世界小得只有你

你对孩子的态度，就是世界对他的态度。因为孩子的世界很小，小得只能装下你。

孩子不断被看见，就会有一个自我的认知。被父母看见，就确定了孩子的自我。

1. 当孩子不断被看见，就会有一个自我认知

“你真的很棒”“你真的太厉害了”“你怎么这么聪明呢”，这不是看见孩子，这是夸大表扬。当妈妈这么夸张地去表扬孩子时，孩子就只是妈妈的一个骄傲，孩子就只是单纯地认为自己是很棒的、很聪明的、很厉害的。可是厉害在哪里，棒在哪里，孩子不知道。

当孩子只是做了一件他自己的事，他是可以很单纯地因为得到满足而开心的。如果妈妈点点头，告诉他，我看到你很认真地把这些东西拼上去了，这就是看见。如果妈妈高呼“哇，你太厉害了，你真的太棒了”，孩子以后就会为了掌声而做事，在意他人的评价多于自己的满足感，孩子的满足感被外在的呼声给减弱了。总是被浮夸着长大的孩子，还容易输不起。

把“你太棒了”变成“我看到你正在做，你很努力、认真”，真实、不浮夸地看到孩子的行为。当

2. 没有能力哀伤的父母，接受不了孩子的哀伤

人们往往认为哀伤是消极的，如果你难过了，就说明你很脆弱，但哀伤只是一次情绪的感受。允许孩子哀伤，允许孩子表达难过，是很重要的。

父母很焦虑，害怕孩子有难过的情绪，孩子就只能假装我很好。

其实哀伤是很真实的反映。如果通过遗忘来隔断哀伤，就会把情感压到潜意识中。不要以为这种隔断掉的哀伤就过去了，如果没有面对与处理这种难过的感受，这个哀伤是不会真正过去的。它们会在某些时机，一触即发，比如，孩子进入青春期特别纠缠痛苦。

3. 不允许自己无能的人，总能发现孩子的无能

孩子不爱学习、特别懒、很内向、总生病……这些都是不断强化的过程。父母说，我这是在提醒他啊，我想要孩子好。殊不知，孩子慢慢会认定自己就是这样的，并形

成认知“我是不会学习的，我是学习不好的”。

我们需要觉知，我们说出来的话是教育还是抱怨，还是自己无从处理的情绪？别紧张、别担心、别再胖了、你要注意力集中、你不要有压力……这些做法都是强化。我们说，你别紧张，说了之后，孩子就不紧张了吗？

很多时候，父母不能接受孩子的某一点，往往是因为父母把自己不接受的部分，投射在了孩子的身上，不能接受孩子的不好。

一个人不允许自己懦弱，他在生活中就很容易在孩子身上找到这个缺点，看到孩子有点胆小，就很担心，是不是随我，这样不好，这样不行。一个不允许自己无能的父母，总会在孩子身上，发现孩子的无能。父母总把自己不能接受的一面投射给孩子，孩子就被父母的强化催眠了。

4. 不曾被理解过，也就理解不了孩子

有些妈妈确实会给孩子制造伤害，不是要故意伤害孩子，对于妈妈而言，她是被这样对待过的，她不知道孩子有这些感受时，该如何与孩子同频。

当孩子做不好某件事时，妈妈的反应很强烈。说明妈妈的内心是脆弱的，一个从小被批评的妈妈，当她长大后，她认为自己已经是一个有能力的大人了，她也许忘记了过去的感受，但过去的感受还在，她只是不敢面对这些不敢面对的东西，就会放在孩子身上，让孩子为自己去承担。当孩子达不到妈妈的要求时，妈妈就无法理解孩子，就控制不住地大吼大叫，把孩子当成那个要为我们进取的自己，看到不够优秀的孩子，就会触感自己的深层焦虑。

5. 保护“内在的小孩”，学会爱自己的小孩

“遇到困难的时候，妈妈会握住你的手”“伤心难过的时候，妈妈会拥你入怀”“妈妈在这里，妈妈陪着你”“拿着不及格的试卷回家，妈妈微笑着看着你”“你希望妈妈可以给你一点学习方法吗，还是你自己可以”“你可以的，我一直相信你有能力，你只需要向前，回头有我”。

这也是我们“内在的小孩”的渴求，可是当我们长大，有了自己的小孩后，那些想要被对待的期待，被遗弃了。愿我们温柔以待我们内在的小孩，保护我们内在的小孩，同时，学会爱自己的小孩。

文/筱恬

成绩至上 牺牲的是什么

1. 健康的生活方式

案例 1

在高铁上有一对母子，妈妈看起来干练而知性，儿子约10岁。列车开动没多久，妈妈就帮儿子放下了小桌板，并从孩子的书包里取出几本书。在她的安排下，小男孩先后练习了口算，阅读了英语读物，还做了奥数题和语文阅读题。据观察，这些都是妈妈额外的布置。近三个小时的旅途，小男孩几乎全程都在写作业。其间，他有好几次闹情绪，抱怨作业太多不想写，都被妈妈一口拒绝了："路上这么长时间，正好用来学习，不然浪费了多可惜。"

案例 2

有一则新闻：五一小长假，在高铁上看到一车厢的孩子都在埋头写作业，新闻也上了热搜。不知从何时起，旅途中在高铁上写作业成为中小学生的标配。这固然有作业太多的客观因素，但也是父母的主观选择。父母们坦言，带孩子坐高铁，好几个小时不用来做点和学习有关的事，就会觉得很亏。至于效果如何，却并不在考虑之内。

案例 3

一家儿童医院收治了一名初一女生，她持续低烧一周，确诊为支原体感染，CT影像显示肺叶都白了。医生建议女生住院治疗，她的妈妈却拒绝了，声称住院会耽误学习。在妈妈看来，女儿一旦住院，至少要三四天，会落下不少功课，导致成绩下降，难以补回来。一边是健康，一边是成绩。很显然，妈妈本末倒置，把天平倾向了后者。女儿病情严重已经出现白肺症状，妈妈仍在纠结功课、分数之类的身外物。

案例 4

这种情况并非个例。一个孩子生病期间，上午吃了退烧药去上课，下午去医院打点滴，连续一周都是这样。在医院里，边输液边做题的

20个"反内卷"的经验(4)

7. 把"休息"这件事写进待办列表中，并认为它很重要。

8. 怎么休息你说了算。发呆、跑步、专心地看咖啡机工作一分钟，只要能让你感受到"回到当下、回到自己身上就好"。

孩子不在少数。有些医院还在儿科开辟了“儿童输液学习区”，一排排的小学生，齐刷刷地左手打吊瓶，右手写作业。

点评

父母过分强调学习成绩，容易导致孩子没有足够的时间进行体育锻炼，从而影响身体健康。孩子在追求成功的过程中，也会忽视生活中的其他乐趣，形成类似于赌博的“意义饥渴症”，这种“瘾”使得阈值越来越高，越难以感到快乐，从而失去了对生活的热爱和享受。

2. 孩子成才的路变窄

案例 1

一个妈妈对儿子的成绩极其重视。在她的精心培养下，儿子也争气，不仅成绩优异，而且发展了多项特长，是标准的“别人家的孩子”。但上初中后，男孩的成绩优势不再明显，甚至掉到了班级的中下游水平。对此，妈妈很着急，于是对儿子又提高了要求，甚至达到严苛的程度。与此同时，男孩的青春期叛逆也接踵而至，他开始公然反抗妈妈的要求，还出现了厌学情绪。

一边是强势的妈妈拼命让儿子学习，一边是叛逆的孩子拼命想摆脱妈妈的管制。直到有一天，母子爆发了激烈的冲突，男孩在情绪激动之下撕碎了习题册，冲着妈妈高声喊道：“从小到大，你只关心成绩，我真是受够你了。”妈妈犹如万箭穿心，她觉得自己所有的付出都白费了。

案例 2

电视剧《小舍得》里的男孩子悠，在妈妈唯分数论的态度里，活得压抑而痛苦。他曾说：“妈妈爱的不是我，而是考满分的我。”一次又一次，他拼命地努力，却总是达不到妈妈的期许。最终，他的精神出现了问题。此时，妈妈才认真审视自己的教育理念，决心放手。

点评

或许孩子的学业很优秀，可内在却缺乏意义感、存在感，具有强烈的孤独感、空虚感。过度追求学业成功的孩子，可能会失去对生活中其他快乐的敏感度，导致缺乏自我判断能力，没有自己的想法，欠缺思考。这种教育方式培养出来的孩子，只能掌握一门技能，欠缺思维上的灵活；只能成为一个产业链中的螺丝钉，离开这个岗位，他将一无是处。

3. 拉开个体差距的是人格特质

案例

作家刘继荣写过她女儿的故事：

小姑娘成绩中等，没有特长，放在人堆里平平无奇，拿不出一样值得炫耀的地方。刘继荣也曾为提高女儿的成绩动了不少脑筋。请家教，报辅导班，买各种各样的学习资料……可是一番折腾下来，女儿的成绩非但没有提高，甚至一提到考试就厌食、失眠、冒虚汗。无奈之下，刘继荣决定放手，恢复了女儿的正常作息。一次期中考试后，刘继荣接到了女儿班主任的电话：老师问同学们最欣赏班里的哪位同学，结果全班同学都说出了女儿的名字，有些同学还建议，让女儿担任班长。这让刘继荣深受触动。

她在文中写道："这世间，有多少人，年少时渴望成为英雄，最终却成了烟火红尘里的平凡人。如果健康，如果快乐，如果没有违背自己的心意，我们的孩子，又何妨做一个善良的普通人。长大后，她一定会成为贤淑的妻子、温柔的母亲，甚至热心的同事、和善的邻居。在那些漫长的岁月里，她都能安然地过着自己想要的生活，作为父母还想为孩子祈求怎样更好的未来呢？"

点评

每个孩子长大后大概率是一个普通人，相比会考试、会解题，他们更需要的是适应社会的丛林法则，在未来生活得体面而从容，而这些光有好成绩并不能实现。

《性格的力量》中写道，真正拉开个体差距的，其实是一个人的人格特质，也就是"非认知能力"。换句话说，决定孩子未来能否过得好的关键，并非聪不聪明（智商）以及考试拿多少分（学科类的认知水平），而是孩子是个什么样的人（非认知能力）。这些人格特质无法通过数值来衡量，却在潜移默化中，犹如一股巨大的推动力，决定一个孩子最终的人生高度。

忙有五不帮（1）

1. 不越界去帮别人

案例

一次，韩昭侯酒醉后坐在椅子上打盹。负责管理冠冕的侍从担心他着凉，便为他盖了一件衣服。没想到，韩昭侯醒来后却把管理冠冕和管理衣服的侍从一并处罚了。他认为，管理衣服的侍从是疏忽职守，而管理冠冕的侍从则是越俎代庖，影响同样不好。

点评

有时候，我们以为自己是在做好事，其实是在插手他人的事情，这本质上是一种冒犯。真正成熟的人，懂得凡事尽好本分，不逾矩、不越界，这才是最明智的安身立命之法。

好的教育是庇护孩子的快乐

文/枳为橙

1. 很多父母都会过分担心孩子

案例

一个身体一直不好的孩子，因为家人的过度担忧和保护，对任何活动都没有信心，将体能运动视为负担，这种负面的心理暗示，影响了孩子的健康和生活质量。

点评

《圆桌派》中有一期，记者周轶君谈到，在孩子面前一定要学会控制自己的情绪。因为孩子在面对你所传递过来的情绪时，看似默不作声，其实很多伤痕和压力已经在心里形成。等时间一天天过去，你就会发现，孩子小时候的经历，都会在他未来发展的道路上留下痕迹。

当人生的钥匙始终被别人紧紧掌握时，失控感和窒息感就会填满内心，精神世界也会承受很高的负重。父母过度担心，看似无形，其实早已成为笼罩孩子的阴霾，让他难以触碰阳光。

心理咨询师妮禧有句话说得很对："真正的责任心，是合理的责任心。该父母承担的部分，父母负起责任就好。最怕的就是打着责任心的旗号，大量过度地介入孩子的生命，掠夺孩子的能量。"

2. 最好的礼物是给孩子快乐

案例

白岩松曾分享：世界杯夺冠之夜正逢周日，儿子第二天需要早起上学，但他仍答应了儿子熬夜看球赛的请求。比赛进行到90分时，儿子喜欢的球队以1∶2落后，儿子哭了；91分时，球队2∶2扳平；93分时，比赛即将结束，球队临门一球，以3∶2反败为胜，儿子喜极而泣。对此白岩松说，自己干了一件很小但是很多父母都不想干的事：让孩子花时间做无用的事，但这件事带给孩子的快乐，却是终生难忘的。

点评

知乎上有个问题：一个糟糕的家庭环境是什么样的？有人回答说："就是弹性太差。"

很多时候，父母总以为，毁掉孩子的是成绩不好。然而，被忽略的却是长期的精神压力，早已让孩子失去了对幸福的感知力。长此以往，心理健康的漏洞越来越多。

《海边的卡夫卡》中写道：孩子就像一棵小树苗，家庭环境就是浇灌的水。如果水质过差，树苗不仅不会成为参天大树，还会枯死。

《奇葩说》辩手席瑞有个观点说得很深刻："最通透的教育，就是庇护孩子的快乐。"人一辈子快乐的时间很少，挫折、沮丧、不如意、匮乏感一直围绕在身边。父母对于孩子而言，只是生命中一段时间的陪伴者和引路人。所以父母给孩子的最好礼物，就是给他快乐，让他的精神世界充盈起来。

3. 先有好心态，才有好的教育

案例

绘本《你为什么不开花》讲述：在花园里，园丁偶然发现园子里长出了一株与众不同的植物。园丁对它产生了期望，每天定时给它浇水，天热给它撑伞，早晚还会特意跑去问候。他认为，在自己的悉心照料下，这株植物就能开出艳丽的花朵。可日子一天天过去，它却没有半点开花的迹象。事实上，这株植物就是一根胡萝卜，深埋在土里的部分已经被兔子偷吃得所剩无几。但园丁并没有因此沮丧，而是将胡萝卜的根部倒过来种在了园子里，让胡萝卜也经历了一场花开的盛放。

点评

养育孩子也如养护植物，先有好心态，才有完善的教育。老话常说，除了生病之外，你所感受的痛苦，都是你的价值观带给你的。教育亦是如此，你拥有什么样的教育观，就能成就什么样的孩子。

（1）拒绝家庭暴力

无论是语言暴力，还是长期的欺骗与精神控制，都会带给孩子无尽的伤害。伤害一旦开始，伤疤便会留下。即便痛苦结束，心里的阴影也难以抹除。

（2）尊重和保护孩子的人格

只要求孩子乖是一切危机的源头。在家庭教育的过程中，记得多倾听孩子内心的声音，让他的人格健康成长。

（3）给孩子选择的权利

孩子首先是独立的自己，其次才是你的孩子。切不要再以"爱之名"操控孩子的人生路，更不要打着"为你好"的名号，给孩子带来数不尽的痛苦。

（4）不要让孩子替你实现梦想

刘瑜在给女儿的信中写道：你想当一个银行家，就去努力吧；但如果你仅仅想当一个面包师，那也不错；如果你想从政，妈妈也一定支持你。

孩子有属于自己的人生，父母做好照亮孩子的那盏灯即可。

教育要为孩子留下挪腾的空间

文/瑾山月

1. 别过度消耗孩子的能量

举例 1

有些父母倾向于不断地向孩子灌输各种道理，比如“你要做手机的主人，而不是手机的奴隶”“睡太晚长不高，还影响学习”。这种做法忽视孩子的感受和需要，孩子感受到的是父母的不信任和操控，因而将能量消耗在抵抗上，而不是改变上。

举例 2

有些父母倾向于在孩子面前不断抱怨，比如“我当初怎么瞎了眼嫁给你爸，然后，又生下你这个烦人精”。这种持续的负面情绪传递给孩子，会让孩子感受到生活的压力和无助。

举例 3

有些父母倾向于在小事上对孩子挑毛病，比如“出汗了不能喝凉的东西”“看你吃没吃相、坐没坐相、站没站相”，这些看似微不足道的要求，实际上是在不断地消耗孩子的自信和积极性。

举例 4

通过威胁控制孩子的行为和情绪，比如“你再不听话，我就不要你了”或“你再这样，我就把你丢到海里喂鱼”，这种通过消耗孩子的安全感逼孩子听话的做法，会对孩子造成不良的影响。

点评

父母过度地讲道理、抱怨、挑毛病、威胁孩子，不仅会消耗孩子的能量，还可能对孩子的心理健康和成长产生负面影响。这些行为虽然是出于对孩子的爱，但是方式不对，反而会适得其反，孩子的能量被过度消耗，影响健康成长。父母在教育孩子时应避免这些行为，采取积极、健康的方式与孩子沟通，以赋能而非消耗为目标。

2. 要为孩子的人生“留白”

举例

在一次演讲中，李希贵校长说：“在学校，我看见孩子们违规违纪都会假装没看见绕着走。”有人纳闷，不应该立刻制止吗？李希贵校长说，我们要牢记一点，教育是一个闭环的过程。每个孩子的成长都要经历“犯错、批评、表扬、激励、改进、巩固、养成”的过程。在这条教育链中，每个环节都要给孩子留下挪腾的空间。比如孩子犯错，你要给孩子反思的时间、纠正的契机、总结的机会，而非一上来就惩戒。在学习上也是如此，同样要完成闭环，才能有好成绩。这就需要我们在学习的每个环节“留白”。

点评

认知领域专家张梅玲说：“教育需要‘留白’，父母需要放手。”成长需要自我意识，只有在自己的选择里探索过，人才能养成坚韧又独立的人格。

美国脑科学家丹尼尔·西格尔提出过“开放式大脑”的概念：“那些优秀的孩子，并不是拼命努力的人，而是具有开放式大脑的人。”开放式大脑不仅是一种思维模式，也是一种能力，它能够帮助孩子更好地适应社会的变化和发展，实现个人的价值和意愿，同时也有助于孩子的心理健康和成长。

万维钢老师说：“最先抵达目标的人是那些不走冤枉路的人。”父母不想在教育上走冤枉路，就不能把孩子的成长填得太满。

3. 四处留白，帮助孩子养成开放式大脑

（1）时间留白

举例

北京大学毕业生刘嘉森说：学霸拼的不是持久战，而是自我管理，通过时间管理，提高学习效率。他在衡水中学的三年里，从未熬过夜，每天五点半起床，十点半入睡，中午休息一小时。充足的睡眠和休息，反而令他在学习上更投入、更专注。

点评

《养育的选择》一书中写道：适当让孩子休息一下，发呆或干一些父母觉得毫无意义的事情，会更有利于他们整合和理解各种信息。把时间还给孩子，允许他们在一定限度内自由安排，或休息或玩耍，他们才不会对学习产生压力。无论是生活还是学习，只有放松下来，人才能充满干劲和活力。

（2）空间留白

举例 1

父母担心孩子独自在家偷懒不学习，安装摄像头监控孩子的行为。然而，孩子很反感，感到隐私被侵犯，将摄像头转向墙壁。

举例 2

给孩子报过多的培训班，过度安排孩子的业余时间，但过多的培训班反而会限制孩子的个性和创造力。

点评

有研究表明，长期待在狭小空间里的孩子很容易成为生活上的

"巨婴"。被父母24小时盯着，一举一动都要听从安排，孩子会不知不觉地放弃自我意识。

李玫瑾老师曾呼吁："不要让孩子一天到晚地待在家里学习，如果他的大脑高度兴奋，小脑得不到刺激，脑部神经没有兴奋透，就容易出现心理问题。"所以，要允许孩子走出学校和家门，去户外撒欢，去海边吹风，去和好朋友踢球、逛街。养孩子就像种树，必须让他们在生活里扎根，接受阳光雨露的滋养，才能茁壮成长。

(3) 行为留白

举例

罗振宇问父母："如果有钱，你是让孩子读贵族学校，还是读公立学校？"不少父母想都不想地说："当然是贵族学校，那样就可以最大限度地享受教育资源。"但罗振宇却说，没有教育资源肯定不行，但堆积过多的教育资源而脱离实际生活也不行。在他看来，最好的教育一定不能远离社会。而要做到这一点，父母就要为孩子"留白"，鼓励孩子去实践、去体验。

点评

允许孩子在寒暑假适当地实习打工，参加一些感兴趣的活动，和同学们合作完成一项社会实验；允许孩子独立完成一件事，哪怕只是买菜、做饭、收拾家这样的小事，也能锻炼孩子的动手能力。在行动上有支配权，孩子的成长才能形成"超强回路"，用一个个行动反过来夯实所学的知识。

(4) 思想留白

举例

有人说，孩子从小被父母逼着去学琴，可当孩子告诉父母，他将来要搞音乐，父母会唯恐无比；孩子从小被父母逼着去学奥数，可当孩子告诉父母，他将来要当数学家，父母又会警告孩子，学数学不好找工作。父母经常是矛盾的：一会想拓展孩子的眼界，一会想激发孩子的思考力，但当孩子真的要自己做决定时，又会百般阻止。

点评

诗人纪伯伦说：你的孩子并不是你的孩子，他们只是借你而来，你可以给予他们爱，但绝不是你的想法，因为他们有自己的思想。若想让孩子成长为有血有肉的人，就不要把他们培养成思维上的提线木偶。鼓励孩子思考，更重要的是接纳他们独立思考的结果。

不剥夺孩子的时间，不禁锢他们的脚步，允许他们去更广阔的天地翱翔，也允许他们天马行空地想象。如此这般，我们才能赋予孩子用之不竭的爱与能量。

爱的教育是最好的挫折教育

文/曾奇峰

一

一次，一个朋友请我帮忙，让我和他的亲戚一家聊一聊。父亲肖先生，名校毕业，企业高管；母亲周女士，大学教授；儿子虎子，17岁，某重点中学高一学生。虎子个子矮小、身形消瘦，最关键的是他的精神状况欠佳，坐在那里胆怯地缩成一团，都不敢抬头看我一眼。

我让他们每个人说一下情况。母亲先开口说："虎子在幼儿园和小学都是很优秀的学生，经常是班上的第一名，但上中学后就变得越来越胆小，以至于不愿意和小朋友们玩，害怕和老师说话，学习上一遇到难题就紧张。现在的主要问题是考试，要考试的前几天就紧张，吃不下饭、睡不好觉，担心自己考不好；到考场就更紧张了，会手发抖、心跳加快、脑子一片空白，平时会做的题也做不出来了，成绩出来，肯定不理想，这样也加重了他考前的紧张，恶性循环，越来越不可收拾。不知道过两年高考会发生什么情况。"说完重重地叹了一口气。

受妻子情绪的影响，肖先生也叹了一口气才开口说话："我们知道，像我们这样的家庭，养出来的孩子容易被宠坏，养成娇生惯养、好逸恶劳、缺乏意志力的个性，所以我们除了在学习上对他抓得很紧之外，还十分注意培养他的意志品质。比如他要什么东西，我们不会轻易满足他。很多书上都说，要延迟满足孩子的需要，要让孩子适当体验挫折感，才能促使他尽快成长。节假日不许他睡懒觉，而是让他起来锻炼身体。还要求他做任何事情都不能半途而废。"

肖先生还举了一个例子：虎子六七岁时，有一天突然跟爸爸妈妈说要弹钢琴。他们当天下午就从音乐用品商店买回一架钢琴，还请了老师到家里教，结果没多久，虎子就不想弹钢琴了，每次到了学琴的时间都把门反锁上，不让老师进来。

肖先生说："我和妻子当时商量后一致认为，如果就这样听之任之，以后学什么都半途而废，这样的孩子有什么用？一定要让他学下去，是不是靠弹钢琴吃饭是一回事，更重要的是要培养他做一件事情善始善终的意志力。但是，很遗憾，很遗憾啊。"

肖先生又说到学习。除了老师布置的作业，他们还给虎子“加餐”，弄来一些很难的题目让他做，以防止他认为自己学会了课堂上的东西，就自以为了不起。每次考试前，他们也是再三地批评他马虎的毛病，总是把会做的题目做错，白白丢分。

我想了解一下虎子的感受，就问虎子：“听了你爸爸说的话，你有什么感觉？”虎子猛地抬起头，充满愤怒地说：“烦死人了。”那个瞬间，我才感受到了他的一点虎气，心中大喜：他还可以表达自己的愤怒，说明情况还不是太糟糕。

二

我决定先从所谓的“挫折教育”入手。我问肖先生：“你上次表扬虎子是什么时候？”肖先生先是一惊，然后一脸尴尬，说记不起来了。我追问道：“大概是什么时候，几天前、几周前、几个月前，还是几年前？”他想了足足一分钟，然后说“大概是几年前”，立即又辩解说：“没表扬他有两个原因，一是我不希望他变得骄傲自满，二是这几年他实在没什么值得我表扬的。”

我接着问虎子：“你记得爸爸最近一次对你很放松、很高兴地笑是什么时候吗？”虎子想都没想立即回答：“他从没对我笑过，总是一副哭丧脸。”我听了心里很难受，同时也希望虎子的愤怒能有一些渗透效果，就沉默了几分钟。

我对肖先生夫妇说：“我们都是从青少年过来的，一个人从幼儿园到小学再到中学，在健康、学习、交友等方面，自然而然地会遇到哪些挫折？”

夫妇俩七嘴八舌地说了一大堆，比如健康问题上的头疼脑热，学习上的压力，同学之间的亲密与隔阂、友情与嫉妒，处处都有危机，处处都可能遇到挫折。我很同意他们的看法：“一个孩子和一个同龄孩子可以说分分秒秒都在斗，在任何方面都在斗，斗智斗勇、斗漂亮斗帅气，所以几乎可以随时随地地体验挫折感。”

我接着对肖先生说：“你在工作中也会体验到很多挫折感吧？”肖先生听我这样问他，似乎很感动，觉得我很理解他身处高位的难处，就深深地点了点头。

我接着问：“从外面回到家里，你希望妻子怎么对待你呢？是希望她恶狠狠、凶巴巴地对你，还是希望她和颜悦色、温柔体贴地对你？她的哪一种态度能够使你在工作中表现得更强大和更坚韧？”肖先生半晌无语，似乎略有所悟。我这样提问多少有点“攻击”的味道，所以我又换了一种方式温和地解释道："我们都是人，人都有软弱的时候，都有需要温情的时候。在我们的生活当中，随时都有挫折在某个角落等着我们，这些自然的挫折足以让我们变得坚强，再也没必要人为地制造一些挫折来锻炼孩子。而且，一个人能够承受'不被满足'的挫折感的前提是，他曾经被很好地满足过，就像吃饱了就能够耐饿一样。"

最后我总结说："说简单一点，就是如果你们让虎子在家里舒服了、高兴了，他在外面自然会不畏艰难、不怕挫折地'冲锋陷阵'。"

肖先生夫妇毕竟是受过很好教育的人，当然更关键的是他们真正爱孩子，所以"思想问题"一解决，态度马上就有变化。在后来的大约半小时的谈话中，我几次看到肖先生的脸上露出了笑容，虽然都只是淡淡的，却和刚刚进来时那个一心一意要把孩子锤炼成超人的父亲判若两人。最后我对他们一家三口说，父母态度的改变，会直接导致问题的好转，只是需要一点时间。

虎子最先表态，说时间长一点没关系，还说经过这次谈话，他一想到考试，好像害怕减少了。我相信他说的是真的，因为他并不是害怕考试本身，而是害怕最爱他的爸爸妈妈通过考试来打压他。而这一点，他以后可以不用再担心了。

与这四种人深交(1)

1. 与德盛者在一起，养志

故事

1933年，钱锺书从清华毕业，学校希望他继续攻读研究生，但他一口拒绝了，他说："整个清华，没有一个教授够资格当钱某的导师。"后来，他留学回国，28岁就当上了西南联合大学外文系教授，可他依然不改狂狷的脾性，对教授们极尽讽刺，其中还包含恩师吴宓。但吴宓并没有为难他，还在学生中感叹道："钱锺书乃人中之龙，其余如你我之辈，不过都是些普通人。"实际上，吴宓是著名的国学大师，是中国比较文学之父。在他的包容和滋养下，钱锺书意识到了自己的狂妄，逐渐收敛起锋芒。此后的人生，他高调做学问，低调做人，为世人留下了许多不朽的著作。

点评

《道德经》中讲："有大德的人，不仅自身温良谦恭，其光芒还能照拂他人。"

杜甫曾说："在山泉水清，出山泉水浊。"好的环境，可以让水变得干净明澈。人也是如此，与厚德之人同行，你会被他们的精神和品质所感染，不知不觉地向他们看齐。有句话说得好："择善人而交，择君子而处。"选择与君子为伍，成就的是品行，成全的是人生。

文/清心

父爱缺席 孩子未来缺什么

1. 父爱缺失的后果

案例 1

《奇葩说》里有一个段子：

“爸爸不在的时候，我还可以幻想，爸爸爱我；爸爸在的时候，我可以确定，他不爱我。”

案例 2

一个爸爸长期在外地工作。儿子一两岁时，爸爸偶尔回来，儿子把他当陌生人，不敢靠近他；儿子上小学时，同学们都有爸爸接送，他也希望有爸爸接送，但希望从未实现过；儿子上中学后，已习惯了爸爸的“隐形”，也越来越沉默。

点评

心理学家胡慎说：90%的人生短板都源于父爱缺席。

童年只有一次，成长不能重来。在孩子的成长过程中，父亲的陪伴不应该成为孩子的奢望。

2. 父亲的影响巨大

案例 1

一个男孩因为不满爸爸阻止他玩游戏，对爸爸大打出手，还惊动了警察。爸爸诉说儿子沉迷手机游戏不学习；男孩抱怨爸爸总是打麻将很少照顾家，还打骂他。

点评

爸爸“恨铁不成钢”，可是自己在言行上却不自律，怎么能让孩子服气呢？只有父亲以身作则，孩子才会跟随你。

案例 2

郑渊洁之所以能够成为作家，是因为他有着超强的自学能力，这种能力来自父亲的影响。郑渊洁说：“从我记事起，看见最多的场景，就是父亲趴在桌子上看书、写字，我家那本《资本论》，是父亲抱着我看完的。由此，我对看书、写字产生了崇拜心理。”

点评

心理学家格尔迪说：“父亲的出现是一种特殊的存在，对培养孩子有一种特别的力量。”

心理学家艾尔弗说：“父亲对孩子的影响巨大，会一点一滴渗入孩子的血液，嵌入孩子的灵魂。”爸爸的行为和态度，能激发孩子的兴趣和热情，帮助孩子建立自己的价值观和目标。

3. 要做一个好父亲

案例 1

爸爸是一位商人，常年忙于生

意，很少陪伴孩子。一次，孩子因为成绩不好被同学嘲笑。回家后，孩子看到爸爸在忙，便欲言又止。爸爸注意到孩子的不对劲，放下工作，走到孩子身边，问清楚原因后，爸爸说："成绩并不是衡量一个人的唯一标准，但学习是每个孩子当下的任务之一，只要你努力，就一定能进步。从今天开始，爸爸每天都和你一起学习，帮你找到适合你的学习方法。"在爸爸的陪伴下，孩子的成绩逐渐提高，孩子和爸爸的关系也更加亲密了。

点评

世界卫生组织证实："平均每天和爸爸相处两小时的孩子，智商和情商都更高。"在家庭教育中，爸爸所有的男性品质，对孩子的影响都至关重要。充分享受爸爸陪伴的孩子，往往更坚强、更勇敢、更自信。只要爸爸能慢下来耐心陪伴，孩子就能释放天性，快乐成长。

案例 2

郑渊洁创作《童话大王》30多年，累计发行量两亿多册。那时，他用钢笔写作，每天灌墨水一次。有一段时间，他写了一个多月，钢笔里还有墨水。他很奇怪，难道还真写出童话来了？有一天，他半夜上厕所，一出卧室，看到爸爸正在给他的钢笔灌墨水。爸爸问他："《童话大王》你打算写多少年？"郑渊洁说："只要你和我妈还活着，我就一直把它写下去。"爸爸说："只要你一直写下去，我和你妈就一直活下去。"

点评

精神分析家李孟潮认为：长久以来，父亲在家中提供着供养和胜利的功能。"爸爸的助力和呵护，是孩子勇敢做自己和坚持向上的动力。

案例 3

诺贝尔物理学奖获得者理查德·费曼小时候，父亲经常陪着他一起阅读。当读到对恐龙的描述时，父亲用实际生活中的事物，解释恐龙的身高、头部的大小。这种有趣的想象和互动，让费曼从小就对科学产生了浓厚兴趣。后来，费曼在物理学上取得了显著成就，还发明了"费曼学习法"，这与父亲的启蒙有很大关系。

点评

心理学家卡尔·荣格曾说："母子关系指向家庭内部，寓意融合与亲密，影响一个人成年之后的情感关系；父子关系指向家庭外部，寓意规则与疏离，影响一个人成年之后的社会关系与人际交往能力。"在生活中，妈妈倾向于保护和照顾，爸爸则能带着孩子探索未知世界的无限可能。

文/读书君

管孩子谁都不能当甩手掌柜

1. 父爱不缺席，成长不留遗憾

案例

在日本电影《漫长的告别》中，爸爸是一位校长，不仅工作忙，而且严肃古板，不苟言笑。在父爱缺失下长大的两个女儿，成年后有了各自的苦恼。大女儿的婚姻出现危机，她的儿子早恋、逃学，一切痛苦除了隐忍，她无计可施；小女儿30多岁了，事业、感情生活依然无法顺遂，人生充满迷茫。

直到父亲患上了阿尔茨海默病，在最后的陪伴里，父女之间渐渐敞开心扉。最戳中泪点的桥段就是，事事不顺的女儿和已经不认识自己的爸爸并排坐在阳台上聊天，女儿倾诉心事，爸爸关切地摸着女儿的头，说道："遇到不顺利的事，'呸'一声就过去了。"爸爸的话像阳光照进女儿的心里，让她在茫然中多了一份坚定。

随着时间的推移，父亲的病情日益加重，走失成了生活常态。女儿发现父亲常挂在嘴边的一句话是"我该回去了"，但谁都不知道父亲要回去哪里。终于有一次，女儿用跟踪系统找到了走失的父亲。原来，父亲心心念念要回去的地方，是一个游乐场。只因为女儿小时候，父亲曾在一个雨天到游乐场给妻子和女儿送过雨伞。于是，这个地方成了父亲唯一记住的片段。

女儿终于明白，原来父亲这么爱她啊。父亲在生命的最后时刻，补上了对女儿缺失父爱的一课。迟来的宠爱，支撑着漫长的告别，也撑起了女儿的未来：大女儿的婚姻状况有了改善，小女儿的事业和感情生活也出现了转机。

点评

澳大利亚医学教授罗宾森在《忙碌的爸爸也能做好爸爸》一书中指出："缺乏父亲的陪伴会对孩子的成长产生负面影响。这些孩子成年后，普遍会遭到缺乏自信、焦虑、孤独等心理问题的困扰。"孩子的成长无法重来，最好的爱，永远藏在陪伴里。

2. 母爱不泛滥，成长没有羁绊

案例 1

在《鸣龙少年》中，有个孩子叫禹洋，他社恐、不合群、有口吃的毛病，甚至在课堂上都不能完成读课文的任务。在他的家里，母亲几乎包办了他的一切。禹洋从小到大，一直活在母亲的规划里，就连发泄情绪的方式都说了不算。母亲说话的声音高一点，都能让他马上产生反应，害怕、焦虑、不知所措。令人窒息的母爱，成了困住禹洋的牢笼。

案例 2

西汉初名臣萧何，小时候母亲告诫他：汝若长大成人，不可忘了恩师，不可辜负贤德，若得知有众多忠臣良将，务必为之效力。萧何一直将母亲的教诲铭记在心，成为西汉初杰出的政治家。

案例 3

汉武帝之母为让儿子继位，在重重压力下，忍辱负重，全力支持儿子。汉武帝即位后，对母亲极为尊敬，尊其为皇太后。

点评

还记得那个帮蝴蝶破茧的小男孩吗，他本是好意，不忍见蝴蝶破茧过程中的痛苦、缓慢与挣扎，施以援手，但是不经历痛苦、缓慢与挣扎的蝴蝶，翅膀很脆弱，飞不起来。“为你好”是很多父母的口头禅，但是，孩子真的因此而更好了吗?

3. 管孩子是两个人的事

案例

在电梯里，同事们在聊家里谁管孩子：一个同事感慨：“工作这么忙，哪有时间管孩子，都是媳妇管。”另一个同事无奈道：“我想管也插不上嘴啊，我一说话，孩子妈马上警告‘别插嘴’，索性乐得清闲。”旁边有人插嘴道：“管孩子是两个人的事，谁都不能当甩手掌柜，不然等孩子长大了，后悔也晚了。”

点评

李玫瑾老师曾说：“如果错过陪伴，以后的日子，父母就要付出三四倍的时间和精力来还，而且很难达到预期的效果。”

心理学家曾奇峰曾说：孩子的成长没有偏方，有的只是负责的父母提供的稳定而健康的土壤。在土壤里，是父母完整而健全的爱，是妈妈的松弛陪伴，更是爸爸的热情参与。

俞敏洪老师曾做过一项调研：把爸爸、妈妈、爷爷、奶奶、电脑和小狗放在船上，船承载不起，要扔掉三件东西。调查结果：妈妈百分之百被留下来——可见妈妈跟孩子接触的时间最多，其次是爷爷奶奶，或许还有电脑和小狗，唯独选择爸爸留下来的最少。

事实上，孩子是父母两个人教育的结果，靠母亲一个人是无法高质量完成的。

文/暖心

父母爱孩子的十个瞬间

1. 孩子做错时，不责怪他

案例

一个网友说他小时候踢球，将邻居家珍贵的兰花盆踢碎，被邻居追着骂。没想到，父亲向邻居赔偿并赔礼道歉后，居然笑着对他说："你脚劲挺大呀！以后没准能踢进足球队。"然后，爸爸带着他，找了一处适合踢球的地方，陪他玩了一个下午。他说："我很感谢爸爸在我犯错时，没有疾声厉色地训斥我。"

点评

孩子犯错后，内心的愧疚和恐惧一点也不比父母少。他们需要的是父母的理解与引导，让他去试错、去改正、去坦然面对。一个理解的眼神，一句安慰的话语，一个温暖的拥抱，就能吹散孩子心头的紧张和愧疚。

2. 孩子说谎时，包容他

案例

心理学中有一个关于孩子说谎的实验，对第一组说谎的孩子说：说谎要受到惩罚；对第二组说谎的孩子说：做错了没关系，但是一定要诚实。结果第一组孩子继续说谎；第二组有一半的孩子选择承认错误。这个实验足以证明，孩子说谎后被包容，诚实度更高。

点评

心理学家吉诺特在分析"儿童说谎的原因"时说："说谎是儿童因为害怕说实话挨骂而寻求的避难所。"爱说谎的孩子，是因为经常经历批评与指责，学会了逃避。没被爱过的孩子，才需要用谎言去填补他内心的恐惧。

3. 孩子胆小时，不说他懦弱

举例

有一些孩子，人多时，喜欢躲在父母身后；集体活动时，也是唯唯诺诺。此时，大部分人会说："真胆小，太懦弱了。"

点评

这样的回应是对孩子的情感忽视。越胆小的孩子，对周围越感到恐惧，一旦被贴上"胆小、懦弱"的标签，就会越来越弱。孩子在"怕"的时候，理解和接纳是给孩子的最好的安慰和保护。

4. 孩子不打招呼，尊重他

举例

一对母子对话，妈妈说："你看其他小朋友都打招呼，为什么你不呢？"孩子说："我不想去打招呼。"

妈妈尊重孩子："没关系，等你想去打招呼时，再去打招呼。"

点评

教育家查尔莫通过观察孩子的社交状态发现："与陌生人打招呼的时候，80%的孩子都出现了有意或无意的稍微后退。"孩子在面对不熟悉的人时，本能地会产生恐惧和抵触。父母强迫孩子打招呼，就是忽视孩子的恐惧。与其强迫孩子，换来孩子的抵触，不如选择尊重他，让他慢慢来。

5. 孩子不分享时，不强迫他

举例

很多孩子都有过"被迫分享"的经历："把玩具给妹妹玩，你要让着她。""把你的东西送给他吧，别那么小气，我再给你买。"父母总是害怕孩子因为不分享，而变得自私自利，实际上，强迫孩子分享才是伤害。因为被动分享是一种牺牲，不仅会给孩子挫败感，还容易造成孩子的匮乏感。

点评

一个网友说："分享不是剥夺，分享是孩子自主萌发的意识，因爱而生，因安全感而生，而强迫分享，孩子的不安全感会加重，会更自私、更有防范心理。"孩子不分享并不代表他自私，而是拥有自我的表现。父母要尊重孩子的自我，给孩子说"不"的权利。不被强迫分享的孩子，未来才有拒绝的勇气。

6. 孩子发脾气时，接纳情绪

案例

一个妈妈和儿子打羽毛球，儿子因为打不到球而发脾气。妈妈在旁边安慰："是啊，是让人生气，每次球过来都以为能打到，结果却打不到。不过你观察一下，妈妈也是很多次都打不到。"一句话平复了孩子的情绪。

点评

《非暴力沟通》一书中写道："每种愤怒的背后都隐藏着期望和需求，表达愤怒就是充分地将这些期望和需求表达出来。"要允许孩子将期望和需求表达出来，才能解决问题。孩子发脾气是一种语言，只有看见孩子，才能治愈他。被关注的孩子，拥有健康的人格。

7. 孩子没考好时，安慰鼓励

案例

一个女孩考了倒数第二名，她笑嘻嘻地走到妈妈面前说："一个好消息和一个坏消息，你想先听哪个？"妈妈说："你说吧。"女孩说："好消息是，我考了'第二'；坏消息是，我没考及格。"妈妈听完后，并没有批评女孩，而是温和地问孩子："需要妈妈帮助吗?"

点评

孩子没考好，并不代表他不努力。父母的批评与指责是在否认孩子的努力，孩子会变得越来越差。其实，每次孩子没考好，面对父母都有一种"求救、求情、求爱"的成分在里面。这时，父母的鼓励和安慰就是对他最好的爱。

8. 孩子不能达到目标，不强求

案例

上海社会科学院青少年研究所杨所长说，他和所有父母一样，无法接受孩子比别人差的事实，他给孩子制定了很高的目标，但孩子读书却很差。后来，他不再强求，孩子放松了，成绩反而有所上升。

点评

咨询师罗兰·弥勒经常被问道："为什么越是在乎一段关系，就越是容易失望?"他回答："因为你总是希望对方按照你的想法做事，或者变成你希望的样子。"这段话揭露了很多亲子关系失败的原因。我们可以对孩子有所期待，但也要明白孩子不必迎合你的期待。

9. 孩子挑战成功时，真诚夸奖

案例

安徽一个妈妈说，10岁的女儿早晨起来自己做了早餐，妈妈喜极而泣，不停地夸奖女儿。刚开始女儿做得不好，但妈妈每次都说好吃，现在女儿做得越来越好了。

点评

比尔·盖茨曾说："父母唯一应该为孩子做的事情，就是找到孩子的热情所在，鼓励他们全力以赴地去追求，并发挥到淋漓尽致。"孩子需要的是能为自己鼓掌的人。尤其是家人的欣赏和爱，让孩子产生持续向上的动力。

10. 孩子被比较时，维护自尊

案例

当孩子考试成绩好时，父母说："你不用沾沾自喜，邻居家的孩子比你考得还好呢!"这种比较会让孩子感到无所适从，甚至产生自卑感。

点评

哲学家、社会学家罗素说："尊严是文明，但又像一层贴在脸上的东西一样容易脱落。"孩子被比较是一个需要关注和处理的问题。每个孩子都是独一无二的，有自己的优点和不足。父母应该关注孩子的内心世界，避免在孩子之间制造竞争氛围，鼓励孩子发展自己的兴趣和才能，培养孩子的自信心和独立性，建立积极的自我认知，从而更好地应对生活中的挑战。

文/陈鹤琴

我们如何成为合格的父母

1. 父母必须晓得孩子的身体是怎样的状态

(1) 孩子的躯干

一两岁的孩子，他的躯干与他全身的高度作比例，比成人要长些，四肢反而短得多。所以孩子站得久了，很容易变成歪腿以及得足背弯曲等病。做父母的要设法多给孩子坐着玩游戏的机会，减少两腿支持躯干重量的疲劳。最好备几种摇椅，三轮脚踏车这一类游戏器具给孩子玩，还要在走廊、花园等处，安置几只矮凳子，孩子玩得倦了，可以坐下来休息，这对于孩子的身体很有益。

(2) 孩子的心脏

孩子的心脏比成人跳得快，所以孩子长久做剧烈的运动，很容易发生危险。做父母的应该留心孩子游戏的情形，如果孩子玩得气喘吁吁的，要设法劝他去休息，或者引导他换一种轻松的方式玩，比如带孩子到草地上玩，让他躺在草地上，或者在草地上爬都可以。

(3) 孩子的消化力

孩子的消化力很弱，吃东西又不会细细地咀嚼。做父母的要注意孩子的饮食，要选择容易消化的食物给孩子吃，还要留心分量适当，除每日三餐以外，最好少吃零食。

2. 父母必须晓得孩子的心理是怎样发展的

(1) 孩子是喜好游戏的

三四岁的孩子，在家里喜欢把椅子推来推去地玩，有时还要和弟弟妹妹把椅子抬来抬去地玩；拿到一根木棒，或者一根竹竿，就要这里敲敲，那里敲敲，有时还要背着当枪玩。所以，孩子是喜好游戏的，游戏还需玩具来帮助，做父母的应该为孩子准备一些良好的玩具，使孩子充分游戏，强健孩子的身体，快乐孩子的心境。

(2) 孩子是好奇的

五六个月的婴孩，一听见声音，就要转头去寻，一看见东西，就要伸手去拿。而到了四五岁，他的好奇动作格外多。看见路上汽车来了，总要停住脚看看；听见外面的锣声鼓声响了，总要跑出去看看；看见一块冰，总要伸手去摸摸；遇到不懂的事，总要问个明白。做父母的应该让他去看、去摸，还要回答他的问题，这样，孩子才能知道汽车是什么东西，锣鼓场里玩的是什么把戏，冰为什么很凉，如是就可获得许多关于日常生活的知识。

（3）孩子是喜好人群的

孩子喜欢和许多人在一起玩，如果叫他离开同伴，他就要哭。两岁的孩子，喜欢和同伴玩，到了五六岁，这个喜好人群的心理发展得更强了，假如此时没有玩伴，他一定会觉得孤单。做父母的要引导孩子，经常和兄弟姐妹在一起游戏，如果有其他小朋友来家里玩，父母要表示欢迎。倘若他们在一起玩造房子、造桥，或者排队做小兵的游戏，父母见了，要说两声好，鼓励他们成功。因为这种游戏，一定要互助、合作，才能玩得满意。互助、合作是人类生活最重要的条件。

（4）孩子是喜欢野外生活的

孩子都喜欢野外生活，到门外去就高兴，终日在家里就不高兴。孩子在家里哭的原因虽然很多，但是不能到外边去看、去玩，也是一种原因。做父母的应该在空闲的时候，带着孩子到外面去游玩，让他们在旷野里跑来跑去，看看草木的样子，看看飞禽走兽的形状，看看天空的颜色，采采野花，抛抛石子，这种野外的游玩，对孩子的身体、知识、行为都有很好的影响。

3. 父母必须明白爱孩子的方法

做父母的没有不爱自己的小孩的，可是爱的方法很容易错。有些父母看见孩子乱翻东西，或者吵闹不听话，就去打他骂他。有些父母不懂孩子的生理和心理状况，往往因为自己的成见，把孩子管束得像囚犯一样。于是，暴躁甚至残忍等恶行也随之滋生。轮到他做父母的时候，不知不觉地便把他以前从父母那里学到的方法，又传给了自己的孩子，以至于一代一代受到恶性的影响。父母爱小孩的真正方法，是要顾及小孩的需要。

（1）孩子会自己吃饭

做父母的应该让孩子学习自己吃饭，不要喂；要购置一套桌子、凳子、碗、碟等适合孩子的吃饭用具，不要让孩子站在椅子上或在椅子上放小凳子给孩子坐着吃饭，这是很不妥的。

（2）孩子穿的衣服

孩子的衣服应该照顾到孩子所喜欢的颜色和式样，要穿得舒服而且寒暖适度。不要给孩子穿成人式的高领大袖，以免妨碍他奔跑，使孩子感觉不方便。

（3）孩子睡觉

应该让他单独睡在小床上，不要和父母同睡一张床，而且小孩子的睡觉时间，至少要在十小时以上，这一点做父母的要特别注意。

（4）父母带孩子出去游玩

带孩子出去游玩应该让他自由地跑跳、歌唱，不必时刻牵着孩子的手。

（5）家庭设备

家庭设备如门上的拉手、窗口的插销，以及面盆、毛巾等都应该照顾到小孩子的使用。

总之，父母爱小孩，应根据上面所举的例子，爱得合理，以免错爱。但还有一种情形，就是溺爱，也是不妥当的。有些父母把孩子当宝贝，孩子要怎样便怎样，父母本是爱孩子的，但结果却害了孩子。所以错爱固然不妥，溺爱更加不妥。爱一定要明白爱的方法，才能把小孩养得好、教得好。

4. 做父母的要改正自己的错误观念

（1）父母对孩子有三种错误观念

①孩子是一个缩小版的成人。父母把孩子看成一个缩小版的成人，缩短他当孩子的时期，使他早点成为一个大人，做大人的事，于是，孩子的地位被抹杀，孩子的利益也被人忽略了。

②孩子是父母的财产。俗语说："积谷防饥，养儿防老。"可见，为父母的已经把儿女当作资产看待了。把孩子当成父母的附属品，从而使孩子失去了他的独立人格。

③孩子是错的，父母是对的。这个观念的错误在于它忽略了亲子关系的平等性和相互尊重，以及忽视了孩子的成长过程和个体差异。比如，父母总是居高临下地教训孩子，让孩子无条件地服从自己的意志；调皮捣蛋可能是孩子的好奇心和探索欲的表现，撒谎可能是为逃避惩罚或寻求关注。

（2）父母要改正上面三种错误观念

①要把孩子看作孩子。把孩子看作孩子，不缩短其孩童时期，不可剥夺他在孩子时期中应该享受的权利。

暗示的力量

积极心理学上有个著名的洛萨达比例。最初是马塞尔·洛萨达在研究公司组织管理时提出的，他发现在公司开会时的对话中，若积极词语与消极词语的比例为3∶1，公司就能蓬勃地发展，反之则走下坡路。

心理学家约翰·戈特曼在此基础上提出了5∶1的家庭洛萨达比例。即我们对爱人、孩子的每句批评，要配上五句鼓励，才能维持稳定的关系。所以，在"5∶1的家庭洛萨达比例"上，多去信任孩子、鼓励孩子吧！

②要尊重孩子的人格。尊重孩子的人格，不可把他当作资产看待。自私的爱，算不得真爱。教养儿女，是父母应尽的责任。

③要打破自己的成见。遇见孩子有问题发生，应该虚心研究，是不是孩子的错，也许是自己的错，不可冤枉孩子。

(3) 父母有时常在行动上犯两种错误

①父母一有不睦，当着孩子的面，便争吵起来，甚至动武，如此会给孩子的心理留下极大的阴影。

②父母心中有什么不高兴的事，不便与别人冲突，于是拿孩子出气，以发泄心中的郁闷，孩子会很痛苦。

(4) 父母要改正以上两种错误行为

①父母尽量不要吵闹，倘若父母必须吵闹，要背着孩子，千万不要让孩子看见、听见。

②父母若心中有什么不高兴的事，最好通过弹琴、唱歌来消解，或者到外面去散步、游逛，在孩子身上出气，当孩子的面发火，都是不可以的。

5. 做父母的要以身作则

这一项非常重要。父母怎么做，孩子就会怎么学。做父母的一举一动，都直接或间接地影响孩子。所以，父母是怎样一种人，他们的孩子大概率也是怎样一种人。

孩子在成长过程中会受到各种环境的影响，但是，父母的影响比任何影响都来得快。比如，父母喜欢喝酒，孩子大概率也喜欢喝酒；父母喜欢吸烟，孩子大概率也喜欢吸烟；父母说话吞吞吐吐，没有条理，孩子说话也会像父母一样。总之，父母行为的好坏影响着孩子行为的好坏。

总而言之，做父母不是一件容易的事，假如拿孩子做试验品、牺牲品，是不负责任的行为。父母唯有认真尽心地教养孩子，才能使孩子幸福，自己得到安慰，社会、国家也能获益。

家教语录(6)

怎么批评才好。批评孩子是想告诉孩子，什么是好，什么是不好，这只能通过父母反复地表达，说给孩子听来实现。虽然，没有最快的捷径可走，但如果父母耐心去做，不久的将来，孩子就会真正学习到。做好事的时候，即使是小事也要表扬，不能做的事要说明理由。批评的时候，要和孩子对视，坚定、简单易懂地说明为什么不可以。

防止亲子疏离的小方法

文/土豆妈

1. 少说四类话

（1）唠叨的话不说

举例

父母总是忍不住唠叨："作业写了吗？""几点了还不起床？""怎么又玩手机？"可是，很多父母发现，自己说得越多，孩子越不听话。

点评

心理学证明，语言重复的频率和效果之间呈"倒U曲线"。同样的话翻来覆去地反复说，不但起不到教育效果，还会让孩子产生抵触心理。你越唠叨，孩子越逆反，就算孩子知道你说的是对的，他也会为了反抗你而不去做。懂得就事论事，不翻旧账，点到为止，才能让孩子信服和改正。

（2）挑刺的话不说

举例

一次聚会，一个妈妈一直在说自己的儿子这不好、那不好，做事畏手畏脚，性格懦弱胆小，没有自己的主见。吃饭的时候，她也一直盯着儿子不放，指责他坐姿不端正，不懂礼貌。无论孩子做什么，她都看不顺眼，始终挑刺。然而，她的儿子一直默不作声。

点评

爱挑刺的父母，孩子不可能自信，更不可能幸福。放下自己的偏见，用心发现孩子的优点，多一点鼓励和接纳，孩子才能在正向反馈中变得越来越好。

（3）说教的话不说

举例

"你应该多吃点蔬菜，挑食是不对的。""你是他的姐姐，就不能让着弟弟一点吗？""你要好好学习，不然上不了高中，考不上大学，一辈子就完了。"而孩子呢，要么不理不睬，要么嫌你烦。

点评

说教是最无效的教育，也是摧毁亲子关系的教育，你喋喋不休地说教，换来的是孩子的反感。少一点高高在上的说教，多一点"我理解你"的共情。讲再多大道理，都不如蹲下身来，问问孩子的想法，共情孩子的情绪，孩子才愿意向你敞开心扉。

（4）比较的话不说

举例

主持人李小萌回忆自己小时候的经历：爸爸带她去参加活动，回来的时候便向妈妈抱怨："别人的女儿都像花蝴蝶一样漂亮，又可爱又活泼，咱们的女儿又黑又瘦，缩在一个角落里。"父母经常挂在嘴边的比较，导致她的性格一度很自卑。

点评

《中毒的父母》一书中说："没有一个孩子愿意承认自己比别人差，他们希望得到父母的肯定，对自己的认识也来自父母的评价。"但父母只能看到别人家孩子的优点，别人家的孩子背了多少首古诗，别人家的孩子写了多少本字帖，别人家的孩子看了多少本书，而处处贬损自己的孩子。可是，父母越比较，孩子越差劲，因为他的自信已被你消耗光了。

2. 多做四件事

（1）多和孩子说话

举例

相声演员于谦被问道："你最怕儿子和你说什么？"他说自己最怕的是儿子什么都不跟他说："因为你不了解他，就进入不了他的内心世界。"这也是许多父母的困惑，孩子越大，亲子间越无话可说。你问他什么，他都是"嗯""哦""没什么""知道了""你烦不烦"。

点评

父母只关心学习，只讲大道理，只批评指责，久而久之，孩子便没有表达和分享的欲望了。只讲有用的话，会让孩子觉得，父母并不关心我的感受。而那些看似"无用的话"，才能拉近你与孩子之间的心理距离，让他感受到被看见和被在乎。平时，不妨多和孩子聊聊八卦、唠些家常，了解他的伙伴、兴趣、课后生活。当孩子说话时，也要做到不打断、不否定、不敷衍。

（2）多陪孩子吃饭

举例

有一段采访，记者问孩子们，如果你可以和世界上任何一个人共进晚餐，你会选谁？孩子们不约而同都选了自己的父母。

点评

看似普通的一顿饭，却是孩子内心的渴望。可是，如今的父母忙于应酬，回家吃饭的次数越来越少，哪怕在餐桌上，也是捧着手机，和孩子没有任何交流。餐桌冷清的家庭，养不出幸福感强的孩子。父母应多腾出一些时间，放下手机和工作，全身心地陪孩子吃好每一顿饭。孩子想要的不过是能和你坐在一起，开心地享用美食，愉快地谈心聊天，这是最好的爱与陪伴。

（3）支持孩子的兴趣

案例

一个小女孩从小爱做手工，喜欢收集废弃的易拉罐、包装纸盒、筷子，将它们“变废为宝”。妈妈不觉得女儿是在浪费时间，反而陪着女儿一起动手、一起思考。假期，妈妈还和女儿一起用一些废旧纸盒建造了一座梦幻小镇。

点评

纪录片《小小少年》中说：“你支持孩子一个兴趣，它不一定能让孩子成功，但它有可能让孩子获得一种不一样的力量，去面对时而无聊又困难重重的人生。”呵护孩子的兴趣和热爱，是对孩子内心最好的滋养。支持孩子做他喜欢的事，是陪伴孩子成长的最好方式。

（4）带孩子长见识

举例

家门口的博物馆、科技馆不仅能让孩子感受到历史的厚重、科技的力量，也能拓宽孩子的视野；带孩子在家门口摆摊，把家里用不着的玩具、图书进行断舍离，这个过程不仅可以锻炼孩子的勇气、提高孩子的耐心，也是金钱教育和情商教育的最好方式；陪孩子看看纪录片，片中兼具知识性和趣味性，足不出户就能大饱眼福，领略山河的美丽、生物的多样。

点评

陶行知先生说：“生活即教育，社会即学校。”让孩子长见识并不需要花很多钱、走很多路、去全国各地拍照打卡，这样走马观花的旅行意义也不大，而是怀揣着一颗好奇心，时刻感受生活的真实。长见识不一定要旅行，它更多地藏在日常生活里，只要父母足够用心，就能打造很多温馨的亲子时光。

3. 不操三种心

（1）读闲书不操心

举例

卢奕菲高考取得了总分721分、理综296分的耀眼成绩。她在高中的某个暑假，看了小说《三体》，便迷上了物理，并自主参加了各种物理竞赛，这也是她理综成绩突出的重要原因之一。

点评

很多父母存在一些误区：只让孩子读和学习相关的书，认为读书是为了提高成绩。其实不然，“闲书”看似无用，却蕴藏着许多深刻的道理和感悟。武侠小说也有家国大义和英雄气概，网络小说也有天马行空和瑰丽想象，动漫也有热血少年和追梦之旅。“闲书”是孩子爱上阅读的动力，也是激发孩子兴趣的源泉。父母要有“风物长宜放眼量”的远见。相信在不久的将来，孩子读过的书，都能让他有所获益。

（2）独处时不操心

举例

父母看见孩子闷在家里，就嫌他“内向、没出息”；担心孩子不专注，就装上摄像头监视他；只要孩子闲下来，就在他后面催、催、催。

点评

意大利教育家蒙台梭利说：“除非你被孩子邀请，否则永远不要去打扰孩子。”毁掉一个孩子的最快方式，就是时刻盯着孩子，让孩子紧张、焦虑，充满压力。孩子从3岁开始，父母就要给他独处的空间。孩子安静地待一会，是在给自己蓄能。能够独处的孩子，往往更专注、更自律、更善于思考，也更有韧性，扛得住未来的风雨和变幻。

（3）交朋友不操心

举例

一个妈妈说，孩子天天和朋友混在一起，要么跑跑跳跳，要么打打闹闹，总之不干正事，怎么办？

点评

孩子是在玩耍的过程中，学会与人沟通、解决问题，而且表达和人际交往能力都能大大提升。和朋友一起跑跑跳跳，也能帮助孩子疏解情绪和压力。但父母需要注意两点：一是教会孩子与人相处的礼仪和教养，二是规定孩子准时回家，不在外过夜。

育儿的本质是维护好亲子关系。千万不要用错误的教育方式，将亲子关系变得冷漠和疏离。希望所有父母都能借陪伴的契机，打造一段高质量的亲子关系。

长相年轻的六个习惯(1)

1. 热爱生活，有一项兴趣爱好

举例

一位花甲之年的老人，自从退休后便迷上了画画，从此一发不可收。在书桌前一待就是好几个小时，勾勒、描绘、上色，每一个环节，老人家都做得津津有味。书房里摆满了她的画作，每每介绍起作品的时候，她就开心得如同孩子一般。

点评

汪曾祺在《人间草木》中写道：“一定要爱点什么，恰似草木对光阴的钟情。”人来世上走一遭，日子平淡无趣是常态，波澜壮阔是意外。可若有一方自己的热爱，就能支撑起生命的疲惫和光阴的琐碎。心怀热爱之人，生命中始终都会有一方净土。那一团叫作热爱的火焰，让胸膛之中跳动的心永远年轻。无论到了什么年纪，哪怕日子平淡无趣，生活也会在不经意间生出无数的小欢喜。

孩子也是以貌取人的

文/哎呀妈

1. 孩子和你一样，以貌取人

案例1

一个幼师发现，当妈妈接孩子时，会出现两种情况：一是孩子见到漂亮的妈妈，会开心地迎上去，并向同学介绍妈妈；二是孩子见到邋遢的妈妈会慢腾腾地往外走，并装作不认识妈妈。

案例2

平时，我下班回家，儿子总是和外婆在门口接我回家。有一天我回家，儿子没出来，外婆一个人坐在沙发上生闷气。我问外婆发生了什么事。外婆说："还不是你的宝贝儿子，今天出门接你的时候，因为走得急，我忘记摘围裙了，他嫌我穿围裙太丑，一直让我脱掉，不摘不让我出门。"我觉得很好笑：儿子小小年纪就有了自己的审美观点，知道什么好看，什么不好看。

点评

儿童教育家指出：1岁的儿童已经具备审美意识。3~6岁有了"恋母情结""恋父情结"。因此，孩子会特别关注父母的形象。

如果妈妈不修边幅、邋里邋遢，孩子很容易受到这种负面评价的影响，变得不自信、低价值感。如果妈妈打扮得清爽、大方，让人眼前一亮，孩子就会把对妈妈外貌的正面评价，投射到自己身上，充满对自我的认可和肯定。

心理学家张怡筠也说："妈妈越时髦，孩子越自信。"大多数孩子和大人一样，都会以貌取人。妈妈漂亮，打扮得体，孩子的心里也会抑制不住地欢喜、骄傲和自信。

2. 妈妈什么样，孩子什么样

案例1

董卿的母亲不仅注重自己的仪表，还会打扮董卿，为其挑选合适的衣服，在家境一般的情况下，也始终保持自己的品位。这种对美的追求不仅让她自己看起来年轻，也让董卿在参加活动时充满自信。

案例2

袁隆平的母亲在教育孩子时注重仪表和品德。一次，袁隆平捡到一块亮晶晶的石头拿给母亲看，母亲说这不是钻石，钻石的色泽真实而自然，就像人生的色泽一样，专注自己的事业，拥有美好的品格。

点评

妈妈是孩子的"参照物"，你不修边幅，他也污手垢面、邋里邋遢；你不收拾，他也毫无次序、乱七八糟；你整洁自律，他也耳濡目染、干净明亮。爱打扮的妈妈，让孩子更自信，是孩子一生的福气。

孙瑞雪老师说："成人的气质是由儿童时期的审美导致的，童年时期的审美奠定了人一生的审美倾向和生活品质。"爱美并非穿戴名牌、浓妆艳抹，而是对生活充满热情，对美好人生的追求和热爱。

如今有越来越多的妈妈愿意投资自己，健身房、运动场，妈妈们挥洒汗水，让自己保持青春活力；电脑前、台灯下，为实现梦想，努力钻研提升自己；妈妈的心里总有一股子劲，觉得自己可以更好。更愿意把命运攥在自己手上，活出自己的尊严。而孩子也会有样学样，把妈妈视为标杆、榜样，活出自己的精彩。

3. 让孩子看到你的光芒，成就他自己

案例 1

作家桂文亚回忆母亲时这样形容：她是天后级的女神，无论何时何地总是穿戴整齐，打扮得得体大方。在家勤快利落，在外开朗豪爽，说一不二，很有威信。哪怕后来婚姻不幸，也从不抱怨，反而和前夫现任的妻子成为好朋友，经常开导和帮助对方。每次去前夫家探望孩子，都会给孩子带来新衣、玩具和好吃的糖果；非探望的日子，经常给孩子写信，字迹漂亮，文笔生动，让孩子觉得被宠爱。所以，桂文亚丝毫没有受到"父母离婚"的影响，用母亲传递的爱和浪漫，书写出一个个动人、天真、灿烂的故事，成为中国当代儿童文学界"本色派"的代表作家。

案例 2

一个妈妈说："谁说当了妈妈后，就意味着灰头土脸？就得围着孩子转，没有自己的生活和事业？我首先是我自己，然后才是妈妈。为了自己，为了悦己，当妈妈后，绝不能放弃对美的追求。"这番"妈妈要爱自己"的宣言，给了很多妈妈鼓励和信心。

点评

虽然养儿育女不易，但我们都不应该敷衍生活，更不要潦草地对待自己。好好爱自己，享受每一个装扮自己的时刻。当妈妈外表整洁、身体健康、举止优雅、行为体面，孩子对自己的看法、对世界的理解，也会随之受到影响和启发。妈妈认真对待生活的态度，是孩子学会爱自己和拥抱生活的前提。所以，希望在未来的日子里，让孩子看到你绽放的光芒，助他成就最好的自己。

文/土豆妈

父母修炼自己的九个方法

人生之教养始于家庭，一个孩子能走多远，看的是父母的修行。那么，父母该如何修炼自己呢？

1. 修谈吐

案例

一个小男孩在玩手机的时候，突然爆了一句粗口。一旁的爸爸听到了，上来就打了儿子一巴掌：“妈的，谁教你讲脏话的？”

点评

杨绛先生说：“说话有讲究，听话有艺术。”有人一张嘴就把人得罪了，而温文尔雅的人，时时刻刻注意说话的分寸，懂得照顾别人的感受。父母与孩子相处更是如此，千万不要以为孩子小，就在他面前随意说话。伤人的话、挑刺的话、抱怨的话、粗俗的话，都要少说。控制说话的分寸，三思而后言，是对孩子最好的滋养。

2. 修外表

案例

林徽因的五官有着江南女子的温婉，加上她良好的衣品，超前的审美，优雅的姿态，让人无法忽视她的存在。马未都先生如此评价她：“达人林徽因的穿衣打扮，惊艳了时光，放在现在照样时尚。”

点评

著名主持人杨澜说：“没人愿意透过你邋遢的外表，去发现你优秀的内在。”孩子成长的初期，是通过眼睛去观察和了解世界的。孩子从你的外表里，看到的是你的生活态度和人生追求。邋里邋遢的父母，怎么可能养出知礼得体、品位高雅、热爱生活的孩子。

3. 修举止

案例

丰子恺是名人，家里经常有客人来访。每次家里来了客人，他都偕同全家人一同迎接客人。客人进门，他主动问好，请对方入座，端茶倒水用双手递送。正是这种彬彬有礼，让他获得了极高的声望。在这种言传身教之下，孩子们也继承了他的优良作风。

点评

《论语》中说：“不学礼，无以立。”指的就是，不学会礼仪礼貌，难以立身处世。俗话说，礼貌是人类共处的金钥匙。得体的举止，既让别人愉悦，也让自己收获机会。从日常着手，注意言行举止，也是教育孩子的重要一课。

4. 修品行

案例

林则徐的父亲林宾日，因家境贫寒，故而放弃科举，坐馆教书以谋生。他教导林则徐当学习古人的德操，越是艰辛困苦，越要坚定信念，正直做人。林则徐科举及第后，为官一任，便造福一方，因虎门销烟而闻名天下，因德行高洁被尊为“青天”。

点评

《诗经》中说：父之美德，儿之遗产。父母的德行修养，是留给子孙后代最好的礼物。其身正，不令而从，潜移默化中，孩子也会立身端正，品行上佳。

《围炉夜话》有言：人品之不高，总为一利字看不破。唯有品行可立一生，勘破不了名利，人品有瑕，自然走不远。有远见的父母，轻财利，重德行，清清白白做人，坦坦荡荡做事。孩子见贤思齐，才能修炼好品行，始终保有本心。

5. 修情绪

案例

孩子发高烧着急去医院，孩子爸嫌电梯太慢，用脚狠狠踢电梯。电梯到三楼时，他没忍住，再次踹了一脚。结果，电梯坏了，全家人被困在了电梯里。

点评

作家林语堂说：“一个思路清晰、情绪稳定的人，会给人带来安全感。”父母的情绪稳定，会让家庭变得温暖幸福，孩子变得更加优秀出色。反之，父母的情绪暴躁，孩子也会心浮气躁，遇事情绪化。

有研究显示：情绪稳定的人，更容易感到幸福和满足，也更容易获得较好的人际关系。而情绪暴躁的人，是一颗炸弹，害人又害己。

6. 修心态

案例

心理学上有个著名的“双生子爬梯实验”。孩子甲比孩子乙多练习了七周，训练时长是乙的三倍，可当到了第56周时，两个孩子爬楼梯的水平，竟然惊人地一致。

点评

父母忍不住为孩子担忧，怕他成绩不好，怕他落后于人，拼命拽着孩子往前跑。孩子只是一次没考好，父母就急得睡不着觉，觉得孩子的一辈子都完了。其实，等孩子慢慢长大，我们就会发现，以前所有的担心和焦虑，看来都没有必要。收起担心、放下焦虑、稳住心态，怀揣着信任和期待养育孩子，他们会比我们想象得更强大、更出色。

7. 修能力

案例

作家李筱懿因出版《灵魂有香气的女子》被人们熟知，8年里她出版了8本畅销书。她的写作能力离不开日复一日的努力，每天早晨4点多起床读书写作，一年中天天无间断，平均每天写2500字。她还抓住一分一秒进行阅读，每天至少阅读4万字，让她的创作灵感源源不断。

点评

罗振宇说，能力是一种韧性。往往成功的人是特别能坚持的人。在坚持中不断磨炼，不断提升自己的核心竞争力，才能站稳脚跟。用实力行走世间的人，前途一片光明。

8. 修思维

案例

科学家斯蒂芬·格伦小时候，有一天不小心打翻了牛奶，母亲闻声而至，不但没有指责，反而安慰他，教他如何清理地面、如何用小手拿稳大瓶子的方法。斯蒂芬说这件事对他影响很大，他认为错误不可怕，找到正确的方法最重要。

点评

作家马克·吐温说："改变你的想法就是改变你的世界。"不同的思维模式带来不同的结果。面对人生的坎坷和困难，我们不妨换个角度去思考，也许很快就能解决问题。所有困难的背后，都蕴含着成长之路。孩子的错误，换个角度看就是成长契机。用发展的眼光看待孩子的问题，孩子就有无限可能。

9. 修格局

案例

在纪录片《出路》里有两个孩子：一个是女孩，叫马百娟，来自甘肃大山深处。她喜欢读书，也想通过读书改变她的困境，可是她的父亲觉得上学要打工，不上学也要打工，为什么还要上学？最终，马百娟辍学，16岁就嫁给了同村的表哥。另一个是男孩，叫徐佳，他的父母也是农民，因为吃过没文化的苦，父母倾尽所有供他上学。经过努力，徐佳考上了武汉工业大学，在大城市安了家。

点评

有人说，你的格局决定你的现状、你的结局。如果你的眼里，只能看到一个世俗、渺小的世界，那么孩子的发展空间也会很小。你的短视会成为困住孩子的枷锁。教育孩子，更应该放眼未来。

张德芬说："人生不是一场物质的盛宴，而是一次灵魂的修炼，使它在谢幕之时，比开幕之初更为高尚。"

文/木槿妈妈

好父母要做到“两提”“三少”

1. 失控的父母是家庭的灾难

案例 1

一个妈妈说她和丈夫工作都忙，丈夫经常出差，儿子明年就要中考了，今年是关键的一年。于是，她在儿子的房间装了监控，只为监督儿子学习，防止他做与学习无关的事情。一天，她打开监控，视频中却出现了她对儿子大喊大叫的场面，儿子像一只受了伤的小羊，完全丧失了少年儿童的朝气。她这才意识到，自己错得有多么离谱。

点评

尹建莉老师说：“父母对孩子发的三分脾气，会对孩子造成七分伤害。”一个家庭最大的灾难，莫过于处处弥漫着紧张气息；一个孩子最大的不幸，莫过于拥有情绪化的父母。

案例 2

2019年，有一个新闻，一个妈妈晚上辅导孩子写作业。因为孩子一直磨磨蹭蹭、不专心，眼看着时间一分一秒地过去了，她心急如焚，怒气值不断叠加。最后，她实在没忍住，就把孩子狠狠地揍了一顿。可是，她下手没有轻重，半夜孩子突然呕吐不止。等送到医院，孩子已经不幸去世。妈妈后悔不已。

点评

《中国亲子教育现状调查》显示：很多父母都有很严重的情绪问题，有87%的父母表示有情绪失控而对孩子打骂的经历。

心理学家表示：“父母的情绪暴力，对孩子的伤害是致命的，会影响孩子一生的性格和人格发展。”父母的坏脾气，让孩子来埋单，是一个家庭最大的悲剧。

2. 不要将焦虑转移给孩子

案例 1

一个妈妈说，儿子成绩不好，刚开始她很着急。儿子上六年级时，数学不及格，成绩越来越不好。她心想，儿子不急，她急又有什么用呢？所以，她把这事放下了，不再过问也不再着急。到了初二，儿子自己突然着急了，要求她找个老师给他补课。儿子有了主动性，成绩上升很快。两年后，儿子的数学成绩已经名列前茅了。

点评

教育比拼的是父母的心态，不

将焦虑转移给孩子，唯有如此，孩子才能在健康、和谐的环境中自强不息，蜕变成长为成熟的个体。

案例 2

一个男孩沉迷游戏，但妈妈并没有责备他，而是分析原因。近两年妹妹上小学，妈妈每天下班后去接妹妹放学，然后再带妹妹去打网球，晚上七八点钟才回家。在儿子的潜意识里，妈妈不爱他了，于是，他用沉迷游戏的方式填满自己的空虚。于是，妈妈告诉儿子："是妈妈不好，陪你的时间太少了。"从此，妈妈调整了自己的生活方式，每天带儿子女儿一起去打网球。爸爸也腾出时间陪儿子，甚至专门接送儿子上下学，陪儿子聊天。慢慢地，儿子打开了心扉，渐渐远离了游戏。

点评

在育人的道路上，有的父母打压孩子，有的父母调整自己；有的父母改变孩子，有的父母改变自己；有的父母限制孩子，有的父母提升自己。最优质的教育投入，是父母为孩子提供积极的家庭氛围。父母摆脱焦虑，不抱怨孩子，也不为孩子的明天而忧愁，努力看清脚下的路，陪伴孩子过好每一天，孩子才能行稳致远。

3. 好父母要做到"两提""三少"

（1）两提

①提升情绪力。情绪管理专家罗纳德说："研究表明，暴风雨般的愤怒持续的时间往往不超过12秒，爆发时却破坏力极强，过了12秒就能风平浪静，控制住这12秒，就能排解情绪。"所以，当你想朝孩子发脾气时，一定要先深呼吸12秒，避免情绪失控后，做出让自己后悔终生的行为。

父母在教育孩子的过程中，无法避免出现一些负面情绪。我们要做的不是压制情绪，而是有直面情绪的勇气，学习如何和情绪共处。只有父母学会对自己的情绪负责，就能将自己和孩子区分开来，客观地看待孩子的问题，有智慧地回应孩子，

让自己幸福快乐的小习惯(1)

1. 感受当下

别让过去的不满，毁掉现在的快乐。别让未来的焦虑，打扰当下的清闲。回忆是模糊的，遗憾里的褶皱，无须特意抚平。未来是虚幻的，命运里的规律，无须横加干预。现在最好，当下最好。感受时光厚爱，美好尽收眼底。

而不是粗暴地解决孩子的问题。

②提升幸福力。实业家稻盛和夫说："能量比你低的人，怀疑你、否定你；能量同频的人，喜欢你、肯定你；能量比你高的人，理解你、包容你，这就是能量定律。"父母的能量状态，影响孩子的情绪和行为。培养快乐阳光、内心富足的孩子，父母首先要提高自身能量，这样才能接纳、释放和转化孩子的情绪。静能生慧，慧能生定，定能生智。

妈妈多练瑜伽、冥想，爸爸带孩子一起运动，趁着假期，一家人一起收拾屋子，清除杂物；父母也要感恩自己的父母，感受生活中的每个小美好；每逢节日，给足孩子仪式感。在一点一滴中积攒幸福力。

（2）三少

①少控制。过度控制会剥夺孩子独立思考和决策的机会，这样环境下长大的孩子，缺乏自我管理和解决问题的能力。父母减少他控，孩子才能增强自控，独立自主权和控制感对孩子的心理健康和幸福至关重要。

父母要信任和尊重孩子，遇事多询问孩子的意见，允许孩子参与决策。应建立合理的规矩和界限，明确家庭价值观和行为准则，帮助孩子理解和接受限制，同时也给予孩子一定的自由度。

②少指责。好的教育是表达情绪，而不是情绪化表达。前者通过适当的方式和语言，清晰地传达自己的情感和想法，确保自己的表达方式不会给他人造成伤害。后者则过度强调情绪，失去控制，这时人会变得过于激动、愤怒，导致其言辞和行为变得不理智和不可理喻。

正确表达情绪的前提就是少指责孩子，因为带有情绪的指责会加重孩子的沮丧感和挫败感，甚至引发孩子的逆反心理。日常和孩子交流时，可以选择积极、支持性和鼓励性的措辞，向孩子表达爱和理解，真诚地赞美孩子的优点和努力。

③少比较。做对比的本质是父母的虚荣心作祟，贬低自己的孩子，不仅无法达到教育目的，还会让孩子压力骤增，破坏孩子的自信心，降低孩子的自我价值感。没有一无是处的孩子，只有不善于发现的父母。父母应该将目光聚焦在孩子的个性和兴趣上，鼓励孩子发挥自己的长处，而不是盲目与他人比较。父母可以不完美，但通过努力可以做得更好，希望所有父母都能提升自己的教育能力，成为更好的父母。

七种方法帮你戒“吼”

文/刘老师

父母经常大吼大叫，会让亲子关系越来越差。被父母吼大的孩子，感受不到父母的爱，甚至产生不易被发现的恐惧和焦虑，从而让父母的教育效果大打折扣。

1. 什么情况下你会“吼”孩子

情绪引发分“内部触发器”和“外部触发器”。所谓“内部触发器”，比如今天我的状态不好，或者我感觉身体不舒服，而“外部触发器”，比如孩子很淘气，触发了我的情绪。

（1）被孩子惹怒

比如你让孩子先写作业，可是孩子想先玩一会。然后，你就开始催，催了几次孩子没反应，你就炸了：“你怎么这么不听话？说好了先写作业，怎么还不开始？赶紧去写作业。”这种因为催促而引发的吼叫在起床、上学、吃饭、写作业、睡觉等场景经常出现。

（2）自己状态不好

比如你今天工作不顺利，被领导批评，下班回到家，看见孩子在看电视，你就开始吼了：“你怎么还在看电视，作业写完了吗？”还有一种情况，你的身体不舒服，也容易发脾气。

（3）习惯性地“吼”

长期以来形成了用“吼”的方式去交流，认为和孩子说话就是要吼的，曾经自己的父母也是这样教育我的。这样的父母会把吼当成一种习惯，孩子也很快“适应”了这种方式。对他们而言，吼就像家常便饭一般。

2.“吼叫式”教育对孩子的影响

（1）习惯逃避

心理学家提出了一个习得性无助的理论，意思是遭遇多次失败或打击后，心理上易出现绝望和无奈的状态。比如被吼大的孩子很敏感，慢慢变得懦弱，遭遇冲突习惯性逃避。

（2）情绪不稳

像父母一样没有耐心、脾气急躁、爱大吼大叫。父母的行为会潜移默化地影响孩子，父母怎么做，孩子就会怎么做。久而久之，孩子也养成了暴躁的性格，随着年龄的增长，孩子也会对你、对别人大吼大叫，更甚者会动手。

（3）习惯讨好

经常被父母吼的孩子，内心恐惧，为了避免被吼，孩子变得谨小慎微、委曲求全、讨好父母。长此以往，孩子形成讨好型人格。这样的孩子，会在社交活动中在意别人的感受而忽略自己的感受，遇到自己不愿意做的事情，也不懂拒绝，为了迁就别人而辛苦自己。

（4）习惯撒谎

没有力量对抗大人，面对强势暴躁的大人，孩子唯一的选择就是撒谎，以免受到惩罚，久而久之，养出一个爱撒谎的孩子。

（5）内向自卑

开心才能开智，大人强势和粗暴，孩子的能量就会被压制，不喜欢发表自己的看法，也不愿意作决定，而是把自己封闭起来，才会让他感觉很安全。久而久之，孩子会觉得自己一无是处，找不到自己的价值。

（6）反抗叛逆

孩子没有力量抗衡大人，但哪里有压迫哪里就有反抗，特别是有想法、个性好强的这类孩子，小时候压制得越厉害，长大了反弹得就越厉害。等他长大了，有力量了，尤其到了青春期，一定会反抗。久而久之，养出一个叛逆的孩子。

（7）不懂拒绝

长期受压迫的孩子，别人让他做事时，即使对方的要求很过分，他也会硬着头皮去完成，因为听话是他刻进骨子里的认知。对父母无条件地顺从，不仅会让孩子丧失自主性、做事没主见，还会让他变得软弱。

3. 七种方法帮你戒“吼”

（1）接纳自己的情绪

父母要接纳自己的情绪。你不是孤军奋战，所有父母都在面对吼孩子的问题。但是，如果你能从现在开始改变，你就能比其他父母更早地变好，比其他父母更早地过上幸福的生活。学会对自己友善，你就能更友善地对待孩子。

（2）寻找“情绪源”

情绪具有传染性。情绪的发生都有一定原因，如果没把情绪源找到并解决，这种不好的情绪就会影响到我们以及我们的孩子。当你发现自己的情绪不好时，要学会反思，到底发生了什么事；当不好的情绪来临时，找到这个根源，而不是任由情绪发展。

（3）“吼”前先倾听

孩子犯错时，最好的方法是倾听，倾听是亲子沟通的钥匙。虽然吼能阻止孩子当下的错误，却无法避免孩子再犯同样的错误。倾听孩子，让孩子说明事情经过，通过沟通引导孩子主动认识自己的错误，才是引导孩子改正的正确方式。

（4）学会“换位思考”

站在孩子的角度看问题，要教导孩子站在别人的角度看问题。比如孩子不理人，父母可以用同样的方式，让孩子体会别人的感受，当孩子理解别人的情绪，才知道如何纠正自己的行为，年龄小的孩子，可以用讲故事的方式引导。

（5）试试“不吼法则”

①自问。问自己：“为什么发脾气？”“发脾气能解决问题吗？”“能不能换一种方式解决？”在自问的过程中，你的情绪会慢慢平静下来。

②深呼吸。当你意识到自己声调高了，想冲孩子发火的时候，立即深呼吸几个来回。通过深呼吸，你会发现，你的心情平复了很多。

③积极暂停。当你觉得自己要发火时，先离开一会，让自己冷静下来；或者刷手机、听歌，放松心情；或者做家务，通过运动释放负面情绪；或者看搞笑的视频转移注意力；或者在家里给自己和孩子设置一个可以让你们冷静下来的“冷静角”。

④知道孩子的需求。孩子为什么“叛逆”？我们的教育方式是孩子想要的吗？这一点要搞清楚。知道孩子的需求，是教育的先决条件。

⑤同理心。每个人小时候都有被误解、被吼的经历，想想那时的我们，多么孤单和无助。所以，吼孩子之前，尝试站在孩子的立场，去感受他的感受、去理解他的行为。

（6）提升教育能力

一个人内在充盈的时候，很少会在心中燃起“愤怒”之火，哪怕心情不好，也很容易觉察到自己的情绪，然后，让心平静下来。

（7）低声教育

常言道：“有理不在声高。”教育孩子也是一样，想让孩子接受你的意见，就要克制自己的情绪，降低声调，有效沟通。

家教语录(7)

试着去追逐孩子的视线，每天五分钟就可以。孩子在一天内，会不时地确认大人的样子：“妈妈在干什么呢，爸爸在哪里呢？”父母在追逐孩子视线的时候，和孩子的目光突然对上了，孩子就会产生父母很重视我的感觉，有了这样的感觉，孩子的不安和寂寞就会减少，幸福感和安全感就会增加。

窥探孩子的隐私有反作用

文/晨妈

1. 隐私对于孩子有多重要

案例

一个妈妈抱怨："孩子长大了，真是翅膀硬了，我就翻了一下女儿的手机，女儿就气得好几天都不和我说话。""我是她妈，看看她的手机怎么了？"

点评

隐私之于人，就像香味之于花朵。每个人都有自己的小秘密，也需要有自己的空间，孩子也不例外。

0~3岁，孩子是没有"自我意识"的，但随着年龄的增长，一般会经历以下几个时期形成"自我意识"。

3~4岁，秘密萌芽期，孩子初步意识到自我与客观世界的分离，秘密开始萌芽。

4~5岁，感受秘密期，孩子可以隐约感觉到秘密的含义。

学龄期，秘密困惑期，孩子开始思考要不要把秘密说出去。

青春期，守卫秘密期，孩子需要足够的空间隐藏自己的秘密。

尼尔·波兹曼在其著作《童年的消逝》中说："没有秘密，就没有儿童时代。"对于孩子而言，秘密是"自我意识"形成的标志，更是滋育他们成长的养料。若父母以爱之名窥探孩子的隐私，只会把他们推得越来越远。

2. 窥探孩子的隐私有反作用

案例1

电视剧《小别离》里有个情节：妈妈童文洁在打扫女儿朵朵的房间时，在垃圾桶里搜出了女儿写的小说。童文洁认为这个行为会影响女儿的学习，顿时怒火中烧，朵朵回来后，童文洁便质问朵朵。朵朵倍感委屈，大声吼道："这是我的个人隐私。"说完便气冲冲地将妈妈赶了出去。后来，虽然在爸爸方圆的劝说下，母女和解了，但关系却无法恢复如初。

案例2

一位大学生回忆：小时候，妈妈翻了她的书包，看了她的日记，知道她喜欢邻居家的哥哥。她很生气，跟妈妈大吵了一架，过了好几个月，关系才有所缓和。后来，邻居家的哥哥来她家里玩，妈妈便开玩笑地说道："你来我家玩，我女儿可高兴了，现在我这个当妈妈的比不上你在她心中的位置。"女生觉得颜面尽失，后来再也没有和邻居家的哥哥说过话。稍微有所缓和的母女关系，再次降至冰点。

点评

所有人在隐私受到侵犯时，都会感到愤怒和羞耻，更何况心智发育还不够成熟的孩子，窥探他们的隐私会激发他们的逆反心理。

有一位心理学家认为：“孩子在青少年时期对隐私权的重视，超过他一生中的任何一个时期，包括成年期，如果你觉得隐私对自己很重要，那么它对孩子的重要性并不亚于父母。”不管孩子几岁，他们都有保护自己隐私的需求，父母无论出于哪种目的，都不要轻易窥探孩子内心的小秘密。

3. 尊重隐私与了解孩子并不矛盾

很多父母侵犯孩子的隐私时会认为这是在了解孩子。其实，尊重孩子的隐私和了解孩子之间并不矛盾，关键在于是否选择了正确方式。

（1）以身作则、恪守边界、互相尊重

举例

父母在日常行为中，要做好榜样，维系好边界感。在进入孩子房间之前，要先敲门，得到孩子的允许后再进入；在帮助孩子收拾房间，或者书包时，看到日记、书信类的物件，不要轻易翻阅；无意间发现孩子的秘密时，不要质问且要帮助孩子保守秘密。

点评

在电视剧《家有儿女》中，夏东海有句话说得很好：“每个孩子在成长的过程中，都会有自己的小秘密，我们应该尊重孩子的隐私权。尊重隐私权，往大了说，是社会文明进步的标志；往小了说，一个孩子得不到尊重，他怎么会尊重别人呢?”每个孩子都应该被尊重，不该以孩子年龄的大小，判断他被尊重的程度。

（2）了解孩子，可从孩子的兴趣入手

举例

在都市家庭教育剧《小欢喜》中，季杨杨的爸爸为了了解儿子的喜好，和季杨杨做起了“网友”，陪他聊天，听他诉说心事，与他聊他最爱的赛车。这样的方式，既没有侵犯孩子的隐私，又在无形中拉近了与孩子的距离，两全其美。

点评

窥探和侵犯隐私从来都不是接近孩子的正确方式，唯有诚意和真心才能打动孩子的心灵。只有足够尊重孩子，才能和他们没有隔阂，才能共同建立美满和谐的亲子关系。希望父母学会尊重孩子的隐私，不要再以爱的名义去伤害孩子。

文/李雪

延迟满足 让孩子难辨好坏

1. 今天你怎么对待孩子，明天别人就怎么对待他

有些父母担心，如果孩子的需求太容易得到满足，孩子会不懂得珍惜，长大后也没有努力奋斗的动力，于是就通过“延迟满足”的方式，训练孩子懂得珍惜。

人类，包括动物确实有这样的意识，越是得不到的东西，就越想要。比如农场主为了保护春草，而让羊把发霉的草吃掉，就故意把草堆在栅栏外面，同时把栅栏的空隙留得大一点，羊努力一些，头就能钻出去。果然，羊群放着新鲜的草不吃，却争先恐后地伸长脖子，钻过栅栏把发霉的草吃光。如果父母经常用这样的方法对待孩子，孩子就会被训练得如同吃发霉草的羊一样，容易被利用。

但那些幼时经常被及时满足的人，别人抛出的诱饵对他们而言并没有太大的诱惑力，他们能理智地衡量付出与收益，有梦想、有激情但不会活在别人编织的梦幻泡沫中。所以，父母今天怎么对待自己的孩子，也就决定了明天别人怎么对待自己的孩子。

2. 经常延时满足，早已失去了感受当下的能力

用心观察孩子的父母会发现，孩子经常活在当下，天然地会享受当下的乐趣，不管是一片树叶，还是昂贵的玩具，孩子都能玩得很专注，并且玩够了就会放下。

而以获取资源、物品的难易程

各有所长

案例

司马迁《史记·淮阴侯列传》中有一段记载。刘邦和韩信讨论各位将领的才能，认为他们各有高下。刘邦问：像我本人，能带多少士兵？韩信答：陛下不过能带十万人。刘邦问：那你呢？韩信答：像我，越多越好。刘邦笑道：统率士兵越多越好，那你为什么被我捉住了？韩信说：陛下不善于带兵，但善于统领将领，这就是韩信我被陛下捉住的原因了。而且陛下的能力是天生的，不是人们努力所能达到的。

点评

每个人都有闪光点。发现孩子的闪光点，并教会孩子把关注点放在“自己”身上，而不是去茫茫人海中找参考系，孩子会更加从容、自信。

度决定珍惜程度的，则是我们成年人已经被异化的头脑所为，并非孩子的本性；孩子的本性是享受当下。所以，被及时满足的孩子，由于父母尊重并很好地保护了他的本性，就更能、更懂得享受当下。

有个富商，他早已实现了自己最初的人生目标：成为让人敬佩的商业领袖，娶了老婆，生了儿子。可是，他依然在不停地奔波、扩张事业，好像永远不会停下来享受自己的奋斗所得。

和他深入聊天，才得知他童年的故事：他只有讨好母亲，才能获得母亲的关注和奖励。可真正获得之时，并没有喜悦和享受，因为早已失去了感受当下的能力，而且还会在焦虑中向下一个目标进发。

3. 给予自由空间的及时满足，而不是控制和替代

及时满足的真正含义，是孩子表达自己需要的时候，及时给予回应和肯定。如果能做到就及时去做，不刻意拖延；如果做不到，或者做到有困难，也无须勉强。比如孩子指着一个昂贵的汽车模型说：“妈妈我喜欢这个模型。”妈妈可以及时回应和肯定孩子的需要：“是啊，这个模型很漂亮，妈妈也喜欢，我们一起欣赏吧。”

那些经常及时满足孩子的妈妈都会发现，孩子其实并不贪婪，反而很好协商，并且能够体谅别人。贪婪并非孩子的本性，而是因为曾经太多需求被否定、被批判、被延迟，给孩子带来诸多痛苦，这些痛苦长期累积，最终让孩子成为一个不讲道理、难以妥协、一旦满足不了就歇斯底里的人。

及时满足是给予自由空间的及时满足，而不是控制和替代。比如孩子爬着去抓一个玩具，妈妈担心弄脏衣服，干脆替孩子把玩具拿过来，这不是及时满足，而是干涉和控制，它阻碍孩子体验通过“自己奋斗”得到玩具的过程。又比如孩子弄坏了自己心爱的玩具而哭泣，妈妈感到焦虑，于是在孩子并没有提出要求的时候，承诺再买一个新的，制止孩子哭泣。这也是一种控制，打断了孩子体验“失去”这种情感的过程。

如果你时常担心孩子不会珍惜、享受所得，那么，反观自己：我能充分体验我所拥有的一切吗？我对此充满感恩吗？我能放慢脚步享受当下吗？放下焦虑的头脑，不再评判和忧虑孩子，而是以一颗谦卑的心蹲下来和孩子一起玩，一起尽情享受当下。

文/明珠絮语

学霸的经验可借鉴不可迷信

一

一个博士在文章中分享："家属院里有个孩子考上了清华大学，然后他的妈妈开了一个家教补习班。因为把孩子培养考进了清华大学，很多父母都愿意前去取经，我老婆也征求我的意见，我坚决反对。这个妈妈的孩子我接触过，天赋异禀的聪明，短短几句话的交流，我就能感受到他超常的天分，而这个妈妈普普通通的，既不是教师，也不是教育专家，对孩子并没有起到多大作用。我把这个道理讲了，我老婆非常服气，因为她清楚我们的孩子资质平庸，不是上清华大学的料，这个妈妈对我们的孩子不会有多大帮助。"

二

每年高考之后，所谓的"状元笔记"都会大火，一套笔记卖好几百元。而状元的父母，也经常被学校请去办讲座，传授自己的育儿经验。但买了笔记的学生，并没有当上状元；听了讲座的人群，他们的孩子也没有考上清华大学、北京大学。而当上状元、考上清华大学、北京大学的学生，恰恰不需要这些东西。

唐朝学霸，著名诗人王勃，写诗前先把墨磨好，然后开始拿酒壶往嘴里灌酒，大醉后，躺在床上蒙上被子睡觉，醒后直奔砚台，挥毫泼墨一气呵成，连一个字都不用改。据说，他的传世名篇《送杜少府之任蜀州》便是这样得来。如果我们有样学样，恐怕除了大醉之后吐满床，一首诗也写不出来。而同样是作诗，如果你问贾岛，他会告诉你，要坐在驴背上仔细推敲；如果让卢延让介绍经验，肯定是"吟安一个字，捻断数茎须"。

三

每个人的学习方式、方法都不一样。学霸之所以成为学霸，是因为能根据自己的特点，总结出一套适合自己的学习方法，养成适合自己的学习习惯。在学校，同一拨老师，教同一个班，同一标准，而学生的高考成绩却高低不同。不是老师的教学方法有所差异，而是学生个体存在差异。要想当学霸，还得靠自己摸索，找出适合自己的路子。

学霸成功的路子只有一条，就是聪明加勤奋，不存在任何捷径和秘密。所以，学霸的故事可以用来励志，但不可以模仿；学霸的经验可以用来借鉴，但不可以迷信。

文/瑾山月

脾气越大 教育效果越差

1. 最没用的教育就是发脾气

案例 1

吴先生的儿子正上小学，平时都是妈妈辅导孩子写作业，这天妈妈有事，辅导孩子的重任就落到了吴先生的头上。面对一道难题，吴先生讲了半小时，儿子仍不理解，他越讲越生气，大吼："怎么还是不会?"吼了几次后，儿子索性放下笔不写了。吴先生忍无可忍，一气之下，用手怒捶桌子，这下儿子消停了，可他也因用力过猛，把自己的手掌捶骨折了。

案例 2

一个女作家回忆自己的童年时说，在她的记忆里，她但凡犯点错误都会引起父母暴怒。她不明白，父母为什么不能好好说话。多年后，她父母说："除了吓唬你、打你，我们不知道怎么管你。"

点评

教育家卢梭说："世上最没用的教育方法，其中之一就是发脾气。"父母每次爆发的坏情绪，都会变成影响孩子成长的污染源。

王小波曾说过一句话："人的一切痛苦，本质上都是对自己无能的愤怒。"父母并不是不爱孩子，而是在管教孩子这件事上太过无能为力了。我们越是管不了孩子，越倾向于用情绪震慑他们。但如此一来，无异于饮鸩止渴。你对孩子发的火、动的怒，虽然止住了他的淘气，却化成了一股股戾气。

2. 发脾气会影响孩子的性格

案例 1

老周和黄芸结婚33年，两人的脾气都很暴躁，结婚33年吵了33年。女儿直言，这不是她想要的父母；儿子也说，他胆小怕事的性格都是父母害的。然而，老周和黄芸并不在乎子女的看法。

案例 2

一个小男孩在路边摊买了一只猫，但爸爸不让养，便带他去找商家退猫，遭商家拒绝后，爸爸当场将猫摔死。评论区有人说："这种事会给孩子留下心理阴影。"

点评

知乎上有个话题："易怒的父母会养出什么样的孩子?"有人从留言中总结了几点：一是胆小怕事，不管是不是自己的错，都会揽到自己身上；二是有性格缺陷，易怒、抑郁，取悦别人，不为自己争取；三是很敏感，一有风吹草动，就会引发轩然大波。这些孩子的确都长着乖巧的面孔，但有一个共同点：活得不快乐。

3. 三个建议

（1）积极暂停

案例

爸爸下班回来，看见孩子和妈妈正在争吵，他选择暂停介入，没有立即参与其中，而是转身到楼下坐了一会，让自己冷静一下，厘清思路，然后，回来与孩子沟通。

点评

父母有情绪很正常，让谁压抑情绪都不可取，但作为成年人要学会积极暂停。比如要发火时，先出去走走，让自己冷静下来；要责骂时，先喝点水，平复一下心情，不让情绪以伤害、侮辱和打击的方式宣泄出去，要让孩子捕捉到我们的真实感受与意图，这是父母与孩子开启有效沟通的前提。

（2）倾听孩子

案例

我经常提醒先生："有时间多和儿子聊聊天。"而每当此时先生都会问儿子："儿子，作业写完了吗？"每次听到这句话，我就会嘲笑他："你能不能别总问人家的作业好不好？"先生说："不问作业问什么？"我说："每次你这么问都让我想起黄世仁让杨白劳还钱的情景。"如此几次之后，先生终于开窍，学会了跟儿子聊天，其实很简单，就是倾听孩子。

点评

坚持倾听孩子，会让孩子越来越信任你，信任你的聊天方式：就是当他把自己高兴的事情、不高兴的事情，都讲给你听时，不会担心你批评他，也不会担心你说教他。

（3）具体指导

案例

爸爸被老师告知，他的儿子成绩下降了。爸爸回家后看见儿子还在打游戏，就气呼呼地关掉游戏，让儿子去学习。一小时后，爸爸发现儿子还在磨蹭。他正想发火，却听到儿子说："作业我早已写完了，但我不知道还应做什么？"爸爸这才明白，他从没给过孩子具体指导，只会说"你要听话，不要贪玩"。意识到这点，他马上和儿子一起制订了作息表。孩子有了计划，行动力和积极性都大大提高了。

点评

只有和孩子建立起感情连接，走进他的内心，才能把他带回正轨。养育孩子很不容易，但无论如何都不要用情绪管理孩子。努力成为理智、温和的父母，然后与孩子一起成长。

文/Fern

父母与孩子应彼此成全

1. 我的妈妈是个没用的中年妇女

案例

五年级的小学生在其作文中写道："我的妈妈什么事情都做不好，一天到晚只知道玩，还天天说自己累。在我的同学中，小青的妈妈会开车，我的妈妈不会；小林的妈妈会陪着小林一起打乒乓球，我的妈妈也不会……我觉得我的妈妈就是个没用的中年妇女。"

忙有五不帮(2)

2. 不帮穷懒之人

案例

一名演员走红之后，商演不断、收入增加。然而，麻烦也随之接踵而来。乡亲们络绎不绝地上门借钱，他是个热心肠，来者不拒。当借钱像滚雪球一样越滚越大时，他终于开口拒绝。殊不知，这个正常的举动却引起了乡亲们的激烈反对，甚至辱骂。

点评

中国有句古话：帮难不帮懒，救急不救穷。升米恩，斗米仇。帮难救急，对方会感激你的雪中送炭，而帮懒救穷，却只会让对方形成依赖，最终拖垮自己。所以，一定要学会收起泛滥的热心，远离心穷志懒之人。

点评

郑琼导演拍了一部纪录片叫《出路》，从中不难发现，父母努力，孩子更容易成功。

你要求孩子努力学习认真听课的时候，自己却在吃喝玩乐、打麻将、斗地主、不思进取。你要求孩子回家写作业的时候，自己却躺在沙发上看剧、玩手机。这样的父母，又怎么能让孩子努力呢？

因为别人家的父母正在努力奋斗的时候，你已经“认命”，将所有的希望都寄托在了孩子的身上，殊不知，这样既毁了自己，也毁了孩子。

2. 好妈妈不是为了孩子牺牲一切

案例

一个拥有硕士学位、担任一家公司总经理的妈妈，辞职应聘女儿学校的宿舍管理员，只为能全身心地陪伴女儿。一个网友编了一段对话：母亲说我为你牺牲一切，你一定要好好学习。女儿问为什么？母亲说将来可以考好大学。女儿又问为什么要考好大学？母亲说可以找到好工作，当总经理赚很多钱。女儿说那又怎么样，等我有了孩子，还不是要放弃一切？虽然是调侃，但背后的意义却令人深思。

点评

董卿说过一段话："我应该很努力地把自己变得更好，让孩子对我有爱也有尊敬，从我身上可以学到一些好的品质。我不想放弃我继续成长的可能，我不想因为他，就变得止步不前。"

你希望孩子成为什么样的人，你就去做一个什么样的人。孩子的成长是为了磨炼我、激励我、提升我，而不是牺牲我。就像知名育儿专家王人平所倡导的："好妈妈绝不是为了孩子牺牲一切的妈妈，她不会为孩子失去自我，反而会借助孩子完善自我。"

3. 最好的亲子关系，是成全彼此

案例

梅耶·马斯克是埃隆·马斯克的母亲，她有三个孩子，个个功成名就。有人问她如何培养出这么优秀的孩子？她说："让孩子在父母努力工作的环境下长大，让他们知道越努力越幸运。"

梅耶·马斯克没有忘记时刻提升自己，不仅坚持发展自己的模特事业，还在孕期完成了营养学硕士的学位。31岁时，就算离婚，就算一个人带着三个孩子，也没有放弃自我成长。为了孩子的发展，举家迁往加拿大，最苦的时候，她打五份工维持生计。除了给孩子做好榜样，她还鼓励和支持孩子的兴趣爱好和职业规划，从不限制孩子发展。

儿子伊隆对电脑感兴趣，她就设法为儿子买了一台电脑；在斯坦福大学读博的伊隆选择退学创业，她选择相信儿子。儿子创业濒临失败，她拿出积蓄支持儿子；她从不要求孩子按照自己的意愿去做事，而是尊重孩子的选择。孩子拼搏的时候，她也没闲着，经营着一家营养公司，还把自己的经历写成书。50岁到纽约重启模特事业，如今满头银发，登上了知名杂志的封面，活得像少女一样肆意张扬。

她不仅成就了孩子的一生，更赢得了孩子的肯定。伊隆面对媒体时，说他的成功大部分归功于母亲，他感谢母亲的无条件支持，更支持母亲追求梦想。

点评

父母和孩子之间不是牺牲和将就，更不是束缚和羁绊，而是彼此相融，彼此成就，最好的亲子关系莫过于此。就像《圣经》中所说，子女和父母之间的一切都是为了彼此成全，使彼此成为更懂爱、更有爱、更会爱、更善于传播爱的人。

教育是讲究序位的

文/yy

看过《梁启超家书》的人都知道，书中不仅记录了梁启超的亲子情谊，也道破了家庭教育的真相：教育是讲究序位的。很多家庭的教育效果不好，都是因为把顺序搞错了。

错序1：赚钱第一，孩子第二

家教故事

在家书中，长女梁思顺劝梁启超："父亲工作太忙，多隔些时日再回信。"可梁启超却马上回信："万万不可。"梁启超一生致力于济世救国，中年时更是在海外四处奔走，可工作再忙，他也不曾放弃与孩子的交流。每到夜深人静的时候，他都会写家书，絮叨琐事，或者问问孩子的学习情况，或者与孩子分享身边的趣事。梁启超始终用自己的文字陪伴孩子，给孩子带去爱与快乐。

1917年，梁启超的小女儿梁思宁出生，家中有了六个不满12岁的孩子。为了培养他们，每天一大早他就召集孩子们围在一起，谈文学、说历史、讲故事。得益于梁启超的陪伴，孩子们养成了乐观、自信的性格。父母的陪伴是最好的教育，任何物质都无法替代。

点评

心理学家吉尔博特说："十年以后，你不会因为少做一个项目而遗憾，但你会因为没有多陪伴孩子一个小时而遗憾。工作上的遗憾可以弥补，但缺失的教育，却会令你抱憾终身。"

一个网友说，我们夫妻二人拼命工作赚钱，结果熊孩子天天上网混日子。有个评论一针见血："有没

忙有五不帮（3）

3. 不帮薄凉之人

案例

还记得那个保姆纵火案吗？女主人在保姆工作期间，多次借钱给保姆偿还赌债。然而，这份善意并没有换来保姆的感激。为了骗取更多的钱，保姆精心策划了一场苦肉计，结果引发大火，酿成大祸，4个鲜活的生命消失了。

点评

心理学上有一个贝勃定律：当人受到强烈刺激后，再经历刺激时就会习以为常。人心同理，一味地付出，非但不能换来感激，还会让对方觉得理所当然。所以，我们要为善良披上明辨的外衣，避开那些得寸进尺、忘恩负义的人，这样才能避免"农夫与蛇"的悲剧发生。

教育孩子首先不要输在家庭教育上

提升家长的家庭教育综合素养从学习家庭教育开始

有想过，孩子更需要陪伴，而不是金钱。”在孩子的世界里，父母就是他的全部。孩子的快乐、知识与修养需要从你的陪伴中获得。从现在开始，把生活的重心调一调。相比于赚钱，教育好自己的孩子，才是你最重要的事业。

错序2：父母威严，孩子听话

家教故事

在家书中，梁启超提到自己的父亲。父亲秀才出身，为人善良，却十分专制，威严肃穆，容不得梁启超有半点违抗。可梁启超却十分顽皮，父亲越是管教，他越是叛逆。春天的时候，杏花盛开，父亲告诫他不要随意摘花，可父亲一转身，他就把所有的杏花全部都摇落；家里来了书法名家，父亲命令他写字让人指点，他提起笔来写下五个大字“写字狗耙田”；他在院子里爬竹梯玩，父亲呵斥他不准再爬，他反而爬得更起劲，然后扬扬自得道：“有人在平地，看我上云梯。”年幼的梁启超就是这样，时常将父亲气得吹胡子瞪眼。父亲的专制教育，反而使得梁启超更加顽劣，不服管教。

1925年，梁启超的二女儿梁思庄准备上大学。当时国内现代生物学空白，梁启超便劝导梁思庄主修生物学。但梁思庄丝毫不感兴趣，坚持选择自己喜欢的图书馆专业。梁启超得知后，沉默良久。回忆起父亲对自己的专断，他明白，越想控制孩子，越会适得其反。于是，他在给梁思庄的回信中，不仅没有生气，反而鼓励她持有自己的见解。得到父亲的支持后，梁思庄很兴奋，下定决心学好专业，绝不让父亲失望。

点评

《正面管教》中说，赢得孩子信任的最好方法，一定是以尊重、理解的态度，先和他站一边。每个人都是一个独立的个体，父母永远不能决定孩子的想法。你有你的看法，孩子有孩子的喜好。与其利用身份逼迫孩子，强硬指点，不如闭口倾听孩子的想法。真正有智慧的父母，从不会以自我为中心，而是能够兼顾孩子的内心。教育需要爱和理解，尊重孩子就是尊重自己。

错序3：父母放纵，孩子自律

家教故事

在家书中，长女梁思顺写道，在她小的时候，父亲曾拿出一本《论语》让她阅读背诵。可《论语》晦涩难懂，才读上两句，她就开始抓耳挠腮，怎么也读不进去。见此情景，父亲拿出糖果作为奖励，哄着她读书。梁思顺一见到糖果，更是魂不守舍。无奈之下，梁启超只好随她，让她在自己的身边玩耍，自己则坐在书桌前埋头读书。谁知没过一会她也学着父亲的模样，打开手中的《论语》，认真读了起来。

梁启超见状，内心大为触动：原来只需自己做好榜样，孩子便会跟着模仿。从那以后，小到吃饭说话的微习惯，大到读书工作的态度，梁启超都会时刻约束自己。于是，不需要他过多地管教，孩子也能保持自律，养成良好习惯。正是源自梁启超的言传身教，他的九个子女个个有出息。

点评

教育家福禄贝尔说：“教育之道无他，唯爱与榜样而已。”家庭是孩子的第一所学校，父母的一言一行、一举一动都会成为孩子的准则。

教育家井深大说：“父母的言行就是子女最好的教材，一流的父母造就一流的孩子。”与其喋喋不休地管教孩子，不如从自我做起，养成良好习惯。在你以身作则的带领下，孩子也会深受感染，绝不懈怠。一个出类拔萃的孩子背后，一定有自律的父母。

错序4：成绩第一，做人第二

家教故事

梁启超的二女儿梁思庄曾因成绩不好而难过。梁启超得知后，不仅不责备，反而写信安慰道：“成绩如此，我很满足了。”在他看来，人品德行应在首位，其次才是成绩。他在家书中说：“我们为学的根本，首先要学做人。成绩好也罢、坏也罢，都只是你人生的一段历练而已。”

点评

《说文解字》中对“育”字解释道：养子使作善也。什么是教育？在古人看来，就是教会孩子善良。

在《论语》中，孔子也讲了孔门四科的顺序：第一门是德行，第二门是言语，第三门是正事，第四门才是读书。

在孩子成长的路上，德行教育是首位。在生活中，要时刻注意教育的重心，毕竟人生不是一场求取好成绩的竞赛，而是一场关于完善人格的测试。竞赛成绩差点，孩子只是无法站上更高的平台；人格的测试不通过，孩子则会成为社会的负担，遭人厌弃。

教育一旦错序，整个家庭就会失序，孩子也会随之变得越来越逆反。父母以身作则，立好为人处世的榜样，孩子自会照模照样地进步。当你找到重心，厘清教育的顺序，孩子才能拥有健全的人格，收获快乐与成长。

七位名家论“教育”

文/国学精粹

1. 梁启超：必须引导孩子的趣味

关于教育，梁启超说：“必须引导孩子的趣味。”

感官快乐通常都是短暂的，一顿美食、一场聚会带来的快乐很难持续，且遵循收益递减规律，阈限会逐渐提高，快乐越来越难，只能通过不断增加刺激和惊喜来实现，满足后又难免落入空虚；而基于价值体验的幸福却可以持续很久。人生在幼年期、青年期，趣味是最浓的；若不引他到高等趣味的路上，他便很容易流入下等趣味。趣味教育，要趁儿童、青年趣味正浓而方向尚未确定的时候，给他一种可以终身受用的趣味。

2. 鲁迅：保护孩子的怀疑精神

鲁迅认为：驯良之类并不是恶德，但发展开去，对一切事无不驯良，却绝不是美德，也许是没出息。爸爸和前辈的话，固然也要听，但须讲得有道理。假使有一个孩子，自以为事事不如人，或者满脸笑容，实际上却总是阴谋暗箭，我宁可听到他当面骂我“什么东西”更爽快……

中国一般的趋势，却只在向驯良之类——“静”的方面发展，低眉顺眼，唯唯诺诺，才算一个好孩子。而活泼、健康、顽强、挺胸仰面……凡是属于“动”的，就未免有人摇头了……

3. 王国维：教育之宗旨何在

教育之宗旨何在？在使人为完全之人物而已。何谓完全之人物？谓人之能力无不发达且调和是也。

人之能力分为内外二者：一曰身体之能力；一曰精神之能力。发达其身体而萎缩其精神，或发达其精神而罢黜其身体，皆非所谓完全者也。完全之人物，精神与身体必不可不为调和之发达。而精神之中又分为三部：智力、感情及意志是也。对此三者而有真美善之理想：“真”者智力之理想，“美”者感情之理想，“善”者意志之理想也。完全之人物不可不备真美善之三德，欲达此理想，于是教育之事起。

4. 叶圣陶：教育就是培养习惯

通常说某人能力不强，就是说某人没有养成多少习惯的意思。比如说张三记忆力不强，就是说张三没有把看见的、听见的一些事物好好记住的习惯；说李四表达能力不好，就是说李四没有把自己的思想和感情说出来的习惯。

因此，习惯养成得越多，那个

人的能力就越强。做人做事需要种种能力，所以，最要紧的是要养成种种习惯。我们在学校受教育，目的是养成习惯，增强能力。我们离开学校，仍然要从多方面受教育，并且要自我教育，其目的还是要养成习惯，增强能力。习惯越自然越好，能力越增强越好。

5. 钱穆：教育的第一要务

教育的第一要务便是要这个国家这个民族里的每一分子，都能来认识自己的传统。就像一个人要认识他自己，连自己都不认识，其他便都不必说了。

我们东方人的教育，第一大错误是在一意模仿西方，抄袭西方。不知道每个国家每个民族的教育，必该有自己的一套。但这既不是说要我们故步自封，闭关自守，也不是要我们不懂看重别人，不懂学别人的长处补自己短处。但此种种应有个限度，切不可为学别人而遗忘自己，更不可为学别人而先破自己。如今，我们东方人便有了这样的趋势，亟待我们自己来改进。

6. 南怀瑾：做人第一等重要

（1）教孩子先教做人

一个人为什么要读书？传统中最正确的答案是“读书明理”四个字。明理是先要明白做人的道理。如果要问中国人素来的教育目的是什么？让我们再重复一句：是为了“做人”，而不是为了“生活”。

（2）了解孩子的秉性

我认为古今中外的教育大部分都犯了一个错误，父母把自己一生做不到的愿望，下意识地寄托在孩子身上，可是却忘了子女的秉性与本质。教育是一个增上缘，老师尽量帮他、培养他，使他依靠自己的禀赋站起来，这是教育的目的。

（3）从做好小事开始

根据中国的传统文化，儿童教育学的是“洒扫应对”，孩子在6~8岁之间入小学，怎么扫地、抹桌子，与老师、大人、朋友讲话的礼貌态度、规矩，这些最重要。小学开始学“洒扫应对”是学做人的基础，教育的目的是做人。你不要看扫地、抹桌子、端碗没什么了不起，这是一种生活教育，生活教育会了，长大做事自然就会了。基本的教育没有学好，而专门去读书，那叫学知识，把知识学会了，而做人的基础没有，这个教育是失败的。

（4）尊重孩子的爱好

有许多孩子自小喜欢玩表、拆玩具，做父母的一定会责罚他不该破坏东西。而在教育家的眼中，这孩子有机械的天才，应该在这方面培养他。

7. 蔡元培：决定孩子一生的东西

“决定孩子一生的不是学习成绩，而是健全的人格修养。”

(1) 如何让孩子树立乐观向上的心态

接受现实是走向乐观的第一步；培养乐观的性格，让孩子坦然面对生活中的不幸；让孩子保持一颗平常心；孩子把大量的精力耗费在焦虑上，就不能发挥其固有的能力；幽默感看似小伎俩，实则大本事。

(2) 让孩子学会感恩，懂得宽容

心胸狭窄只会让孩子一生痛苦；拥有爱心，就有了求知求美的动力；恶作剧会“惹祸”，及时引导孩子改正；及时消除孩子的残忍行为；懂得感恩，才能成长。

(3) 培养孩子直面挫败的勇气

孩子是脆弱的，教他勇于正视失败；培养孩子的意志力不容忽视；对挫折感到陌生的孩子，很难融入社会；总是责备孩子的失败，孩子将会变得“无能”；对孩子进行夸奖，但不要过度。

(4) 教会孩子自我保护

教会孩子一些安全常识，冷静应对伤害；依靠父母的孩子，总免不了挨摔；孩子缺乏处世能力，随时都会有被生活吞噬的危险；过分地保护，就等于“伤害”；提高孩子的“免疫力”，从容面对诱惑。

(5) 让孩子敢于梦想

有梦想才有创造；不要训斥孩子的“梦话”；孩子有梦想时，催促他向梦想迈进一步；拒绝回答孩子问的“为什么”，就等于剪断了他思维的翅膀；善待孩子的兴趣；善于创造的孩子，往往具有一个“奔驰”的头脑。

(6) 培养孩子良好的沟通技巧

懂得社交礼仪的孩子，有好人缘；孩子善于谈吐，最能引起别人的兴趣和注意；尊重别人，就是尊重自己；勇于承认错误，错误已经改了一半；合作能力比知识更重要；懂得倾听的孩子具有人格魅力。

(7) 教会孩子合理使用钱财

孩子越早接触和学会使用零花钱，长大后就越容易赚到钱；正确处理孩子的压岁钱；养成储蓄的习惯，让孩子终身受益；纠正孩子盲目攀比的心理。

(8) 帮助孩子正确认识自我

鼓励孩子主动与人交往，消除孩子的孤僻心理；长期处在害羞之中，孩子容易产生自卑感；帮助孩子学会欣赏别人，才会欣赏自己；让孩子每天发现自己的一个优点；懂得“舍”才会有所“得”。

历史人物的家教故事

文/wluo

古代历史人物，尤其是著名人物，他们的行为举止对国家乃至社会都产生不小的影响力。因此，他们的家教故事便成为后人家庭教育的参考模式。

1. 曹操——生子当如孙仲谋

众所周知，曹操的儿子个个了得，曹丕“博闻强识，才艺兼备”；曹植才高八斗，写就《洛神赋》；曹彰武艺超群；曹冲是出了名的神童，关于曹冲称象的故事至今流传。

一个儿子出类拔萃可能是个人资质的缘故，但个个出众显然与曹操重视家庭教育分不开。“生子当如孙仲谋”，在曹操心里，孙权是身为儿子的榜样，孙权是“官二代”里的佼佼者，有雄才大略，独霸一方，不臣于曹魏。所以，曹操教育孩子的目标也非常明确，就是培养如孙权一般能治国平天下的万乘之才。

曹操曾颁布《诸儿令》，意思是：儿子小的时候我都喜欢，但是长大后能成才的，才一定用他，说到做到。对下属，我不偏心；对儿子，我也公正，唯才是举，最有才能的人，才配当我的接班人。

为了更好地实行对孩子的教育，曹操为儿子配备了最好的老师，他配送老师的标准为“德行堂堂正正、深明法度”。而后，他将邢颙先后配送给曹植、曹丕当老师，还将“秉德纯懿，志行忠方”“国之重宝”的邴原以及他本人都十分敬重的张范派去辅佐曹丕。配送老师时，曹操非常客气地对他们说：我的儿子不成才，怕他难走正路，请你们去匡正劝勉他。

2. 司马光——教育孩子勤俭

司马光是北宋杰出的史学家，他一生著述宏丰，一部《资治通鉴》足可使他名留千古。相传他稳重踏实，为人俭朴。据史料记载，司马光不仅自身朴素，也一直将俭朴作为教子成才的主要内容。他在工作和生活中十分注意教育孩子要力戒奢侈，谨身节用。

司马光在编纂《资治通鉴》这部历史巨著时，让儿子司马康也参与了这项工作。当他看到儿子读书时，用指甲抓书页，十分生气，于是他认真教育儿子爱护书籍的经验与方法：读书前，先把书桌擦干净，垫上桌布；读书时，端端正正坐好；翻书页时，先用右手拇指的侧面把书页的边缘托起，再用食指轻轻捏住以揭开一页。他教育儿子：做生意的人要多积蓄一些本钱，而读书的人就该好好爱护书籍。这样的细节体现了司马光简朴的作风及良好的素质，而且言传身教，将这种好习惯教授并要求孩子。

在生活中，司马光节俭纯朴，他经常教育儿子“食丰而生奢，阔盛而生侈”。为了使儿子明白崇尚俭朴的重要，他以家书的体裁写了一篇论俭约的文章。在文章中他强烈反对生活奢靡，极力提倡节俭朴实。

他还不断告诫孩子说：“读书要认真，工作要踏实，生活要俭朴，表面看皆不是经国大事，实质上却是兴家繁国之基业。”“由俭入奢易，由奢入俭难”这句传唱至今的警句，正是出自司马光之口，在他的教育下，儿子司马康从小俭朴自律并也以博古通今、为人廉洁和生活俭朴而称誉于后世。

3. 郑板桥——莫为做官而读书

郑板桥是清朝“扬州八怪”之一，政绩显著，后客居扬州，以卖画为生，他一生只画兰、竹、石，自称“四时不谢之兰，百节长青之竹，万古不败之石，千秋不变之人”。其诗书画世称“三绝”，是清代比较有代表性的文人画家。

他在山东潍县当县官时，他的儿子小宝留在弟弟郑墨家。小宝上学后，为教育儿子，郑板桥专门给他的弟弟郑墨写了一封信，信中写道：“余五十二岁始得一子，岂有不爱之理。然爱之必以其道，以其道是真爱，不以其道是溺爱。”

郑板桥的“道”是什么呢？他说：“读书中举，中进士做官，此是小事，第一要明理做个好人。”郑板桥所说的小事并非读书，而是靠读书做官，这也是他教育孩子的想法——不为做官而读书，心存良善，平等待人。

郑板桥十分重视儿子的品德教育，他对弟弟说：“我不在家，儿便是由你管束，要须长其忠厚之情，驱其残忍之性，不得以为幼子而姑纵惜也。”他认为应当将他的孩子和仆人的儿女平等相待：家人儿女，总是天地间一般人，当一般爱惜，不可使吾儿凌虐别人。凡鱼飧果饼，宜均分散给，大家欢嬉跳跃。

后来，郑板桥将小宝接到身边，经常教育小宝要懂得吃饭穿衣的艰难，要同情穷苦的人。教育儿子“明好人之理”“爱天下农夫”。

家教语录(8)

孩子不守规则，父母不坚定，这是一场“拉锯战”。想要对哭闹的孩子保持坚定，是要循序渐进的。

丘成桐的故事给予的启发

22岁获得博士学位，25岁任副教授，27岁攻克世界性数学难题并一举成名，囊括了国际数学界两项最高荣誉奖，他就是丘成桐。从家境贫寒的年轻学子，到享誉世界的“数学皇帝”，是什么造就了丘成桐的成功？从丘成桐的自传中可窥一二，希望对大家有所启发。

1. 老师点燃了我学习数学的兴趣

丘成桐，1949年生于广东汕头，五个月大时随家人迁往香港。丘成桐的父亲饱受客家文化熏陶，以培育英才为抱负。父亲认为必须读书，学习出色，才有机会出人头地。

然而，丘成桐并非从小就是好学生，从成绩单上可以看出，他的成绩并不出色，数学也只是一般水平。后来，得益于父亲，丘成桐入读了香港知名的培正中学。在培正中学，他可谓脱胎换骨。

刚开始，丘成桐对数学并无兴趣，由于其身为哲学家的父亲格外欣赏数学，还经常鼓励孩子寻找自己真正感兴趣的方向。因此，初二时，丘成桐对数学产生了兴趣。当老师教授几何时，用五个简单的公式，证明出很多个定理，丘成桐惊得说不出话来。出于好奇心和探索欲，丘成桐开始探索：走路时、乘火车时，他都在苦思，甚至被同学欺负时，他也反问人家，“你们这么厉害，这里有道题看看你们能不能解。”

丘成桐家境清贫，上学路途很远。一天，他因为迟到、领带不整被老师批评。同时，老师注意到他瘦削的身体和苍白的脸，询问他吃饭的情况，这才知道教授家的孩子也吃不饱、穿不暖。老师送了一些奶粉和食物，这份关心感动了丘成桐，他决心不让老师失望，更加努力。初二那年，他的学业有了飞跃。

2. 父亲让我更能全面思考

小时候，丘父每周都给丘成桐

让自己幸福快乐的小习惯(2)

2. 信守承诺

承诺一旦建立，就要尽心做好。承诺的一头是别人，另一头是自己。信用是社交的通行证，一旦破产，寸步难行。在相互信任的环境下，日子才能更简单，协作才能更高效。

讲书法诗词，读近代中西方文选。虽然，他更喜欢武侠小说，梁羽生、金庸等名家的小说都看了一遍。丘成桐从10岁开始读《红楼梦》，但他没有想到，这部小说的结构，竟然影响了他对数学的看法。数学领域有很多分支，乍看毫无关系，但都是一棵大树下的各个部分，就如同贾府每个人的宗谱关系一样。受父亲的影响丘成桐还很喜欢读《史记》《汉书》。在他看来，历史事实就是在教导我们在重要时刻如何做决断。特别是做学问，决断正确会影响学者的一生。

丘成桐在自传中写道："早期受父亲的训练，我对中国的历史、文学，特别是诗歌产生了浓厚的兴趣，一生受惠，最重要的不是如何解决问题，而是如何看待问题。"

3. 母亲的坚持激励我奋斗

丘成桐14岁那年，父亲去世，家庭收入骤减。很多人以为丘家的孩子就要辍学了，连丘成桐的大舅都提议，让孩子们到农场去帮忙养鸭，丘母却果断拒绝了。她和丘父的想法一致，生命中除物质欲望外，还有很多值得追求的东西。因此，她希望丘成桐和其他孩子都能好好读书，成就学问。

父亲去世后，母亲在应对困难时所显露出的力量和决心，着实令丘成桐吃惊。他说他在解决数学难题时展示出的坚毅和乐观，离不开母亲的影响。正如他在自传中所说："母亲是很传统的中国妇女，她经常说，'你的成就，就是我的成就。你越有所成就，越能使我开怀'。母亲的付出，激励我奋斗，追求卓越。"

回顾丘成桐的成长经历，他的成功与父亲的鼓励、母亲的支持、老师的引导、自身的努力分不开。如果说丘成桐的故事能给予我们什么启发，那便是鼓励孩子独立思考，找寻自己的兴趣。

话有四不说(2)

2. 不说废话

案例

领导收入多少，同事恋情如何……津津有味的热聊，实质不过是消耗时间的废话而已，毫无营养可言。

点评

著名学者梁实秋说过："没有多少意义的话就是废话。人不能不说话，不过废话可以少说一点。"与其说废话，倒不如把宝贵的时间聚焦在有价值的事情上，去提升能力、开阔视野，慢慢收获与众不同的力量。

你能接受你的孩子不如你吗

文/刘娜

一

北京大学的丁教授小时候凭借超人的记忆力，背下了整本新华字典，被誉为神童。后来，他不负众望，考上北京大学社会学系。毕业后，又考上了北京大学高等教育科学研究所的硕士，并留校工作。2001~2005年他获得了美国哥伦比亚大学的教育经济学博士学位。博士毕业后，他回到北京大学，成为博士生导师，北京大学教育学院的副院长。

他的妻子也是北京大学毕业，两人都是高智商的精英。按理说，这样珠联璧合的知识分子家庭，孩子也该是学霸级别的“别人家的孩子”。可是，丁教授谈起自己的女儿，认为其和普通人无异：“女儿和我比差远了，这是天道，没办法，你必须接受，不接受能怎么样？她就是这样。”

在另一个视频里，有人问丁教授：“你可以接受你的孩子不如你，考不上北京大学吗?”丁教授这样回应：“完全可以接受，必须接受，大概率她肯定上不了北京大学，95%上不了。”

高智商的父母，生下寻常智商的孩子，也是天地万物平衡之道：父母登峰造极，孩子可能平淡无奇。父母普通寻常，孩子天资聪慧。有了这种平衡的概率，奋斗和努力才有了意义。

二

丁教授的女儿上的是北京大学附属小学，北京大学教师的孩子去那里上学，可以乘坐校车，也可以坐教师的班车，还可以自驾车或坐地铁。因为丁教授的女儿天资平平，小时候又是放养的，没上过补习班，入学后，就被一些很出色的小孩远远地甩在了身后，甚至出现了数学考试倒数的现象。为了让女儿跟上大部队的步伐，丁教授想到了一个方法：骑自行车送女儿上学。

丁教授一年四季，只要有空，就风雨无阻，坚持自己送女儿上学

家教语录(9)

孩子的自立是在反复磨蹭、试错中慢慢建立。不要把目光放在做不到的事情上，而是把目光放在能够做到的事情上。比如，自己穿袜子了，饭能吃完了。这样，才会越来越自信、越来越自立。

放学。每天一来一回共计一小时的相处时光，他在有说有笑的亲子互动里，从博士生导师的身份，变成慈祥老父，耐心、细心、费心地给孩子讲数学。丁教授说："这样，路上，就我们俩，她什么都干不了，必须认真听。"

教起娃来不一般的丁教授说，这才是真相。丁教授调侃自己的女儿，调侃归调侃，认命归认命，苦恼归苦恼，但在看清事实、放平心态、接受现状后，他还是有教育、有方法、有定力、有思路，用陪伴和坚持，把孩子往更好、更优秀的路上带。接受孩子的平庸，不代表放弃孩子；承认孩子的普通，不代表随波逐流；明白孩子的平凡，不代表放任不管。

我的孩子也很普通，我在咨询中也见过很多焦虑的父母，我感悟到每个家庭的家教故事里，都藏着以下为人父母的三重境界。

三

（1）过度期待，希望破灭，不知何去何从

初次当父母，谁不是一边疲惫不堪，一边指点江山，一边兵荒马乱，一边抱负满满："我一定要成为合格的父母。我的孩子将来一定是'神娃'一个。北京大学、清华大学的路，已经修到我的家门口了。"

初为人父母，不知天高地厚，不懂真相残忍，不明教育之路多么艰辛。在心怀不切实际的期待里，多少父母要么自负地把孩子当成自己的化身，要么自卑地把孩子当成梦想的替代品。独上高楼，望尽天涯路，认为自己的孩子将来一定能走上奔赴罗马的路，此乃为人父母的第一错觉，也是必须经历的第一重境界。

（2）看清现状，选择认命，仍要不断前行

伴随孩子一天天长大，父母用过度期待在孩子周身镶的那层"金边"开始脱落松动，并一点点消失殆尽。当原本期待的神娃，越来越多地展露出普娃的天性：贪玩、马虎、粗心、叛逆、不听话、写作业抓耳挠腮、写作文才尽词穷、每次考试不上不下。

父母在崩溃式陪读中，满面愁容，衣带渐宽，形容枯槁。孩子上学后，你为什么变得越来越憔悴？

20个"反内卷"的经验（5）

9. 努力放松却依然不能放松时，双臂交叉，拍拍自己的肩，告诉自己：不放松，也行。

10. 每周抽空出去吃一两次好吃的，定期和伙伴们聊聊天。

因为孩子的表现和成绩，让人心碎。生下这样一个孩子，你后悔不后悔？不后悔，只是想不通，别人家的孩子，为什么看起来各个方面都那么优秀、那么美。

（3）回归初心，觅得真爱，功到自然成

在历经“我家孩子将来肯定有大出息”的幻想破灭后，在接受“我家孩子原来就是普通人一个”的现实后，父母在辗转反侧、彻夜难眠、痛心疾首中，还是不愿意放弃最后的希望：“娃是普通了点，但也不是孺子不可教。”

然后，不管出身是白丁还是鸿儒，不管是穷人还是富人，父母都会想尽一切办法，给孩子搭桥铺路，陪孩子过关斩将，让孩子站在自己的肩头，走向更辽阔的山水。在放弃幻觉，粉碎执念，丢掉不切实际的奢望，真正踏踏实实的陪伴中，回归养育的初心：不管结局怎样，都要陪孩子努力一场。

不知从何时起，孩子已经在父母初心回归和深情守望中，悄然长大。虽然不是学霸，但也不是学渣；虽然还会犯错，但也在不断纠错；虽然曾被父母嫌弃，但孩子依然心地善良，热爱这人间烟火；虽然没有成龙成凤，但是浑身散发的温暖，足以让父母抵御所有寒冬。

这三重境界是王国维先生在《人间词话》中借助古人诗词，概括的古今成大事业、大学问者，必经的三重考验，因深刻妥帖而广为流传：悬思、苦索、顿悟。心怀幻想，痛苦迷茫；孜孜以求，砥砺奋斗；苦尽甘来，柳暗花明。

这三重境界也是为人父母必然要经历的三重心路历程。万物皆为一物，治学和养育的道理也是一样的。为人父母，就是一场边学边问的过程，而陪孩子长大，也是一场破茧成蝶的修行。

家教语录（10）

实际上，孩子并不明白你在催促什么；也因为没有动力，不知道自己为什么要快点。

你可以试着用小步骤引导，结果或许会快很多。小步骤就是通过设定细小、简单的目标，让孩子保持干劲达成大目标的方法。

比如，孩子吃饭的进展不顺利，拿出来一个小盘子，放上一点点饭，然后问孩子：“能吃完吗？”孩子就会说：“能吃完。”

这样依次放上一口左右的量，孩子就会觉得这件事很简单，从而轻松快乐地吃下去。这么做，会让孩子有成就感，进而提升动力。

家庭的不幸源于内耗

文/ciyu

有人说，经营家庭就像经营公司一样。若把责任和焦虑都放在一个人的身上，就会出现各种问题。彼此分工合作，携手共渡难关，家这条小船，才能在风雨中驶向更远的未来。

一

作家儿更雨讲过一个故事：十年前，父母开了一家瓷砖店。那时城里人装修房子，乡下人重盖自建房，瓷砖需求量极大。按理他们只要踏踏实实地经营，就能吃下这一波红利。但没过多久，他们的瓷砖店就倒闭了。什么原因呢？原来，他们动不动就吵架。

一次，父亲想薄利卖给一个熟人，母亲当面斥责：“你这么做生意还不如关门。”另一次，他们在气头上，不小心把顾客要的瓷砖类型记错了，顾客一气之下退了这单生意。他们的心思都用在了争执上，瓷砖店很快就无人光顾了。

家庭长久困在冲突中，家庭成员之间不仅提供不了能量，还会消耗对方的能量。家庭不安，百财不落。

二

在阎真的长篇小说《沧浪之水》里，主人公池大为给领导送礼，不小心说错了话，妻子说他“狗嘴里吐不出象牙”。他为儿子争取幼儿园的名额东奔西走，最后没办成，妻子指责他无能。无论他做什么，妻子都要指责几句，池大为因此心灰意冷。

哈佛心理学家丹尼尔说：“家庭生活是我们学习情绪的第一所学校。”可很多人学不好这一课。家人之间彼此倾轧，互相传递负能量，很容易把家庭拖入泥淖里。

三

英国治愈大师戴维·巴尼分享：有个四口之家，父亲家暴，母亲酗酒，两人从不好好说话，一开口就是指责与谩骂。两个女儿的关系也十分紧张，为了一件衣服都会大打出手，甚至在一次打斗中，姐姐拿水果刀刺伤了妹妹。最后，父亲莫名失踪，母亲疯疯癫癫，两姐妹早早中断了学业，在社会底层流浪。

很多时候，一个家庭的悲剧，源于家人间的内耗。生活的磨盘本就很重，如果家人再互相施压，谁都会被压垮。

四

香港大学原校长王赓武与妻子林娉婷在英国留学时，妻子突然怀孕，打乱了他们的安排。一方面他们没有做好当父母的准备；另一方面他们二人都没有工作。

面对这样的难题，他们没有自乱阵脚，而是一起商量怎么办。妻子买来一本养育婴儿的书学习，并通过各种途径了解孕期知识。而王赓武一边准备论文，期望获得奖学金，一边找工作，缓解家庭的经济压力。两人齐心协力，稳妥地完成了生孩子这件人生中的大事。

家永远是两个人的事，一个人独木难支。同处一个屋檐下，家庭成员只有各司其职，劲往一处使，才能把家经营好。

五

诗人余光中与妻子范我存交往之初，一度不被看好。但两人还是走进了婚姻殿堂，共同应对生活难题。余光中既忙于大学的授课，又努力出版诗集赚版税、稿费，给家里提供稳定的经济来源。范我存主动承担了所有家务，把家里整理得井井有条。两人不让对方操心，也不过多干涉对方，一起努力经营好家庭。

真正决定一个家温度的，是家人之间的相处模式。互相拆台，家庭就会垮台；两人一起搭台，日子就会蒸蒸日上。夫妻同心，大事一起扛，杂事共分担，就没有迈不过的坎，渡不了的劫。

六

赖声川和妻子丁乃竺结婚后，决定一起去美国伯克利大学留学深造。在伯克利读博士，一年的学费高达几千美元，他们拿出自己的全部存款加上家人的资助，才勉强凑足了学杂费。正当两人准备开始新生活的时候，却遭遇了意外：他们的钱被人卷走了。两人错信了一个人，将钱交给对方打理，希望每个月可以赚一些利息。结果两个月后，那个人带着他们所有的积蓄人间蒸发了。

当赖声川为此感到恐慌和焦虑时，丁乃竺却安慰道："现在我们要想办法自己赚钱了。"在此后的几十年里，丁乃竺一直坚定不移地站在赖声川的身旁。硕士毕业时，已经怀孕的她，拒绝了学校让她读博的邀请，担起了生育和工作的双重责任，只为让赖川声安心地读完接下来三年的博士课程。她甘愿隐去自己的光芒，在背后默默地支持赖声川的事业。赖声川对此不止一次地表示："在我心里，我太太永远是第一位。"

惊人的家庭关系定律

文/枳为橙

有句老话说：父爱则母静，母静则子安，子安则家和，家和万事兴。父懒则母苦，母苦则子惧，子惧则家衰，家衰毁三代。一个家庭的远见就是父母不透支情绪，孩子不消耗能量，共同创造美好未来。

1. 父母失和，影响孩子的心理健康

案例

从她上初中起，父母就开始了在争吵中度日。早年间，父亲忙于赚钱，每天在外奔波劳碌，母亲任劳任怨，承担家里的琐事，一边照顾老人，一边悉心养育儿女。开始母亲对这样的分工，对父亲的缺席表示理解。后来，家里条件越来越好，父亲的生意也轻松了许多，但回家的次数反而比过去少了。长此以往，母亲的怨气越来越多，这样一来，父亲更是躲着不回家了。

久而久之，母亲越来越难以控制自己的情绪，每天对着她和弟弟抱怨不休，为一点小事大发雷霆。在这种家庭氛围中长大的她，时常觉得恐惧和不安，不管做什么事都是小心翼翼，对于家庭始终缺一份安全感和归属感。弟弟也变得十分叛逆，时常逃课去网吧打游戏，还产生了辍学的想法。

点评

父母失和影响孩子的心理健康，具体表现为：

①情绪障碍。会导致孩子出现各种情绪障碍，如焦虑、抑郁和恐惧等。

②行为问题。可能导致孩子出现行为问题，如攻击性行为、退缩行为、自残行为。

③学习困难。会影响孩子的学习表现。孩子会无法集中精力去学习；或者失去学习的兴趣和动力。

④社交障碍。可能导致孩子出现社交障碍。这将影响孩子的社交能力和人际关系，进一步加剧孩子的心理问题。

⑤性格缺陷。会导致孩子的性格出现缺陷，如敏感自卑、胆小怯懦、孤僻叛逆、容易暴躁，甚至有暴力倾向。

⑥缺乏安全感。会让孩子感到极度不安和焦虑，长期的不安感会让孩子变得敏感多疑，缺乏情绪安全感，难以形成稳定的内心世界。

⑦自我价值感低。孩子会感到无助和无力。长期下来，孩子可能会形成自卑心理，对自己的能力、价值，甚至人格产生否定。

2. 母亲大吼大叫，降低孩子的能量

案例

晚饭过后，孩子在书房里写作业，母亲在厨房收拾碗筷，父亲在客厅刷手机。母亲忙活完，先到书房发现孩子写作业磨蹭。于是，训斥道："你要对自己负责任，写作业不要看手机，快点写。"然后来到客厅看到丈夫在刷手机，瞬间燃起怒火并大喊："你不要整天刷手机，给孩子做个好榜样好不好。"她发泄完后，心里的不满无法平息，便返回书房，冲着孩子大吼："这么长时间怎么就写了这么一点点，你在搞什么，上次考试考得不好，下次怎么好意思，都上初三了。"发泄一通后，还是消不了气，又返回客厅，对着丈夫大叫："孩子上初三了，你多少要管一管，这个家是我一个人的吗？你总得管管孩子吧。"

整个晚上，这个家就像陷入了负能量的循环，怒火越烧越旺，孩子的心情无法平静下来，功课也难以完成。全家人都陷入了深深的埋怨和无休止的痛苦中，孩子的能量也一点一滴地被消耗。

点评

母亲大吼大叫降低孩子的能量，具体表现为：

①心理健康问题。导致孩子情绪低落、烦躁不安、焦虑等心理问题。孩子长期生活在大吼大叫的环境中，容易感到压抑和恐惧，甚至可能出现神经官能症。

②性格发展问题。孩子形成不良的性格特征，如暴躁、多变、胆怯、犹豫不决等。这些性格特点会影响孩子的人际交往和未来的社会适应能力。

③社交技能受损。孩子往往难以与别人建立深度关系，可能会感到周围充满敌意，不愿意与别人接触，甚至对婚姻产生恐惧。

④学习成绩下降。持续的压力和焦虑会影响孩子的学业效率和专注力，导致成绩下降，进一步影响孩子的自信心和学习力。

⑤行为问题。孩子可能会变得暴躁，容易发脾气，模仿父母的行为，甚至会出现攻击性行为。

3. 父母一起努力，成为孩子的榜样

蔡元培先生说："家庭者，人生最初之学校也。一生之品性，所谓百变不离其宗者，大抵胚胎于家庭中。"父母不要总是一味地斥责孩子，而是先修炼好自己，为孩子打造一个好的家庭氛围，给予孩子成长所需的"营养条件"。

教育孩子首先不要输在家庭教育上

提升家长的家庭教育综合素养从学习家庭教育开始

在日常相处的过程中，父母以什么样的标准要求孩子，就要先以同样的标准要求自己。批评孩子时，别忘了先检查自身的言行举止是否正确；督促孩子时，也别忘了督促自己，一点一滴地纠正错误。在教育孩子的路上，只有找到了问题的根源所在，剔除所有不利因素，才是解决问题的最好办法。

想要养出一个善解人意、活泼开朗的孩子，父母就要懂得控制情绪，互相理解包容，给孩子营造一个舒适自在的家庭氛围。家庭关系和睦了，父母相处融洽了，孩子自然会收获满满的能量；想要教出一个积极向上、勇敢自信的孩子，父母就应该以身作则，携手担起该担的责任，给孩子做好领路人。

人生的目标明确了，规划完善了，往后的路只会越走越顺。父亲和母亲一起努力，成为孩子的好榜样，停止家庭内耗，才是给孩子的最好的爱。

4. 从三件事做起，成就孩子的未来

（1）做好教育的第一责任人

在孩子成长的每个阶段，父母都要做好教育的第一责任人，不要把责任推给另一半。该陪伴的时候不缺席，该引路的时候不忽视。尊重孩子作为独立的个体存在，多关注孩子的情绪变化，及时找到问题的根源。

（2）不过分焦虑、不过度牺牲、不随意指责

在一个家庭中，任何人的过度牺牲，都容易引发一系列的情绪崩溃；父母的过度焦虑，只会让孩子负重不堪；在教育的过程中，稳定好自己的情绪，减少对家庭成员的责备，学会正确的沟通方式，是促进家庭和睦的关键因素。

（3）言传身教，教子教己

家庭是教育最重要的环境，父母是孩子一生的老师。为人父母把自己修正好，把生活经营好，孩子的未来就能看到美丽的风景。教育的结果，都是父母努力的结果。你种下什么因，就会结出什么果。

20个“反内卷”的经验（6）

11. 朋友（或伴侣）可能很好，也可能不好，你会与他们结缘，也会与他们告别。不要放弃去结交那些让你感觉舒服的人。

12. 给自己一点做“无用之事”的空间。理直气壮一点，“刷一个周末的剧怎么了，我的大脑需要随波逐流式的休息”。

文/muye

一个家庭最好的模样

1. 家人之间常说舒心的话

案例

作家梁爽曾分享，一次，她的父母前来小住。晚上父母入睡后，她和老公在客厅看一档辩论节目。看到中途，两人为了维护各自支持的辩方，不禁争吵起来，声音不受控制地也大了起来。这时，老公向她比了个“嘘”的噤声手势，她才意识到父母已经睡了，于是赶忙压低声音。结果，神奇的一幕发生了。

当她轻声细语阐述自己的观点时，两人竟然和谐地看完了节目。因为在她开始小声说话后，她的语速变慢了，语气变轻柔了，态度变温和了，不再那么激动了。那次的经历让她意识到，原来很多争吵的导火索，都是争执起来后不受控制的音量。她说：“我越来越觉得，大声说话不是豪爽，而是对他人感受的漠视。说话音量降低几度，幸福感便能提升几倍。因为大声嚷嚷只会把对方推得更远，小声说话才能拉近彼此的感情。”

点评

家人之间常说舒心的话，家才能充满爱。这是因为舒心的话语能够化解家庭中的琐碎摩擦，营造和睦温馨的家庭氛围。家人之间的交流不仅仅是言语上的互动，更是情感上的交流和理解。当我们对家人好好说话时，不仅能减少摩擦，还能让家庭成员的眼角眉梢荡漾着笑意，家庭氛围也会变得更加和睦温馨。

2. 爱藏在父母说话的音量里

案例

雪白的墙壁被孩子涂得乱七八糟，妈妈没有大声斥责，而是轻声地对孩子说：“画在墙上的画，要画得好看，你先在本子上练习，等你练好了，再往墙上画。”孩子倔强地回应：“我不，我现在就要在墙上画。”妈妈依然没有发火，心平气和地说：画可以，但是家里的墙就这么多，你想在墙上留下最好的画还是不好的画？孩子沉默了一下，乖乖地拿着本子去画画了。

点评

有个心理学实验：实验人员将妈妈超过85分贝的说话录音，放给10个7~10岁的孩子听，并让他们写下录音的内容。结果只有13.3%的孩子写对了内容。也就是说，父母说话的声音越大，孩子的注意力就越难以集中，教育的效果就越差。

低声说话，传递给孩子的是愉悦、平静；大声嚷嚷，让孩子感受到的是压抑、恐惧。教育的本意是爱还是嫌弃，都藏在父母说话的音量里。

有研究发现：处理问题时，不同的声调会收到不同的效果，大人批评孩子用低声调，孩子更容易接受。父母的低声教育，会让孩子有被理解、被接纳之感，孩子更容易接受父母的教导。

《正面管教》中说："最极致的教育就是既不惩罚也不娇纵，在和善坚定的气氛中，把价值观、社会技能、生活技能教给孩子。"

3. 幸福的家庭，人人都有一张好看的脸

案例

杨绛先生小时候，父母对于她未来的教育产生了分歧，面对分歧父母并没有摆脸色，而是决定坐下来进行一场深入的对话。父亲表达了自己的期望，他认为坚实的基础知识和学术训练能为杨绛的未来提供更多的可能性；母亲则分享了自己对女儿全面发展的期望，她希望杨绛能够拥有更加丰富多彩的人生体验。他们彼此倾听，尊重对方的观点，并找到了一个平衡点。让杨绛在保持学术追求的同时，也能接触和尝试不同领域。

杨绛小时候就读于上海最好的女子学校，因为路途遥远，她经常不想去上学。父亲总是耐心地等她闹完，然后再温柔地讲道理。

杨绛在学习上遇到困难，父亲也不会面露凶相地责备她，而是耐心地鼓励她、帮助她找到解决问题的方法。

点评

心理学上有个词，叫"表情暴力"，顾名思义就是，一个人总是摆出一张难看的脸，对沟通对象无疑是一种暴力侵犯。人与人交往沟通中，你用什么表情和态度，对关系影响很大。尤其家人之间，遇到矛盾、分歧的时候，不要总是板着脸、皱着眉与对方说话。看到对方一张充满微笑的脸，再大的气也瞬间消了一半，再大的问题也能心平气和地解决了。幸福的家庭里，人人都有一张好看的脸。这个好看不是唇红齿白、肤白貌美，而是和颜悦色、好声好气。

林语堂说，幸福无非四件事：一是睡在自家床上；二是吃父母做的菜；三是听爱人讲情话；四是跟孩子做游戏。经营好家庭，是每个人一生中最为重要的事业。

家庭兴旺是传承下来的

文/CC

1. 黎明即起，洒扫庭除，要内外整洁

案例

清代著名戏曲创作家李渔，曾在《闲情偶寄》中，花了很多笔墨写洒扫的技巧：然勤扫不如勤洒，人则知之；多洒不如轻扫，人则未知之也。多数文人都不会把心思花在洒扫上，但李渔却不仅将它付诸笔墨，还亲自动手。他的家里不仅要每日打扫，就连办公书桌，他也会收拾得整整齐齐。在他眼里，“一物不齐整，即如目中之刺，必先去之而后已”。正是他对干净生活的极致追求，才让他在一众文人中脱颖而出，成为最懂生活的艺术家。而在李渔的影响下，他们一家人的生活也是精致而有情调，是当时有名的大户人家。

点评

《朱子家训》开篇有言：“清晨起来，要洒扫庭院，扫去昨日之尘，保持整洁的家居环境。”清代文学家刘蓉也说，一屋不扫，何以扫天下。古人之所以如此重视洒扫，是因为他们早就知道，房间干净与否，关系到一个家庭的运势。

《夷坚志》里写道：“高堂素壁，无舒卷之劳；明窗净几，有坐卧之安。”一个家打扫得越亮堂、越整洁，居住起来就越舒适。人舒适了，对生活的热情便跟着提高。即便日子偶有坎坷，也有本事把自己的生活过得有声有色。

2. 子孙虽愚，经书不可不读

案例

钱锺书受家族影响，一生钟情于书，嗜书如命，不仅在文学上取得了瞩目的成就，他的女儿钱瑗，也因为父亲的影响，从小就养成了读书的习惯。钱瑗长大后，成为北京师范大学英语系教授，开创了英语“文体学”，在专业领域颇有造诣。

点评

苏轼在《三槐堂铭》里写道：“忠厚传家久，诗书继世长。”一个家庭能够兴旺，靠的不是钱财的多少，而是家里的书香气。读书为第一等事，读书子弟为第一等人。

作家林清玄说，一个闻得到书香，听得到平静的家庭，能够唤醒人内心的种子；反之，这粒种子会在喧嚣中独自腐烂。

有书香的家庭是一个人最好的成长环境，它能让一个贫苦家庭出身的孩子，实现逆天改命；也能让一个优秀的家族福气经久不衰。正

所谓，诗书传家，继世绵长。你读过的每一本书，都藏着你家未来的模样。

3. 与肩挑贸易，毋占便宜；见穷苦亲邻，须加温恤

案例 1

有一位老农，他种植的玉米年年都能获得当地部门的最佳农作物奖。记者采访时问他有什么种植秘诀？老农笑着回答："把最好的种子，送给你的邻居。当周围的种子都是优质品种，授粉时，你的玉米才能长得又大又好。"

点评

种作物也好，经营家庭也罢，道理都是一样的。自利则生，利他则久。人若一味精明算计，占尽身边人的便宜，早晚有一天会堵死自己的路。遇事为别人着想，看到乡邻穷苦多帮衬一把，有朝一日你家落难了，他们也会鼎力相助。

案例 2

明代盛颙辞官回乡后，在路上恰好碰到几个邻居被差人押送。他上前询问才得知，这些人都是因为欠了自家的钱还不上。盛颙心中惭愧，赶紧让人放了邻居，还招来管家，把账簿和借据当着邻居的面烧掉了。后来，盛颙家遭遇匪徒，全家都被下了蒙汗药。邻居正巧前去看望盛颙，发现异常的邻居逃跑大呼救命，其他邻居纷纷出来，赶跑了匪徒，盛颙一家因此逃过了一劫。

点评

中国人常讲：广结善缘。很多时候，你想要得到什么，就先为别人做点什么。你凡事顾全别人，冥冥之中也是在成全自己。利他是对自己最好的福报。总有一天，你为别人栽种的树，会成为庇护你的参天之木。

4. 居家戒争讼，讼则终凶；处世戒多言，言多必失

案例

经典电视剧《岁月》中的梁致远，是一个被排挤在边缘部门的上班族，领着微薄的薪水度日。他的妻子对此颇有怨言，便一直数落丈夫不上进。梁致远买回来的菜不足称，妻子就说：那些骗子也就喜欢糊弄你这种傻子；梁致远不小心打翻了茶壶，妻子就大骂他是"什么也干不好的窝囊废"。在妻子眼中，

家教语录(11)

父母的生活态度是孩子受教育的一部分。父母的言行不一致，孩子也很难听话。

梁致远是个不合格的丈夫。而在梁致远看来，有妻子在的地方，就是一个修罗场。所以，他宁愿在办公室加班到深夜也不愿意回家。两人之间的感情裂痕也越来越大，本来好好的日子也越过越冷清，甚至闹到了离婚的地步。

点评

老话说：各自责，天清地宁；各相责，天翻地覆。很多家庭之所以衰败，就是因为家庭成员之间小事指责，大事抱怨。

《处世悬镜》里有言：未有戾气结焉，而家不衰败者；未有和气萃焉，而家不吉昌者。意思是说，从来没有家人之间彼此戾气相向，而家族却不衰落的；从来没有家人之间一团和气，而家族却不繁荣昌盛的。可见，家人之间如何相处，决定了一个家庭的气运。常言道，家和万事兴。

马伯庸说：一个家族的传承就像是一件上好的古董，它历经许多人的呵护与打磨，在漫长时光中悄无声息地积淀，慢慢地，这传承也如同古玩一样，会裹着一层幽邃圆熟的包浆，沉静温润，散发着古老的气息。古董有形，传承无质，它看不见，摸不到，却渗到家族每一个后代的骨血中，成为家族成员之间的精神纽带，甚至成为他们的性格乃至命运的一部分。

所以，一个家庭的兴旺是传承下来的。真正有远见的家庭，都懂得：以读书，作为起家之本；以利邻，作为保家之本；以和顺，作为兴家之本。如此经营起来的家庭，既经得起鸡毛蒜皮的消磨，更扛得住大风大浪的侵袭。

忙有五不帮(4)

4. 不帮打破底线的忙

案例

吴勉经营一家汽车用品商行。一天，朋友找他帮忙，想借他公司的POS机用几天，外出收货款。考虑到未知的风险，吴勉心中一阵犹豫。但想到如果拒绝帮忙，担心影响两人的友谊，只好硬着头皮答应了。几天之后，公安机关找到吴勉，调查一桩POS机恶意套现的案件。他这才恍然大悟，后悔不已。

点评

周国平曾说："一切交往都有不可超越的界限。"成年人的社交有所为有所不为，一切帮忙都应适可而止：在法律范围内、在道德准则间、在世道人心里。不要被人情绑架，不要被面子束缚，内心自然清明。

文/hujiao

最好的投资是守家

有人问："接下来几年如何投资，让资产增值？"一位财经人士回答："守家。"守住家庭，就是守住了自己的生活。

1. 守住家庭收入

近几年来，挖空心思赚钱不如提高财商。捂紧钱袋子，守住家庭收入，是每个家庭的必修课。

（1）对钱有概念

打一次车30元，就是一周的公交地铁钱；买两杯奶茶的钱，就可以买一箱牛奶；外出吃一顿火锅的钱，可以买一周的蔬菜水果。你发现了吗？很多时候，我们守不住钱，是因为对钱没有概念。从现在开始，一定要对钱有概念，理性消费，不该花的钱一分也不要花。戒掉面子消费，没意义的饭局少去，不要购买超出自己能力的物品；拒绝盲目跟风，戒掉漏财的坏习惯，少买实用价值不高的物件。

（2）养成储蓄的习惯

很赞同作家连岳说的观点：货币一直在贬值，今年存的100元，明年的购买力可能只有95元。但今年你把100元全花掉，则你明年的购买力只是0元。储蓄是变富的第一步，有了一定的储蓄之后，你才能开始第二步。投资储蓄是富人思维，普通家庭存钱就是存底气。卡里有钱，才能心里不慌，看好钱包，才能守护好一家人幸福安稳的生活。

（3）胆子要小，投资要谨慎

你身边是不是有很多盲目创业，跟风投资，一番折腾，一夜回到从前的例子。工薪阶层创业和乱投资，就是在赌。在未来几年里，经济形势尚不明朗，投资和创业市场可能会变得更加复杂。少折腾，不要借贷，不做大资产配置，求稳定是普通家庭保持幸福的关键。

（4）不要过度教育

有一篇文章写到，月薪3万元的高管妈妈，一个暑假花掉3万元。过度的教育投资，正在掏空你的钱包。放平心态，不要过度投资教育，养出一个健康快乐的孩子，才是一个家庭最大的福报。

2. 守住家庭稳定

一场疾病，一次意外，一次失业，都足以毁掉一个家庭的稳定。但真正让日子人仰马翻的，不是看不见的命运大锤，而是那个不作准备的自己。若没有做好抗风险的准备，就要承担失序带来的剧痛。未来几年，守护家庭的稳定，从四件事做起。

（1）守住健康

一位大学教授，在过去的三年多里，花了大量时间照顾失能的父母。原本的生活遭到切割，被困在了换尿布、擦屎擦尿、洗澡、洗床单、做饭的生活里。因此，只有将家庭成员的健康放在首位，才能尽可能地减少疾病对家庭的侵袭。全家定期体检，防患于未然。规律饮食，规律作息，不透支身体，不消耗健康是一种远见。

（2）保住工作

以前辞职找工作，很快就能找到一份不错的工作。现在，一旦失业可能半年都找不到工作。未来几年，在人工智能和新兴产业的冲击下，竞争加剧，不要轻易辞职，保住工作，就是胜利。如果觉得工作压力大，就努力提高专业技能，补齐短板。尽可能突破自我，打造更稳固的职业护城河。

（3）保持节奏

心理学家陈海贤提出一个“场”的概念。他认为，在不确定的时间和空间里创造“场”，去完成特定的小事，就可以过好当下，给生活带来确定性。简单地说，养成健康的生活习惯，活好当下，就能稳住心态，稳住生活。不任性、不拖延、不纵欲，尽量戒掉破坏生活秩序的坏习惯。读书、运动、存钱，一点点重建良好的生活秩序。

（4）资产配置

国际权威机构在调研全球数十万个资产稳健增长的家庭后，分析总结出他们的家庭理财方式，从而得到家庭资产象限图：要花的钱（短期消费）占比10%；保命的钱（意外重疾保障）占比20%；生钱的钱占比30%；保本升值的钱占比40%。此图被公认为最合理、稳健的家庭资产分配方式。人生多风雨，要想运筹帷幄，需要合理布局。做好家庭资产配置，做好万全的准备，才能从容应对生活的风浪。

3. 守住家庭快乐

吴飞在《浮生取义》中写道：“生命是作为家庭的一部分存在。过日子就是管理家庭，并在管理家庭的过程中安顿自己的生活，只有自己所在的家庭过得好了，一个人才谈得上安顿了自己的生活，也就是过上了好日子。”任何投资都不如投资家庭，家庭给我们带来的是取之不尽的精神财富。我们所有的压力在家庭中消解，我们所有的能量在家庭里补充。走过半生你就会发现，经营好家庭的用心程度，决定了一家人生活的温度。未来几年，好好经营你的家庭，就是在给自己攒最贵的资产。

（1）进家门前，管理好你的表情

你有没有注意到，你回家的表情，决定了一家人的心情。当你带着笑脸回家的时候，一家人都能被你的快乐感染，而当你情绪糟糕的时候，整个家庭的气氛也会变得沉闷压抑起来。从现在起，别把垃圾情绪带回家，别把最坏的情绪留给家人。可以分享你的委屈，但别随意对家人发脾气；可以表达你的焦虑，但别把抱怨挂在嘴边。遇到问题平和地沟通，一家人一条心，所有难题都能迎刃而解。

（2）注重仪式感，给生活加点糖

辛格霍夫在《我们为什么需要仪式》里写道：“在风雨飘摇的时代，仪式令我们有所依傍。仪式帮助我们处理生活中的窘境，唤醒我们心中的美好情感，是心灵的港湾和力量的泉源。”仪式感是我们用心表达爱的具体方式，不必是特殊的日子，在平常的日子里，也可以为家人送上鲜花、新衣服、蛋糕，安排一次全家旅行，拍一拍全家福。人生实苦，仪式感就像生活的调味品一样，可以让苦涩的生活多一丝甜味。

（3）不在小事上消耗家人

为何有些家庭总是陷入负能量的泥潭，仿佛永远都难以摆脱困境？因为有一直在制造内耗的家人，不停地在小事上消耗这个家庭。或者因为一袋垃圾，或者因为一支没从尾部挤的牙膏，一句话、一个动作，轻则引发争吵，重则家庭破碎。

萨提尔说过：“家庭与外界的不同之处是，它充满关怀和理解，是一个人养精蓄锐的场所。”多营造温馨的氛围，少做家人的差评师，多欣赏家人的优点。遇事不指责，小事不计较，大事有商量，才是一个家庭最好的风水。

罗永浩在一次采访中提到一个现象：很多创业的同龄人，家庭不和睦的，后面事业也都出了问题。还有些人赚了一些钱，但婚姻感情一团糟，日子也过得很糟糕。到了一定年纪，你终究懂得，真正决定你生活质量的是家庭，守住家庭才是守住了一切。

家教语录(12)

让孩子感受到父母的态度，不妥协。孩子伤心、难过、不情愿是被允许的，但不能不遵守规则 。

文/猪妈妈

孩子选择逃避的病根

1. 逃避是孩子请的“病假”

案例

在电影《热辣滚烫》中有三个细节揭示了乐莹的成长经历：一是乐莹的童年缺少父母陪伴，她和妹妹乐丹都是跟着姥姥长大，父母对她的爱，并不是一直如此，而是带有补偿性的；二是在这个家庭里，妹妹欺负姐姐是常态，乐莹是家里最“弱”的那个；三是就算唯一的朋友——乐莹的闺密莉莉也背叛了她。

乐莹在家庭、在学校、在各种人际关系中总是“输”，让她潜移默化地认同了“自己是最弱、最差”的事实。身边的人给不了她有力的支持，她也没有能力自己爬出来。乐莹陷入了一种弥漫性的、稳定的、负面的认知模式，为此远离社会，并且一逃避就是10年。

点评

在生活中，很多“逃避”的孩子，不见得都有和乐莹一样的成长经历，但你会发现，他们大都有着同样的成长底色——无助。

家庭支持不够，总处于弱势地位，总得不到正向反馈。总被告诉要怎么做，却从未得到过具体、有效的指导；总被“权力”压制，被灌输要服从才是懂事，才能获得喜爱；道理听着都对，但传达的都是否定，自己做什么都“不行”。当孩子总是收到这样的负面反馈，内在动力没了，就会把心里的“病”表现在躯体上。

父母只有看到“病”的来处，才不会轻易下结论“至于吗”“你就是懒”“你不用功”，也才能理解孩子“逃避”只不过是他为自己请的“病假”。

2. 叛逆是孩子抓错了“药”

案例

在纪录片《镜子》中，家明16岁，本该上高中，却辍学了，因为他想去做流浪歌手、画家、背包客。爸爸是企业的干部，妈妈是企业的员工。两人都是从普通人家的孩子，奋斗到今天才有了稳定的生活。他们不理解家明的想法，把家明的“叛逆”归结为沉迷网络、学坏了。不顾孩子放弃、自残，宁可和孩子反目，也要逼他去上学。仿佛他要是真敢去做什么“流浪歌手”，他这辈子都完蛋了、坏透了。

家明接受采访时痛哭：“我什么事都要听他们的，我永远都不能有自己的想法。”“我有时话都没说完，他们就拒绝了。”“他们总是觉得我不行。”“我恨他们。”其实想去做画家、流浪歌手、背包客都不是他的目标，远离父母的控制才是他的目标。

点评

孩子“可笑”的行为、决定，在当时的“能量”下，已经是进步了。当我们看到这一层，才能理解孩子不是没用，不是不懂事，更不是“无药可救”，他们只是暂时抓错了“药”。要真正好起来，需要做什么？真正对症的“药方”是什么呢？自然不是被盯着“逃避”的各种表象，如不许玩手机、别懒了、好好学习，而是从能量层面去解决。

3. 赢一次，才是对症的“药方”

（1）赢一次是让孩子从“我不行”的惯性思维中解放出来

《逆商》中写道：“无助，本质上是一种做什么都没用的想法，在心里反复内化，从而剥削了主体对事物的掌控感。”如果我们想让孩子走出无助的状态，并不是一个劲地鼓励“你可以”，而是少打击、否定孩子，给孩子支持，让他有更多的机会，去获得“赢”的体验。

（2）“赢一次”是降低预期，从最能得到正反馈的小事做起

《微习惯》的作者斯蒂芬·盖斯是出了名的大懒虫，为了把自己从“肥宅”中解救出来，他从2012年开始，给自己规定，每天做一个俯卧撑，写50个字。就是这样看似什么都实现不了的微目标，让他从轻松开始，收获了无数次“赢”的体验。两年后，他竟意外地拥有了梦想中的体格，写的文章的数量是过去的四倍，读过的书是过去的10倍，完成了他人生的华丽转身。

很多孩子一行动就失败，在于他面对的“期待”过高。父母如果真正想推动孩子，就要允许他先迈最小的步子。

长相年轻的六个习惯（2）

2. 合理作息，保持生活规律

举例

有一位77岁的奶奶叫顺子，她每天5：15起床，晚上8点干完家务，10点睡觉，几十年如一日。有序的生活、高度的自律，让顺子奶奶内心丰盈平静，脸上始终散发着自信、幸福的光芒，越活越年轻。顺子奶奶说：“你的生活方式，决定你的生活品质。”

点评

《黄帝内经》中说：“饮食有节，起居有常。”坚持规律作息，好好睡觉、按时吃饭，才能减缓身体的衰老速度，保持年轻的状态。

规律生活，好好对待自己，就是保持年轻的秘诀。

文/初寂

孩子愤怒时一定有所求

孩子愤怒时，以暴制暴是无用的。静下心来，孩子愤怒背后的情绪值得我们去注意。

1. 孩子愤怒是求救信号

案例 1

一个男孩弄坏了饭店的餐具，妈妈不得不赔偿，因为不满孩子的行为，妈妈训斥了孩子。结果，愤怒的孩子冲上去打了妈妈，还弄坏了妈妈的背包，这下妈妈被彻底激怒了，和孩子扭打了起来。

点评

心理学发现，孩子愤怒的根源是质疑自己没人爱。孩子表面上看起来气势汹汹，内心却十分恐惧和痛苦。正如案例中的男孩，妈妈的训斥让他觉得妈妈不爱他，他很害怕、很难过，不知道如何是好，于是，就愤怒了。他希望通过愤怒，引起妈妈的关注。他的行为是呼唤爱，渴求帮助。可是，妈妈并没有意识到这一点，单纯地认为是孩子任性、欠管教。所以她要收拾孩子，想用暴力把他的愤怒压下去。这么做的后果，她失去了了解和帮助孩子的机会。一个不被允许愤怒的孩子，和一个不懂处理愤怒的母亲，注定难以共建和谐的未来。

案例 2

在一期《育儿大师》中，有个让人头疼的小男孩小花。比如小花和妈妈一起出去买菜，在回来的路上因为又累又无聊，就大哭大闹；再如饭前因为一件小事，就生气地去砸枕头、跑到角落里大哭大闹。原来，小花三岁之前是由爷爷奶奶抚养的，导致小花缺少父母之爱。其实，小花的愤怒就是在试探父母对自己的爱。

点评

著名教育家帕蒂·惠芙乐说：“孩子的怒气通常掩盖着某个可怕的经历，没有哪个孩子的愤怒是突然就有的。”

儿童心理学家鲁道夫·德雷克斯说：“一个行为不当的孩子，是一个丧失信心的孩子。”孩子愤怒的背后是爱和信心的匮乏，如果我们一味排斥孩子的愤怒，就永远不可能看到真相，也不会知道，孩子愤怒时，最需要我们的爱和帮助。

2. 孩子愤怒是保护自己

案例 1

有一个视频，一个男孩砸椅子、掀桌子、丢东西、攻击人，已经完全失控。然而，孩子的妈妈却置身事外，既听不见孩子内心的呼救，也不去安抚孩子，只是冷漠地坐在一旁观望。感受不到爱的男孩越发愤怒，哭得撕心裂肺。

点评

心理学家李雪说："我们睁着眼，却是全盲。"愤怒是一种原始情绪，是为了保护自己而存在。如果父母忽视、压制孩子的愤怒，就会让孩子失去安全感，失去对父母的信任。孩子要么变得越来越暴躁、易怒，不懂控制自己的情绪；要么变得过分乖巧，形成讨好型人格。

案例 2

一个网友说自己小时候花了很长时间折了一罐纸鹤，打算送给外婆当作生日礼物。可是，家里来了个熊孩子非要拿走纸鹤。网友不同意，结果她的妈妈粗暴地抢走了纸鹤，送给了熊孩子。网友瞬间愤怒了，她歇斯底里地哭喊着，冲上去抢她的罐子。结果，她被妈妈拎起来狂揍了一顿，骂她不懂事、小心眼、脾气大。

点评

我们很多人明明爱孩子爱到骨子里，疼孩子疼到心尖上，却唯独忘了去了解孩子的需求和想法。孩子愤怒不可怕，真正可怕的是，孩子向你关闭了心门，从此势单力薄的一个人，身在人群却如孤鹤，独自背着一身的伤痛缓慢前行。

3. 看见孩子是疗愈的开始

案例

在《倾听孩子》一书中，一个单亲妈妈带着两个儿子生活。弟弟过生日时，妈妈给弟弟买了一件曾给哥哥买过的礼物。弟弟收到礼物后愤怒了："你为什么给我买和哥哥一样的礼物？你心里没有我，只有哥哥。"

于是，她说："我不知道你不喜欢它，但我确实想送你一件好的礼物。我爱你，我不想伤害你。在我眼里，你和哥哥都是可爱的，都是完美的。"听到这里，弟弟哭了，然后他和妈妈拥抱在一起。

点评

心理学家李雪说："看见孩子是疗愈的开始。"当孩子愤怒时，我们要把它看成是一种暗示："孩子想要的是什么？"孩子愤怒的背后，一定有所求。然后，我们只需要平静地、温和地给孩子爱和帮助，孩子就能慢慢地平静下来。千万不要给愤怒中的孩子讲道理，更不要斥责、批评他。这只会让孩子觉得，你在意的是对错，并不是他。孩子愤怒时，接纳的效果远比说教的效果大得多。

值得深思的五个教育真相

文/枳为橙

《庆余年》开播以来受到高度关注。看完这部剧，发现其中暗藏着五个教育真相，与每个家庭息息相关，值得我们深思。

1. 关于说话方式

举例

在《庆余年》中，从第一季到第二季，范建对范思辙的成长起到了很大的推动作用。作为范家的二儿子，相比哥哥姐姐，他在才学上较为欠缺，却十分擅长算账，在做生意上颇有天赋。一家人在一起，范建对这个儿子大多数时候只有否定和责备。长期的指责，令范思辙认为，在父亲心中，自己始终是个一事无成的人。

为了能得到父亲的认可，他想做生意赚钱，谁料遭人利用惹出一系列祸端，不得不离开庆国避险，而他也勇敢地承担了后果。看着这份担当，在范闲的劝说下，范建第一次欣慰地开口夸了孩子："你没让我失望，不愧是我的儿子，一路小心，我们等你回家。"也是这份迟来的肯定，让范思辙瞬间泪流满面，并激发了他的斗志，后来在事业上终有所成。

点评

画家竹久梦二说得很对："总是挂在嘴上的人生，就是你的人生。人总是很容易被自己说出口的话所催眠，我多怕你总是挂在嘴上的许多抱怨，将会成为你所有的人生。"家庭教育也是同理。父母总是挂在嘴边的那些对孩子的评价，就是孩子人格养成的过程。孩子很容易被父母口中的话所暗示，久而久之，那些贬低和否定便很有可能变成他们性格的组成部分。

教育路上，记得多一点赞扬和鼓励，少一点批评和贬低，才能为孩子的生命注入更多阳光。

2. 关于修炼心态

举例

在《庆余年》中，柳如玉对儿子范思辙的娇惯，让范思辙在很长一段时间里都像是个"长不大的孩子"。从小到大，不管儿子犯了什么错误，她都会包揽下过失，为儿子辩解，很少会让他独自面对。得知范思辙惹下祸事需要去北齐，她的第一反应就是提出自己要陪着儿子远行，担心他在外不能自理。事实上，离开母亲庇护的范思辙，才获得了真正的成长，人生终于开启了新篇章。

点评

近几年，松弛感这个词已成为很多人追求、向往的生活状态。在家庭教育中，父母若能保持“松弛感”，戒掉过度焦虑，停止一味地内耗，才是促进孩子更好前行的关键。真正厉害的父母，不会因为没有达到期望值折磨孩子，更不会为了达成某个目标消耗自己。与其不放开手，不如放宽心态，从容乐观地应对教育中的每个关卡，不断修炼自己，成为更好的引路人。

3. 关于教育责任

举例

在《庆余年》中，林若甫即将告老回乡，他最放心不下的就是儿子大宝。大宝小时候生了一场病，之后就一直保持着孩童般的心智。即便有着成人的身体，却始终需要家人照顾，一直以来，林若甫都对大宝格外上心。于是临行前，林若甫把大宝叫到身边，一是父子俩最后的告别，二是教单纯的儿子懂得人情世故。

他把人性的善变告诉大宝：“如果别人都不喜欢你了，你就自己跟自己说话，蜷在那，慢慢地活。”他想让大宝明白，人都会变，这个世上，没有人天生应该对你好，但是爹例外。对于这个活得天真的孩子，他还是狠下心讲出了现实的残酷真相，从此以后让儿子独自一人面对世界。

点评

孩子总要高飞，父母不可能永远陪在身边。就像剧中有句台词所说：“人不离开家，就永远不会长大。”为人父母最大的责任，就是帮助孩子展开丰满的羽翼，让孩子拥有对抗挫折的勇气和能力。

很认同郭德纲说过的一句话：“天下爹娘没有不疼孩子的，但是你宠着，外面的人不会惯着，你把孩子管好了，外面的人才不会说他。”最好的教育方式，就是尽心尽责地让孩子认识到世界的全貌，以及自身的不足。该管的时候不心软，该教的时候不松懈，方能陪伴孩子成就更好的未来。

4. 关于家风传承

举例

在《庆余年》中，范闲从小生活在儋州老家，在奶奶的身边长大，耳濡目染学了不少为人处世的道理。回到京都后，他和柳姨娘解除了误会，消除了隔阂，一家人的关系越来越亲近。在处理大事上，大格局的父亲为他领路，关键时刻成为他的依靠，让他始终可以坚守初心、不失底线、无所畏惧地往前走。在遇到危难时，柳姨娘也给了他如亲生母亲般的关心，希望他安然无恙，为他送去不少温暖。

而范家三个兄弟姐妹的感情，也在日渐相处中越来越深厚。作为兄妹，范若若毫无保留地相信兄长，在任何利益面前，都以哥哥为先。作为兄弟，范思辙即便被哥哥误打，在极度愤怒的情况下，仍在外人面前维护哥哥，以自家名声为重。如果说范闲的人生路上有靠山，那范家人绝对是最坚实的那座。

点评

作家冰心曾说："一个美好的家庭，乃是一切幸福和力量的根源。"

父亲处世格局大，孩子自然也会端正自己的三观、拓宽自我的认知，把人生的路走得更宽广。母亲情绪价值大，孩子自然能在前行路上收获满满的能量，有勇气、有胆识地面对所有难题。一个家庭最高级的炫富莫过于：家风代代相传，欢声笑语常伴，日子美满幸福。

5. 关于接纳平凡

举例 1

在《庆余年》中，郭攸之清楚自己的儿子郭保坤是个普通人，不求他有所成就，只要他安然无恙就好。他知道郭保坤生性愚钝，难成世间良将，所以从未过度苛求儿子做出功绩。危难时刻，他也没有怨儿子引火上身，承担下所有后果后，叮嘱儿子学会自保。郭保坤虽然做事笨拙、目光短浅，但是却重情义，十分孝顺父亲，看重家庭。

举例 2

在《我的阿勒泰》里，有一段母女对话让人印象深刻：李文秀在离家打工的日子里，事事不顺，历经了太多坎坷，从而开始怀疑自我价值，对人生感到迷茫。回到家后，她小心翼翼地问母亲："我还算是个有用的人吗？"母亲耐心开解："啥叫有用？李文秀，生下你不是为了让你服务别人的。有人用，便叫有用。没人用，待在草原上自由自在也很好。"

点评

这正是身为父母的必修课：接纳孩子的平凡，允许一切如其所是。孩子在学业上名列前茅，固然可喜可贺；但把平凡的一生过好，同样值得欢喜。对于一个家庭而言，养出一个懂得感恩、人品端正的孩子，才是最大的福气。

家教语录(13)

对孩子做了规则限制，就要允许孩子在情绪上有发泄、有表达。从而表达对孩子情绪的接纳。

普通家庭能给孩子什么

文/半小知

1. 穷谁也不能穷孩子，对吗

案例1

一个妈妈因为给儿子买了一双1299元的鞋和老公发生了争吵。他们夫妻俩每月总收入8000元，除去房贷、养车的费用，一家人每月的生活费不到3000元。为此，爸爸觉得妻子不该不考虑实际情况。可是妈妈却觉得："穷谁也不能穷孩子，买就要买最好的。"

案例2

一对四川父母，每月收入5000元，却将孩子送进了当地最贵的私立幼儿园。为了和其他父母一样，他们借贷20万元，买了一辆轿车接送孩子上放学。这不禁让人惊讶，究竟是在何种心理作用下，父母会选择用借贷的方式，让孩子过上"富二代"的生活？

点评

现代社会资源越来越集中，培养孩子的成本也越来越高，很多普通家庭明明不富有，却省吃俭用给孩子提供优渥的生活；明明很吃力，却要想尽办法为孩子创造舒适富足的生活环境。孩子要什么给什么，甚至不惜花巨款给孩子置办各种名牌，上贵族学校。

实际上，对于普通家庭而言，父母能够给予孩子的最好礼物，不是让孩子泡在蜜罐里，逃避生活的真相。而是尽早让孩子接受家庭条件有限的事实，孩子才能感受到父母的不易，从而懂得奋斗和拼搏的意义。

2. 越轻易得到，越不懂珍惜

案例1

山东一个11岁男孩，暑假里每天都帮爸爸看摊位，从早晨七八点看到晚上十一二点。他无比熟练地为顾客切饼、盛粥。当别人问男孩是否觉得辛苦时，男孩说："没觉得辛苦，再辛苦也没有我爸辛苦。"

案例2

钟朋辰高考后，被北京大学录取。高考一结束，他就陪着做清洁工的妈妈一起打扫卫生。他说："我终于可以安下心，帮妈妈好好干活了。"夏天室外温度高，钟朋辰总是抢着打扫室外，让妈妈待在室内工作。正是因为体会过父母的艰辛和生活的不易，钟朋辰在学习上异常刻苦：每天早晨四点半起床，早餐五分钟，午餐九分钟，晚餐七分钟，就连上厕所，他也捧着书去。因此，他如愿考上北京大学。

点评

在孩子成长的过程中，轻易获得的物质越充裕，孩子的内心越空虚，就越没有拼搏奋斗的动力。相反，如果能尽早向孩子展示生活的真相，引导孩子勤奋和努力，孩子自会成为自我命运的引领者和一个家庭的领跑者。

诗人余光中在《写给未来的你》中写道："不管世界潮流如何变化，人的优秀品质却是永恒的：正直、勇敢、担当、独立。"这句话对家境普通的父母有借鉴意义。

3. 普通家庭能给孩子什么

案例

网上有人问："普通家庭能给孩子什么？"一个网友写道："多炖几锅肉，他踢完球饿得嗷嗷叫的时候，盛上热腾腾的大米饭，就着肉汤夹着肉，又烂糊又黏嘴，一碗接一碗，吃到放下筷子直犯困。多包几顿饺子，让他请同学来家里，一通玩耍后，看着他们往嘴里塞饺子，还比谁吃得多。多鼓励他，让他别跟自己生那么大的气，没人逼他非要怎样；告诉他，更多的时候，情绪是自己跟自己较劲，折腾出来的都是没用的东西。"没有阴影、没有遗憾，自在地成长，是父母能给孩子的最珍贵的礼物。

点评

鲁迅先生说过："父母存在的意义，不是给孩子舒适和富裕的生活，而是当你想到父母时，你的内心就会充满力量，感到温暖，从而拥有克服困难的勇气和能力。"那么，普通家庭能给孩子什么？

（1）安全感

让孩子知道他是被爱和被关心的，他处于一个安全、稳定的环境中，这对孩子的健康成长很重要。

（2）正确的价值观和道德准则

父母可以通过言传身教，帮助孩子树立正确的价值观，这些价值观和道德准则对孩子未来的发展至关重要。

让自己幸福快乐的小习惯(3)

3. 保持乐观

如果你是学生，要保持乐观；即使是高考，也不能决定你一生的命运。如果你是上班族，要保持乐观；即使是重压，也不能阻止你成长。如果你是职业选手，要保持乐观；即使是最后一秒，也可能是你翻盘的机会。如果你觉得自己一无所有，更要保持乐观；因为你会明白，此刻最好的办法，就是让自己变得更好。

（3）学习机会

即使家庭没有财力支持孩子去更好的学校或参加更多的活动，父母仍可以鼓励孩子积极学习、尝试新事物和发现自己的兴趣爱好。

（4）选择权

虽然给不了孩子优渥的物质生活，但是，我们会尊重他作为一个独立个体的自由。孩子可以有对食物的喜好、穿衣风格的喜好、玩具的喜好，也有选择朋友和职业的自由，只要这些在法律和道德要求范围内。

（5）良好的亲子关系

建立亲密且稳固的亲子关系是非常重要的。父母可以通过与孩子一起做事、聊天、旅行等方式增进亲密感。

（6）自信心和独立性

给孩子提供独立思考和行动的机会，帮助他们培养自信心和自尊心，让他们在遇到问题时，敢于尝试独立解决问题。

（7）帮助孩子成为他想成为的人

如果孩子不知道将来如何选择，可以通过身边不同行业的朋友，告诉他某些职业的工作内容和现状，以及如何才能从事这些职业。总的来说，就是帮孩子把目标具体化。只要是孩子想做的事，就力所能及地帮他了解，让他知道该如何做，才能实现。

（8）理解孩子

每个人都不能完全理解另一个人，但要学会站在孩子的角度，尽可能地去理解他。

（9）无条件地爱他

始终不吝啬地表达对孩子的爱，让他知道自己是被爱的。尽力给孩子一个充满爱的氛围，让他知道父母是相爱的。

作为普通父母，可能无法给予孩子丰富的物质生活，但是尽力给孩子营造一个正常、温馨、宽松的家庭环境，给孩子爱和鼓励，让孩子感受积极正面的能量，对孩子而言，这才是他最想要的家。

让自己幸福快乐的小习惯(4)

4. 感恩帮助自己的人

纪伯伦说：“生命的意义，在于人与人的互相照亮。”有时，一句“谢谢”，就可以让双方开心一整天。简单两个字，不仅是出于礼貌，更是对他人伸出援手的肯定。

社会学认为：“在社交关系中，感恩不全是付出，感恩本身就是一种幸福。”世界是有心人的世界；有颗感恩的心，生活才可爱。

育儿是一场修行

文/牧青野

1. 孩子本来就很好

案例

一个妈妈说她儿子从小不爱学习，自律性很差，这让她很长时间都很郁闷。她只能在儿子面前说车轱辘话：“现在不好好学习，就考不上好中学；考不上好中学，就考不上好大学；考不上好大学，就找不到好工作。”希望儿子能明白她的苦口婆心，突然开窍。可是，每次说到最后，都以她的恨铁不成钢和儿子的泪水涟涟结束。

直到有一天，儿子突然对妈妈说：“我最近有了两个突破：我第一次一个人上舞台表演了；我第一次用一小时写完作业了。”她说，那个瞬间，她的心仿佛被电了一下，她突然觉得儿子很可怜。从此，她不再揪着儿子做得不好的地方用放大镜审视，而是尝试去多发现儿子做得好的地方。当她改变了看待孩子的方式，她才发现，曾让她失望透顶的儿子，并没有她想象的那么差。反而是她，一直在忽略、贬低孩子。

点评

每个父母都遇到过这种情况，总觉得孩子身上有一堆毛病，总觉得他做什么都做不好。可是，当父母被孩子“不符合我们的期待”打败，换了新的方式去重新养育孩子后，才发现孩子本来就很好。

《家庭的觉醒》中写道：“孩子只有在感受到实实在在地被看见和被肯定时，才能树立坚定的自我认知。”没有“差”孩子，只是心有期待的父母仅仅看到了那么一点“差”而已。

2. 育儿是一场修行

案例1

一个妈妈说自己是武汉大学的硕士，老公是复旦大学的博士，两个人都是重点高中的老师，带出了一拨拨考上清华大学、北京大学的学生。结果，自己的孩子数学40分，语文30分。别人家里都是“喜瓜”，只有自己家里结了一个大“苦瓜”。

案例2

一个妈妈的感触：“很多父母最大的痛苦就是，想指导孩子吧，又没有科学的方法；想花钱请人指导孩子吧，经济条件又不允许。找不到方法，又给不了经济支持，最后，只好把恼恨自己的怒火发泄到孩子身上，埋怨他，自己都为他付出了这么多，为什么他还是不优秀、不努力呢？”

点评

其实，父母都知道"要欣赏孩子本来的样子，要认可孩子真实的自我"，也告诉自己，为人父母是一场修行。但这种释然的状态，只存在于"刚骂完孩子""看到别人家的孩子比自己的孩子更差，觉得自己的孩子还行""孩子睡着了、孩子不在眼前"的时候。只要孩子没睡觉、在眼前，父母就又要管孩子了，大约又会重新间歇性地崩溃，持续性地郁闷了。

印度心理学家莎法丽·萨巴瑞说："养育孩子意味着向一种新的步调妥协。"孩子会考验和挑战我们的耐心，如果遇到这种情况，告诉自己，孩子有自己该走的路，有自己要过的人生。

3. 孩子是来"渡"你的

案例

有一个视频，一个女孩朝着学校走去，她的妈妈说："她又带着空空的脑袋去装知识了。我很喜欢她这种被知识划过大脑，又不留痕迹的感觉。"评论区纷纷调侃起来："我女儿的眼里，也有没被知识污染的清澈。""我儿子说，知识太黏稠，灌不进大脑。""我的孩子最厉害，对知识刀枪不入。"用词诙谐，语句幽默，辛酸中带着一丝无奈，无奈中藏着一点认命。

点评

俞敏洪老师说他儿子从小爱玩，直到上了大学，才意识到了学习的重要性，并开始努力学习。他说："孩子的自我醒悟、自我成长比什么都重要。"这一点我深有感触，作为一名老师，我观察到那些优秀的孩子，很少有被父母推着往前走的。

有人说："你的孩子是来'渡'你的，你也在'渡'你的孩子。"这句话的意思是：孩子是为了帮助父母的成长而来。在这个过程中，父母和孩子相互影响。孩子通过他的行为，引发父母对自己的反思和对人生的重新认识。反过来，父母也通过自己的反应和态度，影响孩子的发展。这是一个双方都需要学习和成长的过程，旨在共同提高生活质量。在这个过程中，父母首先要照顾好自己，提升自我认知和处理问题的能力，这样才能更好地引导和支持孩子的成长。

不愿意成长和改变的父母，"渡"不动孩子，也"渡"不了自己，只能和孩子一起痛苦、一起挣扎。所有的养育，最终都是一场轮回。我们一直都在和孩子相互成就，相互成长。你托举他去往更好的远方，他托举你找到更好的自己。

文/盛夏

警惕三种见效快的教育

《正面管教》中写道：一种教育方法对不对，就看它是否长期有效。5岁的孩子吼他一句，就能见效；10岁以后呢？10岁的孩子大概打他一顿，才能管两天；可15岁以后呢？父母于孩子的确有很多制衡且见效快的方法，但往往见效越快，伤害越大。教育是生命的滋养，不是百米冲刺的赛跑。为人父母要警惕以下三种“见效快”的教育方式，在现实生活中，很多父母都在用。

1. 孩子不听话，打一顿就好了

案例1

在电视剧《你好检察官》中，有个男孩叫李铭起，家境优渥，却联合其他同学，对同学王朝元进行欺凌，最终将其逼向绝境。李铭起的父亲是一个企业家，雷厉风行的性格，在教育孩子上也讲究速战速决，他对孩子不是吼，就是打。欺凌事件发生后，律师找李铭起了解情况，李铭起说，从小到大我都没有听他好好说过一句话，如果可以选择，我宁愿待在监狱里，也不愿意待在家里让父亲打。

点评

《父母的觉醒》中写道：“每个孩子都有成为优秀人的潜质，只是父母日常不同的教育方式，赋予了孩子不一样的人生。”暴力教育传递给孩子的，除了沿袭一生的恐惧、不安外，还有处理问题的方式。父亲每次落下的巴掌，无异于告诉孩子：打一顿是最有效的方式。

案例2

有一个针对800个孩子进行的问卷调查，题为“当父母打你的时候，你心里想的是什么”？有三个选项：一是改，二是怕，三是恨。结果，40%选择了“怕”，60%选择了“恨”，选择“改”的为零。

点评

被打的孩子，从来都认识不到自己的问题。不可否认，当身体和力量均占上风的成年人采取打骂的

20个“反内卷”的经验(7)

13. 精神和身体出了问题，就要去治。这是那个“没被发现的自己”在求救：你需要多一点疗愈的时间。

14. 如果有一天你被迫想到要放弃，写下三个你信任的人的名字，然后跟他们聊聊，聊完再决定是否放弃。

方式教育孩子时，几乎都可以达到让孩子不战而屈的效果。然而，孩子不是敌人，教育也不是战场。用悬殊的力量让孩子屈服，这不是教育，而是驯服。

2. 他还是个孩子，长大就好了

案例 1

武志红老师分享了一个案例：三岁时，皮鲁弄丢了一块糖，那是阿姨送的，家中并没有。他开始撒泼打滚，一直大叫："我要！我要！"为了安抚他，妈妈不得不厚着脸皮去找阿姨，要回一块一模一样的糖。长大了，皮鲁喜欢上了一个女孩，可是那个女孩看不上他。他不惜自残，并绝食抗议，嘴里依然大叫："我就要那个女孩，我就要！"而这一次父母却无法再满足皮鲁的要求了。

点评

如果说，"打骂孩子"是家庭教育中一味烈性的"特效药"，那么，"一味地满足孩子"则是一味"见效快"的"慢性毒药"。看似快速地处理了亲子冲突，却忽略了教育的长期有效性。该管教时不管教，该说"不"时不说"不"，这种"偷懒式"的教育，迟早会变成孩子成长路上的绊脚石。

案例 2

还记得那个刺伤母亲的汪佳晶吗？小时候，他不想上学父母依他，长大了他要出国留学父母也支持他。他挥霍无度，不停地向母亲要钱，没有稳定收入的母亲，无法满足他的需求，而早已被欲望填满的他也看不到母亲的艰辛，生存的不易，最后，不仅伤了母亲的心，弑母的标签也将跟随他一辈子。

点评

作家郝景芳曾说："每个小孩成长的过程，都是从一只小兽逐渐成人的过程。"父母一味地满足顺从，无疑是在喂养孩子的兽性，并挤占"人性"的成长空间。

心理学家皮亚杰指出："6～8岁孩子便进入他律阶段，开始接受外部规则；12～14岁孩子开始在权威关系中争取平等和互惠，并在规则中不断思考、探究、推理，建立自我认知和身份认同。"一味满足的教育，无异于考试作弊的孩子，有得分，无实效。教育孩子时，爱与规矩并存，方能长效。

3. 再不听话，我就不要你了

案例 1

有一条视频：一个妈妈"威胁"孩子，再考不好，就不要管她叫妈。

没想到，孩子想都不想，直接回答："好的，大娘！"并以陌生人的身份问妈妈："你到几楼?"

案例 2

还有一个小孩，更是令人哭笑不得：孩子吃饭调皮，妈妈拿出衣架"威胁"，不好好吃饭，就要挨打。没想到，孩子竟然主动伸头，让妈妈"朝这打"。

点评

特别庆幸，孩子年龄幼小，却心灵聪颖，能够很快看出父母的"套路"。然而，当父母长期将"威胁"的语言、行动贯穿教育的始终时，孩子的智力发展就可能会受到阻碍。

案例 3

在日常生活中，经常听到父母用这样的话语管教孩子："数到三，再不过来，就别想吃饭。""再乱跑，警察叔叔就会抓你。""不睡觉，大灰狼就会吃了你。"更有甚者，将孩子推到门外，以示"不要你了"。类似的话语，可以吓到5岁的孩子，但能吓到15岁的孩子吗?

点评

《我们内心的冲突》一书中指出："人产生恐惧后，心理会失衡，即使这种恐惧得到缓解，其产生的影响却不能消除，只能被隐藏在潜意识中。"威胁、恐吓的确能快速解除亲子冲突，却也在无形中破坏了孩子的安全感。它更像一种软暴力，伤害了孩子，父母却不知，用孩子一生的安全感，换取了孩子暂时的"乖巧听话"。

教好一个孩子不容易。但是，有问题的孩子背后，往往藏着有问题的父母。孩子犯错、行为有偏差、与父母产生冲突，父母需要做的是用时间和爱，让孩子认识到自己的问题并做出改变。而打骂、顺从和威胁，从始至终，都是狭隘的"亲子之爱"。

畅销书《正面管教》的作者简·尼尔森指出："判断一个教育方法是否有效，最重要的是看四件事。第一件，你是不是做到了和善而坚定；第二件，你有没有给孩子带来归属感和价值感；第三件，你的教育方法是否长期有效；第四件，孩子是否具备有价值的社会和生活技能以及良好的品格。"教育不是一剂猛药，一用就见效。俗话说：十年树木，百年树人。孩子的成长是一个漫长的过程，教育更是一场需要耐力和耐心的持久战，父母只有放平心态，用心浇灌，孩子才能向下扎根，向阳而生，枝繁叶茂。

让孩子怕你不是教育

文/muye

1. 在恐惧中长大的孩子没有安全感

案例1

男孩经常患肺炎，他说他知道自己患病的原因——6岁那年他误吞了一个哨子。他的父母很强势，隔三岔五就批评他，而且不允许他反抗，因为害怕父母责备，误吞了哨子这件事，他和谁都没说。即便出了问题，他也没说。直到有一次，医生在他的支气管中发现了哨子，这件事才被翻了出来。

案例2

奥地利作家卡夫卡一生自卑，这与他的父亲有关。卡夫卡在《致父亲》中写道："你的叫喊声、你涨得通红的脸、你急匆匆解下皮带要打人的样子，让我觉得像被执行了绞刑，无比折磨人。"因为害怕，卡夫卡变得抑郁、自卑。他三次订婚，三次退婚，终生未娶。他终生缺乏自信，去世前拜托朋友焚烧了他呕心沥血完成的所有作品。

点评

长期在恐惧中长大的孩子胆小自卑，没有安全感。心理学上有个词叫"原生自卑"。在原生家庭中，父母长期否定和打击孩子，甚至实施暴力，会让孩子产生自卑感。孩子会降低自尊，换取安全感；会伪装听话的样子，压抑自己的意志，以讨好父母。这样的孩子长大之后，自我评价低，而且陷入自卑难以自拔。

2. 孩子被霸凌，根源在父母身上

案例1

一个男孩在学校经常被人欺负，病根出在孩子的父母身上：孩子的父母一直奉行棍棒教育，经常打骂孩子。男孩和别人发生冲突，父母总是二话不说就揍他一顿。开始男孩还会奋起反抗，但久而久之，他害怕了，无论别人是对还是错，他都会唯命是从。

案例2

一个13岁女孩，母亲经常笑话她长得胖，讽刺她的成绩不好。慢慢地女孩变得越来越自卑，她怀疑自己的个人价值。在学校里，她成为被霸凌的对象，她觉得自己很差，谁都不会喜欢她。

点评

被父母欺负的孩子，更容易被别人欺负。而被父母信任、爱护的孩子，别人不敢欺负。所以，一定要允许孩子顶嘴，甚至制造机会让孩子顶嘴，给孩子挑战权威的机会。孩子在你面前不敢顶嘴，你骂他的时候，他不敢为自己辩解，你打他的时候，他不敢动一下。那么，他走出家门，也是唯唯诺诺，即使被别人欺负也不敢反抗。

3. 被平等对待的孩子更自信

案例

作家汪曾祺说："一个充满人情味的家庭是'没大没小'的。父母叫人敬畏，儿女'笔管条直'最没有意思。"在家中，女儿都昵称他为"老头"，他从不生气，反而开怀大笑。在女儿眼里，父亲是地地道道的慈父，从不对孩子发脾气，和孩子完全平等。女儿无论遇到什么样的困难，心中有多少不快，都会第一时间与父亲分享。

点评

教育家张锦庭说："父母要实施'民主型教育'，和孩子进行平等对话。不要滥用父母的权威，民主地对待孩子，被平等对待的孩子往往充满自信、积极乐观。"孩子愿意投入父母的怀抱，亲切地打闹、互怼、调侃，这是父母教育成功的体现。孩子的行为和语言从不骗人，他们有多爱你，就会有多愿意靠近你。父母想要得到这种爱的回应，就要放下居高临下的姿态，和孩子平等地交流。作为父母，让孩子怕你不是本事，让孩子爱你才是。

4. 父母放下架子，和孩子平等交流

案例

一个网友分享，他和父亲的关系，有点类似于《人世间》中的周秉昆父子，每次聊天，都以关心开始，以争执不休结束。有一次，他们意见分歧，开始还能心平气和地讨论，没一会父亲就激动起来，训斥他不懂社会、目光短浅、自私自利。网友说，自己能够理解父亲的出发点是好的，只是不会表达感情，也放不下家长的架子。天长日久，他和父亲的关系变得越来越微妙，独处时甚至有些尴尬，不知道说什么。后来，两人都想改善这种局面，但收效甚微。

点评

王人平老师说："是靠赢得孩子，让孩子尊敬和追随，还是靠赢了孩子，让孩子屈服和听从？不同的信念、价值观和教育方式，构成不同的亲子关系，并教育出完全不同的孩子。"孩子需要的是平视教育，不是高高在上的霸权教育。父母放下架子，和孩子平等交流，让孩子感受到被尊重，他就乐意接受你的教育。

预防校园霸凌从父母做起

文/尹建莉

1. 霸凌的成因

儿童心理学早就告诉我们，未成年人的行为模式，是通过模仿他人，尤其是向身边人习得的。这句话非常简单，却是心理学中的一个重要结论。霸凌不是凭空发生的，带着邪恶出生的人几乎不存在，因为那不符合基因的选择性表达。霸凌是后天习得的一种行为。

如果一个孩子的原生家庭是正常的，至少有一个人能无条件地爱孩子，那么孩子的心理就不会被扭曲或压制，进入校园后，他既不会去欺负别人，也不会被别人欺负，因为人性的自然取向是与他人和环境相融合，这是出于生命自我保护的需要。

而在一个经常遭遇惩罚、缺爱的环境中，儿童会扭曲天性。扭曲是出于自我保护的需求，霸凌就是这种需求的延伸。所以，校园霸凌虽是发生在学生之间，但根源却在父母和教师身上。

成年人对孩子的粗暴，是孩子人生遭遇的第一场霸凌。批评、打骂、冷漠、强迫，所有这些违背儿童意愿，并给他们带来恐惧和羞辱的行为，都具有霸凌的性质，给儿童做了坏榜样，也激起了他内心的恨意，既恨别人也恨自己。

内在的恨意满满，从小只见识过恃强凌弱的坏榜样，没有机会学习平等与友善，这样的孩子遇到一起，有的成了专爱欺负别人的小霸王，有的成了被欺负的受气包，霸凌就这样形成了。外人看到的是他们截然相反的表现，其实问题的成因都差不多。

2. 解决方案应该是预防

霸凌问题一直有，近年来更呈现增加且严重的趋势。每次媒体报道未成年人霸凌事件，总是引发公众愤慨，大家不但呼吁法律的严惩，同时还呼吁把惩戒权还给教师，甚至支持父母棍棒教育。还有一些专家说，要降低未成年人的入刑年龄，

家教语录(14)

如果只考虑孩子的安全或卫生，总是说“不行，不可以”，很难培养孩子的生存能力。要以豁达一点的心态守护孩子，毕竟体验能培养洞察事物的过程和整体的能力，虽然有些危险，但家长还是要克制一下保护欲，从而培养孩子的自主性和自立心。

把现有的入刑年龄再往前提几岁。

触犯法律的霸凌事件用法律解决，这没有问题，既可以震慑霸凌者，也能替被霸凌者主持公道。但法律再有效，已经是在终端上做文章了，属于末梢解决方案，并不能真正疗愈这些未成年人的心理创伤，他们极有可能会成为未来社会的隐患。

对于未触犯法律的霸凌案件，应该追究当事人的责任，施害者及其监护人必须向受害人及其家庭道歉并进行相应赔偿。对于触犯法律的，要交由法律机关制裁，施害者个人及其监护人都应该承担相应的刑事责任及经济赔偿。

但更重要的是要预防，校园霸凌涉及的多半是未成年人，他们不成熟，因此做事无所顾忌，而法律上的未成年人特殊保护时段，让人们意难平，于是在现有的法律规定上加大惩罚力度成为一边倒的呼吁。法律法规的制定本就是件严肃的事，修改同样是件严肃的事，无法轻易言改。并且法律只能惩戒霸凌，无法根治霸凌。因此，预防是最根本、最有力的解决方案。

3. 解决办法就是给孩子爱

预防行动其实非常简单，就是给孩子爱。一方面让孩子感受到爱，另一方面给孩子做善良有爱的榜样。父母如果在家庭里不对孩子动粗，不欺负孩子，孩子就不会去欺负别人，也不会被别人欺负。

教师如果不以职业之便伤害学生，而是尊重学生，给学生做出好榜样，在原生家庭受伤的孩子也会在学校得到心理疗愈，就不会发生同学间的相互伤害。

我们应该确立一个信念，孩子没有任何问题，或者他的任何问题都不需要经由惩罚来纠正。惩罚儿童是反教育、反智、反人类的行为，正是种种惩罚把儿童推向了邪恶和堕落。教育是比惩罚更有效的纠错手段，也是唯一正确的手段。

我们不能把惩罚和教育合起来，创造“惩戒教育”这个说法，这是个假概念，因为这两者水火不容。“惩戒教育”并不是教育。

事实上，很多社会问题，都是霸凌意识的延续和后果，只是时间

家教语录(15)

孩子通过帮忙来思考，这是成长过程必须掌握的能力。试着从简单的事情开始，让他送餐具、擦桌子，也可以一起做饭。关注孩子的行动并适当鼓励。孩子通过发挥自己的能力，体会责任感和成就感。

的长跨度和根源的隐蔽性使人们无法看清楚这一点。只有看清楚问题的根源，才可能有效解决问题。

要解决霸凌问题，最大化地减少此类恶性事件的发生，必须回到源头，回到家庭。家庭是最小的教育单位，是构成大教育的细胞。父母爱孩子，孩子内心有温度，眼里有光，才既不会霸凌同学也不会被霸凌，并成年后不会欺负弱小者。

学校是连接家庭和社会的桥梁，教师的职业底线是帮助学生在学业上成长，对学生有基本的关怀，不以任何理由欺负任何学生。在这个底线之上，如果教师能用心去爱每个学生，关注学生所遇到的种种困难并对他们有所帮助，激发他们内在的善意和正向力量，则霸凌就不会形成。

河北邯郸三名初中生，联手杀害同班同学的惨案，牵动了很多人的心。案件相关细节，大家都有所了解。三名初中生当然应该受到相应的惩处，但围绕他们的不合格的父母、不称职的教师更应该受到谴责。父母如果对孩子有正常的关心和关爱，孩子们就不会这样；教师如果能稍微留点心，发现问题及时对孩子们进行教育，至少做个有爱的榜样，也不会发生这样的事。父母和教师都渎职了，生产出了伤害别人的劣质产品，难辞其咎。

总之，预防霸凌的发生，减少未成年人犯罪，应从父母不霸凌孩子、教师不霸凌学生开始。消灭成年人对儿童的霸凌，这是解决此类问题最有效的办法。

事有三不管（2）

2. 不管家事

案例

三国时期，刘备到荆州投奔刘表。刘表因为宠爱蔡夫人，便想废长立幼，让次子继承江山，但又碍于礼法，不知如何执行，于是便向刘备请教。刘备听后，当场反驳说这是逆行倒施的行为。不仅如此，他还劝说刘表不要溺爱次子，建议他逐步削弱次子生母蔡夫人娘家的势力。蔡夫人得知消息后，极其怨恨刘备，于是派人在刘备的住所墙壁上写下谋反的诗词。刘备因为此事，差点含冤丧命，幸好后来解除了误会，才得以逃生。事后，刘备为自己人前失言、干预他人家事而后悔不已。

点评

俗话说：清官难断家务事。一个成熟的人，应当知道每个家庭都有各自的幸福和烦恼，外人根本无法看透内在本质。如果贸然介入他人家事，很容易自找麻烦、引火烧身。

《抓娃娃》是在否定什么

文/明珠絮语

一

在电影《抓娃娃》中，超级大富翁马成钢因为大儿子被养废了，花了一笔钱让他去了国外，对其不再抱任何期望。

马成钢的小儿子还小，但已经有了被养废了的苗头。趁孩子还小，马成钢决定将教育的重心放在小儿子身上，为其取名继业，着力培养其成为合格的接班人。他不惜花重金，给小儿子构建了一个和自己小时候一样贫穷的成长环境。

于是，年幼的马继业每天都要照顾卧病的奶奶，还要担心家里的开支。然而，他不知道的是，贫穷背后有一支由教育专家、保镖、厨师组成的团队，他们注视着马继业的一举一动，为他暗暗规划了一切。最终，马继业发现了这个秘密，失望而愤怒的他选择了反抗，马成钢的教育计划以失败告终。

二

有人说，影片是在否定和批判当下唯分数论的教育方式，但这失之偏颇。如果马继业家的贫穷不是装出来的，那么马继业的成长之路大概也是影片中的样子：有良好的道德品质、极强的抗压能力、优秀的身体素质，以及优异的学习成绩。

马继业有两次机会，一是他每天跑步上学，具有奔跑的能力，被体校教练看中，想让他走专业运动员之路；二是高考，他最终的高考成绩是705分，足以考上清华大学、北京大学。对于贫困家庭的孩子而言，这是励志的典型，是寒门子弟的模板。

三

马成钢的问题所在：他的家庭不贫穷，却人为地创造了一个贫穷的环境，让孩子经历了本不必经历的磨难。这样的人生设计，不但让马继业难以接受，也给他的人生涂上了难以抹去的阴影。所以，马继业选择了对抗。即使考了高分，也没有选择父母期望的清华大学、北京大学，而是报了体育大学，弥补了当初父母不让他做运动员的遗憾。贫穷没错，富裕也没错，马成钢的错误在于，他给了孩子一个虚假的世界。在他的教育下，马继业拥有诸多美德，但想要拥有这些美德，并不是非要靠贫穷才能实现。

文/张惠姗

孩子没变坏 只是撑不住了

1. 别忘了，他还是个孩子

案例1

小米8岁就住校了，开学以来，她每天都在哭。老师说，她夜里也不睡觉，跑到操场上待着，问她为什么跑出来，她说她想哭，但又怕吵到别人，所以才出来。小米之前成绩很好，自从住校后，成绩就下降了。周末一回家，她就追问妈妈自己能不能回家住？妈妈马上回答"不能，你要学会独立"。在小米妈妈看来，孩子在长大，就要学着独立，现在不独立，更待何时啊。老师提醒小米妈妈，小米还是个孩子啊，可是在小米妈妈的眼里，孩子是"有问题""不独立""不省心"的。殊不知，孩子是在强撑。

案例2

小勇曾经是个"小暖男"，懂得体贴和照顾妈妈。然而，上初中后，小勇一下子变了。他厌学、发脾气、跟妈妈争吵，跟妈妈争吵后还离家出走。原来，小勇的父母关系不好，父母每次吵架后，爸爸都会夺门而去，留下崩溃的妈妈和瑟瑟发抖的小勇。妈妈说："为了给你一个完整的家，我只能忍受，我是为了你。"小勇一直像个小大人似的照顾着妈妈的情绪。然而，他只是个孩子，小暖男的外表下，是岌岌可危的压抑。当他长大后，某天就爆发了。所以，假如孩子表现得叛逆、情绪失控，很可能不是孩子"变坏了"，而是他撑不住了。

点评

其实，很多父母只爱孩子的一部分。比如，孩子是开心的、甜蜜的、听话的、干净整洁的、成绩优秀的，那他就是可爱的好孩子；比如，孩子是脆弱的、愤怒的、害怕的、退缩的、抑郁或叛逆的，那他就是有问题的，是无法接受的。然而，很多时候，你眼中孩子的"问题"，往往不是真正的问题，不过是孤军奋战的小孩，在向我们求助……

2. 父母该怎么办

案例

有一个真实案例：一个妈妈想训练孩子独立入睡的能力，把三个月的小婴儿放在一张小床上，期待他早早学会独立入睡。结果，在小婴儿翻身的过程中，脚卡在了栏杆里，因为无法翻回来，最后，窒息而亡。

点评

独立不是训练出来的，坚强、懂事、优秀也不是被提前“揠苗助长”的。如果孩子每一次饿了、渴了，哭破喉咙都得不到回应；如果孩子每一次有需求，怎么要求都没人理会；如果孩子每一次有负面情绪，怎么表达都不被允许，那么，如此多次之后，孩子也许不再哭了，知道自己的事自己做，知道要努力。但这些的背后是恐惧、煎熬、无助，是被环境提前催化的，是假性的独立、坚强、懂事。而“假性独立”的孩子，就像一个表面强硬、内里空虚的壳，他是无法远行的。

指导

（1）我们担心的是什么

是因为我们小时候此方面有缺失，或者我们也被父母这样要求过。所以，我们沿袭了自己在意的方面，急着让孩子去做好。

（2）看到自己的焦虑

把自己的焦虑与孩子区分开，看到自己的期待，也要明白孩子不需要去承接我们的期待。

（3）学会跟自己相处

情感满足需要你自己去填补。学会跟自己相处，不需要孩子照顾你的情感。

（4）信任孩子

接受孩子的成长是一个缓慢的过程。自我控制能力要在爱的支持下才能发展出来。孩子注定会不断地犯错，然后再通过犯错成长。给孩子理解、接纳的环境，孩子才能不断成长，才能真正强大。有句话说得好：鸡蛋由外破壳是创伤，鸡蛋由内破壳是生命。当孩子真的需要时，父母能够提供帮助，保证孩子不会因为过早破壳而遭遇不必要的摧折。当爱和陪伴够了，到了适当的时候，孩子自然就能由内破壳而出，这才是孩子内在的生命力。

人生是一个升级的过程，其间要越过很多挡路石，累积力量。孩子的成长需要的是时间、等待和支持，唯有这样，他们才能在成长的路上，成为自己的大英雄。

20个“反内卷”的经验（8）

15. 多与“附近的人”产生交集。比如，向摊贩买菜，去社区咖啡店坐坐，到楼下买束花，关心你所在城市和街道的故事。有时候，让你脱离焦虑的，是身边的陌生人。

16. 真的累了，就跳槽吧。在这个世界上，的确存在一些不必疯狂加班的工作。

文/真心爸妈

孩子的房门到底该不该关

1. 一扇敏感的门

孩子到了青春期，当他待在自己的房间时，可不可以关门？对有些父母而言，这是无所谓的事，孩子想关就关，不想关就不关；而对有些父母而言，这是很值得在意的事，他们不希望孩子关门，甚至见到孩子关门时，还要求孩子打开，因为这些父母觉得，那扇门一旦关上，就意味着孩子和父母之间出现了隔阂，有些东西在他们看不到的地方会失控，这让他们很不舒服。

家教语录（16）

别误解无法平静的孩子。有时候孩子好动，容易被说成是不稳重、多动症。孩子为什么好动，而且安静不下来？一是想给自己的肌肉和关节注入某种感觉，就像饿了要吃饭，困了要睡觉。想注入某种感觉，不动就无法平静。二是孩子感受到自己的身体要倾斜，就会通过各种活动，比如蹦蹦跳跳、晃晃悠悠、扭动扭动维持平衡，填补自己失衡的感觉。

总之，不安静的孩子，并不是故意不听话，不要随意批评、吼骂不听话的孩子。

2. 一种管理方式

我们有两个青春期男孩，我们是那种关不关门都无所谓的父母，但一直奉行一些并未明言的原则。

（1）学龄前是安全原则

两个孩子一岁半以后就和大人分房睡了，各自有自己的房间，但是学龄前阶段，我们要求孩子自己在房间里玩时不可以关门，更不可以反锁房门，父母可以随时看看他们有没有做不安全的举动，如玩电门、爬书架、开关窗户。

（2）小学阶段是自由原则

孩子可以关门，想关就关，不想关就不关，但仍旧不可以反锁房门，以方便父母做家务时可以随时进入孩子的房间。父母有时是收脏衣服，有时是打扫房间，但都是各干各的，不会特意去窥探孩子在做什么。

（3）中学阶段是自由加隐私原则

房门依旧是想关就关，不想关就不关，而且反锁门也没关系。据我们观察，两个孩子迄今为止都没有反锁过房门，因为在他们的门关得比较严实时，我们通常都会先敲门再进去。仍旧是为做家务，依旧是做完事就走，不看孩子在做什么。除了整理衣柜，不经孩子许可，不会翻他们的任何东西。

(4) 大人对孩子是“不关门原则”

我们的卧室在房子的最深处，从孩子小的时候起，为了方便他们有事找父母，我们都不会关门。有时临时关上，之后也会打开。这个习惯一直保留到现在，没有带来任何不便。坚持这个做法，我们是希望向孩子表示，除了父母的私密生活，父母的空间是向孩子开放的，他们可以随时找到父母，寻求支持和帮助。

因为多年来建立了彼此不打扰的习惯，这种开放并没有让我们觉得有任何被入侵的感觉，就像我们不入侵孩子的空间一样，孩子也不入侵我们的空间。

3. 亲子关系的尺度

在很多家庭中，因为住房面积和结构的原因，家人之间的空间尺度并不大，甚至一套过百平方米的房子，也会把两个房间设计成对门，中间只隔一米宽的走廊，只要多迈两步，就能从一个房间进入另一个房间。在这种状态下，如果不允许青春期的孩子关门，那种随时被入侵、被窥伺的不安全感，真的会让孩子不舒服。

这种状态也会影响亲子关系，父母希望孩子对父母全面开放，这样父母就可以随时掌控孩子的生活。但如果孩子不希望被无条件地掌控，孩子就会反抗，然后大家就会一起陷入“青春期叛逆”的纠缠中，一方拼命控制，一方拼命逃离。

所以，对于青春期孩子是否可以关门，我们的建议是：只要住房条件允许，父母就要让一天天长大的孩子，有一扇想关就关、不想关就不关的门；进青春期孩子的房间要敲门。

有了亲子关系的尺度，哪怕只给孩子一个5平方米的小房间、一张单人小床、一方狭窄的书桌，也可以让孩子从容安放他的整个天地。

家教语录(17)

自己的事情自己做，会让孩子变弱。当孩子遇到困难，父母不向孩子伸出援助之手，不给予帮助，孩子只会习惯于“孤独状态”。这样的孩子会变得不敢信任别人，不敢寻求别人的帮助。他会产生“即使哭泣也会被抛弃”“没人能帮助自己”的想法。

如果孩子表示需要帮助，父母要积极帮助孩子：一是带着孩子一起总结失败的原因；二是引导思考解决问题的方法；三是提出解决意见，询问孩子是否愿意尝试父母的意见，如果成功要及时鼓励孩子。

文/兰心

孩子不是叛逆而是在求救

很多父母提起青春期就色变。前一秒好好的孩子，突然暴怒、摔东西，把自己关在屋里，和谁都不交流。其实，这不是孩子叛逆，而是他发出的求救信号。

1. 寻求权力和关注

脾气暴躁，谁说吼谁，像个刺头，这种行为是孩子通过向外攻击表达情绪。

（1）寻求权力

案例

《百家谈》创始人王占郡分享：一次，父女俩一起乘车出门，女儿要喝咖啡，他随口提醒女儿小心开盖子，别洒到座位上。结果，女儿瞬间暴怒："我用你说吗？本来就要开了，你非得说说说，我现在是开还是不开？"

点评

青春期是孩子夺权的高峰期。有时你的正常关心，也会被孩子误解为命令。你稍加干涉，就容易引火上身，让孩子觉得，他什么都决定不了。面对孩子的权利需求，父母一定要树立边界，明确哪些事情可以伸出援手，哪些事情必须放手交给孩子。

（2）寻求关注

案例

上高中时，班里有个独来独往的学霸。一次，我在门口撞见学霸和他的妈妈。我听见他的妈妈问他："期中成绩出来了吧？我看英语又拉分了，一会我让你爸再给你买几套练习题，你一会吃完饭就去老师家补课吧。"只见学霸把书包摔在地上大声喊道："你就知道成绩，我发烧了，快死了你知道吗？"原来，他并不是高冷，而是情绪一直被压抑，很少爆发而已。

点评

心理学家丽莎·达穆尔说："孩子的安全感来源于父母的情绪价值。当得不到满足时，孩子就会通过叛逆变相索取。"得不到父母情绪关注的孩子，安全感很低。他们只能通过发脾气来表达不满意。

2. 表达痛苦和绝望

除了向外攻击，还有一种向内攻击。每个孩子的性格不一样，有的不会激烈反抗，但会通过更隐蔽的形式表达情绪。

（1）我很差

案例

据统计，2009～2019年，持续

感到悲伤绝望的中学生比率从26%上升到37%，严重焦虑的中学生比率从34%上升到44%。这些孩子对自我的评价，远低于那些情绪积极的孩子。

点评

经常用“我不如别人”“我很差”“我像个废物”形容自己。自我评价过低，会导致孩子自尊水平下降，无法形成正确的认知。这种影响会持续到孩子成年，在社交、就业、婚恋上都会产生消极影响。

(2) 自残自伤

案例

一个13岁男孩，老师让他交作业，或者父母让他做事，他不会反抗，但也不会执行，每天沉默，和谁都不交流，回到家就关门睡觉。父母以为孩子得了孤独症，看了很多医生，直到发现孩子手臂上的伤疤，才慌乱了，原来，孩子的情绪早就出现问题了。后来，孩子被确认为重度抑郁。

点评

抑郁的孩子也是一种“叛逆”。孩子通过自我攻击告诉你：我现在病了、受伤了，需要得到帮助。当情绪受伤，出现焦虑、抑郁，孩子会失去基本的自我管理能力，表现为生活无法自理，吃饭、睡觉都有困难；更严重者，会通过自伤、自残表达痛苦。

3. 拯救叛逆，先拯救情绪

孩子发出了求救信号，父母要做的就是及时识别情绪信号，有针对性地提供帮助。

(1) 说软话，做硬事

教育最根本的是，允许孩子做自己。说软话，意味着态度上要软，不和孩子硬刚，不指责、不吼骂，多表达关心；做硬事，意思是硬下心来，让孩子自己作决定，绝不越限，绝不食言，让孩子有自我发挥的空间，同时又能得到教训，在磕磕碰碰中变得独立、强大。

(2) 做“容器”，接纳孩子的情绪

任何叛逆都是孩子的情绪出了问题。接纳孩子的情绪，意味着做孩子的“容器”。不在孩子骄傲时打压，不在孩子做错事时否定；在孩子充满自信时肯定，不够优秀时鼓励；唯有如此，孩子的心理能量才是充足的。心理能量充足了，孩子内在的动力才强，学习、做事才能游刃有余。青春期不仅父母要“渡劫”，孩子也处在经历人生的关键期。温和而坚定，松弛而包容，才是孩子最好的营养剂。

孩子叛逆是对你有期待

文/冰千里

精神分析家温尼科特说过，在人们无意识的幻想中，成长是一种攻击行为。现在，孩子不再是过去那个小个子了。

1. 叛逆是怎么回事

（1）叛逆与青春期无关

的确，有些孩子青春期并不叛逆，相反他们还很自律、很友善，与父母的关系也很和谐。但还有很多孩子会在幼儿期、青年期叛逆，甚至在中年期、老年期叛逆，所以，叛逆与年龄无关。

所谓叛逆，通俗的理解就是不听话。那么，不听谁的话呢？通常指的是“权威”，如父母、老师、领导；又如无形的，像规则、制度、规定、社会准则及普遍价值观。叛逆就是与他们对抗，不听他们的话，目的在于激怒他们、攻击他们、惹他们生气。

（2）叛逆行为无对错

你让孩子按时写作业，孩子就是不按时写，拖延、潦草、敷衍；你让孩子先玩一会再去写作业，孩子却非要先写作业。“写作业”这件事没有对错，他只是和你对着干，他才不管这件事是好还是坏、是对还是错。所以，叛逆说明孩子与你的关系很糟糕。

2. 叛逆行为分两类

（1）冷叛逆

包括不说话、生闷气、把自己关进屋子里、不吃不喝不睡、绝不看你一眼、做什么都不让你知道、把你当空气或路人、面无表情、充耳不闻或不屑一顾等。

（2）热叛逆

包括大吼大叫大哭大闹、摔门摔碗扔书包甩脸子、自残自伤、抽烟喝酒谈恋爱交损友等，都是冲你来的。相对而言，热叛逆“更友好”一些，至少他是在用怒火传递他需要你，而冷叛逆是对你已失望。但凡你看到以上的场景，要记住，绝不是孩子的行为被你发现了，而是他想让你看见：“我都这样了，你怎么办？”“我已经没办法了，你有什么办法？”

3. 叛逆是对你有期待

（1）期待你能理解他

但你感受到的却是他不想让你理解。你越不理解，他越解恨，越有成就感；你越摸不着头脑，越无计可施，他就越满足。此时，如果你试图通过安慰他来理解，比如“你是不是想玩一会手机”“你是不是想休息一会”“没关系，别有压力”“我知道你很难过”等，他就会更挫败、更沮丧，因为你的理解让他很没面子，好像他多需要你似的。

他希望你理解的是动机，不是内容。动机有三点：一是他需要向你扔炸弹来发泄；二是他不希望你被炸死，希望你被炸伤；三是希望炸弹拉响的时候，你在场，而不是当逃兵，不管他了。若理解这三个动机，你就不会“较真”，也不会在内容上非要分出对错不可。比如玩多久手机、究竟先学习还是先吃饭、究竟你哪里做得不好、究竟他在生气什么——这你就上当了。

没有对错，只有情绪宣泄，并对宣泄的对象怀有期待。因为结局无非三种，你赢他输、他赢你输、不了了之，而这三种情况都是“你输了”。但如果你知道叛逆的底层逻辑，你的一切回应都是某种配合，最终你们是双赢的。

（2）期待你能自我理解

叛逆是在唤醒你的“自我反思”，若这个目的达不到，叛逆还会持续。不是让你反思你错了，而是让你理解自己，比如理解你过往的艰辛。还记得初为人母那种复杂的心情，那种幸福与责任，那种感慨与忧虑。回头看看，看看你得到了多少温暖与支持？最艰难的日子你身边有谁？他们在照顾你还是在消耗你？伴侣心疼你还是袖手旁观？公婆、父母呵护你还是挑剔你？

养育环境是个“系统”，是给养育孩子的你提供“营养”，一个无法得到营养的母亲无法给孩子好的养育，爱不是天然的，是需要有被爱的经验的。所以，父母无须过度愧疚，别觉得你没养好孩子，这不是你的错。

（3）期待你允许他独立

一个健康人格的基础是：自己说了算、敢于承担风险与责任。这需要得到足够多的爱。一个得到足够多的爱的孩子，是不惧怕与父母分离的，而分离意味着独立。相反，一个没有享受过爱的孩子，绝不可能真正分离。他们在一种不友好的环境中成长，如被虐待、被捆绑、被忽视，一切的控制和利用都以爱为名，这样的孩子无法形成依恋。就算天天与父母在一起，但内心并未

家教语录（18）

试试体会“加法育儿”，一点点积累孩子的优点和能做的事情。父母要抓住孩子每次做得好的事情，并认可孩子。孩子会对自己有自信，越自信越有做好、做多的动力。

在一起，就不可能“健康地分离”。

而叛逆就是“不健康地分离”，用叛逆推开父母，强行让自己独立。这是一种虚假的独立，换句话说，孩子害怕分离，但为了摆脱难以忍受的关系，不得已为之。

事实表明，虚假独立的孩子长大后依旧困难重重，表现在自己的恋爱关系、亲子关系、内心冲突上等。所以，孩子叛逆的本质是“通过痛苦的推开表达依恋”，即通过叛逆索爱。

4. 面对孩子叛逆，父母怎么做

（1）要理解

要在孩子一次次的叛逆中理解孩子、理解自己、理解婚姻、理解自己的过去。理解得越透彻，你就越不被叛逆所累。

（2）要配合

不逃避、不与孩子在叛逆行为上争辩。你理解了叛逆的动机和本质，就不会生气，会配合促进孩子成长，给孩子成长的时间。

（3）要去给

安慰、讲道理、打压、陪伴、深呼吸都无济于事，你要做的就是等一切都过去。真正有效的是平时，而非叛逆爆发期。

一切叛逆都是在“索爱”，因为他不甘心，所以你要去给。你要把他当作“正处在学走路的年龄段”：耐心、鼓励、肯定、呵护、亲密都不过分，这对你是个挑战。当然，也是机会。青春期的叛逆是孩子给你的最后机会。平时给到了，孩子对你就有了依恋，孩子才能与你平和地分离，从而独立。这是自然发展的过程，不需要叛逆。

（4）要成长

一千对亲子关系，就有一千种做法，你理解了方向，若还是不知道该怎么做，那么，你需要专业的协助，就如同孩子一点点学走路一样，你需要学习、需要成长。

长相年轻的六个习惯(3)

3. 热爱运动，保持身体健康

举例

一个42岁的健身爱好者，她的职业是美容师，通过多年的健身习惯，她不仅保持了良好的身材，还通过健身来对抗岁月的痕迹，看起来比实际年龄年轻许多。她的故事告诉我们，除了容颜，身材的保持也是保持年轻感的重要方面。

点评

很多中年人之所以显得老迈，往往是因为缺少锻炼，疏于对身材的管理。时常运动的人，体内生态系统宛如一汪生生不息的清泉，有着充沛的精力。逼自己让身体活动起来，你迈开的每一步，都是在逃离衰老；流过的每一滴汗，甩掉的都是身上的暮气。

十几岁的孩子更需要父母

文/多多黛

1. 青春期的孩子真的很可怕

案例

自从女儿上了初一，我每天过的都是灰突突的日子。女儿像是变了一个人，脾气越来越大，就像一个火药桶，一点就炸。一到周末就颠倒黑白地窝在床上，拿着手机和同学聊天、刷视频、打游戏。你让她学习，她就大声抗拒："烦不烦啊？不用你管，我知道。"看谁都不顺眼，仿佛全世界都是她的仇人。隔三岔五不是和爸爸吵架，就是和弟弟吵架，或者和我也干一仗，家里乌烟瘴气的。日子久了，我甚至恐惧女儿回家，只要她一说话，我心里就咯噔一下。

点评

有一个段子说父母和青春期的孩子说话，就像忠臣死谏一样。挑场合、看眼色，还要掂量语气："老臣有句话，不知当讲不当讲。"而孩子呢，通常都是一副昏君相："不当讲，拖出去斩了。"

当时，我不以为意，觉得这笑话未免有点夸张。就像我女儿，从小就乖，就算到了青春期，估计也不会如此叛逆。可等到女儿真到了青春期，我才发现，现实甚至比段子还残酷。无论之前孩子多么乖巧，到了这个时期，她确实能把你惊得魂魄四散。

2. 青春期的孩子真的很可怜

心理学之父斯坦利·霍尔说："青春期是一个充满犹豫不决和矛盾情绪的过渡阶段，是风雷激荡的人生时期。"这个阶段的孩子，往往会出现性格孤僻、自私、脾气暴躁、不服父母管教、情绪化、多疑、虚荣心强等问题。而这些问题的出现，主要有两个原因。

（1）生理上——脑子发育不成熟

爱丁堡大学的研究指出："人类大脑发育，是有先后顺序的。青春期阶段负责情绪、快感处理的边缘系统发育成熟，具有极高的敏感性。孩子在冒险时，所产生的情绪、快感成倍增长。"换句话说，青春期的大脑会诱惑、奖励孩子去冒险。可负责思考、计划和解决问题的前额叶皮质，基本上要在25岁左右才能发育成熟。这也就导致边缘系统鼓励冒险，前额叶皮质却无力阻挡。所以，青春期的孩子，往往容易冲动、冒险、感情用事、不计后果。

（2）心理上——自我意识飞跃

李玫瑾老师曾说："12岁之前，

弱小的孩子无法独立面对有风险的环境和陌生人，生活上依赖养育者，心理上依恋养育者。可随着孩子长大，一切骤变。”孩子个人行为能力大增，心理也开始变化，他会要求脱离父母，从依赖走向独立。

如何独立呢？用父母在意的事情，去对抗击败父母，从而创建自己的权威：你让我好好学习，我就不学习；你不让我有秘密，我就什么都不告诉你；你越禁止早恋，我越要早恋。这些激烈的对抗，其实都是在传递一个信号：我的翅膀硬了，我要自己说了算。

这种漫长与痛苦的对抗过程，父母一定要理性对待。不要将孩子渴望独立，误解为叛逆。不服从父母管教，只是为了证明自己，渴望被理解和被尊重。

3. 青春期的孩子无比需要父母

孩子和父母之间，会不可避免地发生矛盾、冲突。但在这些矛盾和冲突中，却蕴藏着孩子成长的洪荒之力，需要父母去因势利导，助力孩子成长。所以，面对青春期的孩子，父母要学会用智慧去引领他。具体怎么做？

（1）学会帮孩子关上门

案例

有一则新闻，一个14岁男孩半夜报警，因为父母在他的卧室安装了监控设备。面对警察的问询，男孩的父亲问男孩：“我监控你怎么了，你有多少隐私，我是你什么人，我不可以监控你吗？”

点评

青春期的孩子，总是喜欢用一扇门把自己和父母隔开。很多父母总是想打开这扇门。可是，你一定要先学会，为孩子关上门。

> **话有四不说(3)**
>
> **3. 不说恶话**
>
> **案例**
>
> 第57届戛纳国际创意节上，导演谢勇的参赛作品《语言暴力》获得银奖。他通过动画演示，生动地展示了恶言恶语的真实面貌：一句“废物”，是杀人的机枪；一句“丢人”是伤人的斧头；一句“怎么不去死”则是诛心的匕首。
>
> **点评**
>
> 由此可见，恶言恶语的杀伤力，较之武器，毫不逊色。《增广贤文》中说：“良言一句三冬暖，恶语伤人六月寒。”人进入社会后，人际交往增多，只有心怀善意、口吻生花，才是人际交往中最受欢迎的名片。

孩子长大了，希望有一个独立空间、自己的小世界。如果条件允许，我们可以给孩子提供这么一个空间，不擅自闯入，进房间之前敲门，随手帮孩子关上门。这些小小的举动，意味着我们对孩子个人空间的尊重以及信任。当你把尊重和信任给了孩子，孩子也会放下戒备，收起充满敌意的尖刺。孩子的心门打开了，房门才会打开。

（2）学着当孩子的“同伙”

案例

李玫瑾老师的女儿上中学时，数学成绩不好，可她并没有逼迫女儿上补习班、刷题，而是尊重女儿学音乐的意愿。女儿上了一所普通的艺术院校，现在当一名音乐老师，过得很平淡，也很幸福。

点评

《正面管教》中写道：“赢得十几岁孩子的最好方法是以和善、坚定、尊重的态度，先和他们站在一边。”

青春期的孩子关于自己的未来，有属于自己的想法，我们不要急于否定，可以和孩子一起去面对，倾听他们的心声。哪怕是一些不着边际的想法，也要试着去理解和接纳，成为“同伙人”。让孩子认为你是“自己人”，一切问题都会变得简单，关系也会得到缓解。

（3）学着做个“傻”父母

案例

一个妈妈是名校毕业的硕士生，可在儿子的学习上，她从不轻易地提意见。偶尔看见孩子写作业，故意一脸懵懂地问：“咦，这道题我都不会呢，你是怎么做出来的？”家里买了一个电脑增高架，她对着几个木板犯难，让儿子帮忙装。本以为她这样的“傻”妈，会被孩子嫌弃。事实上，孩子和她关系很好。青春期的孩子就是要证明自我价值的，你弱了，孩子就强了，孩子的自我价值感就有了。

点评

青春期的孩子渴望独立，他们用逆反冲撞父母的权威，为自己争夺自主权利，从而获得价值感和归属感。父母可以少说多听，适当的时候，装着什么都不懂，去向孩子“请教”。

精神分析学家温尼科特说：“如果孩子要成为一个成年人，是要踩着一个成年人的尸体才能完成这段成长之路的。”青春期是孩子一生中最无助和动荡的一个时期，我们不要给孩子制造暴风雨，而是要做孩子最坚强的后盾和最温柔的避风港。

文/猪妈妈

把青春期的孩子当“领导”

1. 青春期的孩子进入了“形式运算阶段”

案例

一个妈妈一提起上六年级的儿子，就气不打一处来：“你不让他做某事吧，他不舒服；你说‘要做就做吧’，他又不做了。”

原来，孩子想参加一个机器人比赛，妈妈担心会影响学习，就说过几个月再说。孩子没参加成，心里不舒服，学习也没有之前积极了。妈妈觉得自己做得不对，就给孩子报了下一次的比赛，还给他买了之前他最想要的机器人，结果孩子又不去了。“不去就不去吧，但也别这个态度啊。周末回来，他什么都不说，把自己关在房里，叫他吃饭，他不吃，不管他吧，他又抱怨我们不关心他。以前都好好的，现在怎么这么拧巴?”这位妈妈说。

点评

心理学家皮亚杰说：“青春期的孩子，是进入了‘形式运算阶段’。”他们发展出了抽象的认知能力，开始将“我”作为抽象符号代入人群中去考量。他会思考自己在别人眼中的样子，有什么价值，在人群中的位置；但同时，对自己、对周围的认知还模糊不清，所以才会一会觉得自己无所不能，一会又把自己贬得一文不值；一会看大家都是朋友，一会又突然感到众叛亲离。

青春期令我们做父母的惶恐、忧心、不知所措。其实，对孩子而言，也是一样，他内心同样经历着震荡。我们把这种“震荡”叫作“叛逆”，但心理学家说，用“叛逆”这个词太负面了。这是孩子确立自主性——“自己做选择，自己为选择负责的能力”所必经的过程，是一件好事。

2. 青春期的“对抗”来自未被划清的“权力”

案例

有一个视频，你根本想象不到现在初高中学生的父母有多么“无可奈何”：孩子从外面回来，父母问“冷不冷啊”，孩子说“你自己去外面试试”，咣当，进自己的房间关上了门；看孩子一直玩手机，父母问“什么时候准备学习啊”，孩子说“你就知道让我学习，逼死我算了”；父母问“作业写完了吗”，孩子说“我没写完，你能替我写呀”；父母说“学习英语，就得多背”，孩子说“你说得倒轻巧，你愿意背你背去”；父母说“你早点休息”，孩子瞪了父母一眼，父母只好灰溜溜地走了。

点评

孩子发展自主性是好事，可放到实际生活中，却非常磨人。因为青少年确立自主性的方式，经常是与父母对抗。相信每个青春期孩子的父母，都有过这样的经历：有些事你叫孩子做，他一动不动；你听说孩子不能管太紧，决定放开手，结果又迟迟不见他行动起来，最后不得不又启动催吼模式。

父母的内心是：“尊重你的自主性，但你也要自己把自己管好啊！”孩子的内心是：“你怎么知道我不能管好自己？你这么说我，是不相信我？你什么都要管，如果我照做，岂不是更证明我什么都得听你的吗？你怎么又不管我了，是在试探我吗？如果按你说的做，我多没面子？不行，再等等，看看你是不是真的信任我。”这是很多孩子都在经历的一步。

心理学家李松蔚说：“确立自主性，首先是划分权力边界，然后才是解决具体的需求问题。”

父母不停地询问、唠叨、讲道理，或者试探性地“民主”，都会让孩子觉得，自己没有真正被信任、被尊重。他们要先确认自己是否真的被认可，真的有“自己选”的权力，才会进一步思考“什么对我而言是好的”？哪怕在这个过程中会受委屈、会有冲突、会踩雷，哪怕最终又作出了和父母一样的抉择，他们也要坚持先拒绝、再行动的过程。青春期的孩子最需要的是自己作决定的权力。有了这种权力，他们才能解除对抗模式，才能更好地把精力集中到发展自我上。我们只有理解了这一点，才能更理性地看待他们的种种“不良”行为。

3. 父母期望孩子独立，却忘了给孩子自主的权利

案例

陈海贤老师分享，他接待过一个高知家庭，父母特别着急，因为孩子已经20多岁了，还不能独立。他们说了一大堆孩子的问题，如没有主动性、不与人交往、学习不积极。然后，还讲了自己是如何帮孩子选学校、选专业，如何把孩子送出国，让孩子能够安心读书。孩子坐在旁边，一声不吭。陈海贤老师转头问孩子：“父母安排的都是你的事，你自己有什么意见吗？”结果，孩子说：“最开始我也会表达一些意见，可父母却说，去哪所学校、学

什么专业，他们已经咨询过权威人士了，就好像我的意见无关紧要。后来，我就不再发言了，慢慢地，就让他们去安排了。”

点评

父母一直说孩子要主动、要积极，但在现实中，他们一直在为孩子计划一切。在这样的关照和安排下，孩子不需要为自己的事情作选择、作决定，也不需要去思考和努力，长此以往，他哪来的动力和热情呢？这样的人生看起来很平顺，却让孩子丧失了一个成年人最基本的“自主性”。

在生活中，很多父母都遵循着这样一种逻辑：除非孩子已经表现出这种能力，否则我没办法放手，“我放手，孩子岂不掉沟里”？但父母却忽视了，这种能力从来都不是自己长出来的，而是在一个个的选择和一次次的经历中磨砺出来的。舍不得孩子冒险，不允许孩子探索，他们长大后，又怎么能独立应对如此复杂多变的社会？

4. 把孩子当“领导”，才能解决青春期的问题

李松蔚老师提出了一个相处模式，既能满足孩子对“权力”的需求，也能帮助父母更好地解决各种青春期的问题，那就是——把孩子当成一个不靠谱的“领导”。

（1）把孩子当“领导”，亲子相处有边界

当孩子的视野不断拓宽，圈子越来越大，我们在孩子心中的位置自然会越来越小。很多青春期孩子的父母，不能接受孩子的改变，不是认知不到位，而是心里难以接受。他们完全没有预料到，孩子的变化会来得这么快。原本那个事事都依赖我的小人，怎么突然就开始闹独立，与我不亲了呢？

但当我们把孩子当“领导”，就很容易想通了：领导有自己的圈子，有自己要忙的事。我们虽然不习惯，但也不至于对领导说“你别一天天地和那些人鬼混”“那些人对你没有好处，只有我们才是真正为你好的”，那也太自以为是、自取其辱了。

（2）把孩子当“领导”，家庭气氛更和谐

把孩子当“领导”还有一个好处，就是情绪没有那么难控制。当他慢吞吞时，你本想上前去催，可一想，这不礼貌啊，我总不能对领导吆五喝六吧！说不定人家有自己的想法呢。当他犯了错，你本想用一副过来人的语气教训他，但你一下子就忍住了，人家是领导，我们总不能对领导发脾气、甩脸子吧？哪怕他的抉择真

的有问题，我们的心里再不舒服，嘴上还是要支持，“没关系，下次就有经验了”“有什么需要我做的，尽管说”。

(3) 把孩子当“领导”，才能更支持孩子

把孩子当“领导”并不是对他点头哈腰，而是作为合作者、利益共同体为他提供“支持”。以前，孩子一有事，我们就急；现在，一想到他是“领导”，我们就能用一种尊重、平和的态度沟通：“这件事我说说我的看法，供你参考。”如果他说“这不是我想要的”，你也不能全盘否定，你只能进一步说：“要么这样，我这里还有一个方案，你看看怎么样？”我们只提意见，真正的决定权在他，这样沟通起来，是不是就少了很多阻力呢？

领导最在意的就是我们对他是不是足够尊重，孩子也是。把孩子当“领导”，可以帮助我们摆正位置，把他们当作独立个体，认真对待。父母经常认为，养孩子比工作难。但把孩子当“领导”，你会发现，这些沟通并不难，难的是我们改变观念，去习惯平等、耐心、尊重地对待孩子。我们只需要发挥职场中的本领，就能把家经营好，为何不试试呢？

与这四种人深交(2)

2. 与直言者在一起，养心

故事

王阳明12岁时，在私塾结交了同窗李醴。一次，他们外出游玩，途中遇到了一个旅人，三人相谈甚欢，于是结伴同行。在客栈休息时，王阳明听到窗外有动静，便起身前去察看。慌乱间，他将随身的钱袋子落在了桌子上。李醴发现后，严肃地对王阳明说：“一次两次可以说是粗心，次次都如此便是陋习，一定得改。”一旁的旅人却说：“成大事者不拘小节，这是小毛病，不用太过计较。”事后，王阳明向私塾先生抱怨：“为何李醴不如旅人那般友好？”先生解释道：“旅人与你只是萍水相逢，并不是你真正的朋友，但李醴却是。他宁愿得罪你，也要指出你的缺点，让你变得更好。”

点评

《薛文清公读书录·交友》中讲：“正直的人，真诚坦率，不会阿谀奉承，反而会因为关心朋友而直言不讳。”人非圣贤，每个人都有不完美的地方，都有犯错的时候。在你得意忘形时，真心的朋友或许不会用力喝彩，但一定会提醒你戒骄戒躁；在你心生杂念时，关心你的朋友不会从旁附和吹捧，但一定会劝诫你心向正道。

孩子的面子大于一切

文/芊和

1. 孩子的面子关系他的自尊心

案例1

有一个新闻，一个5岁的小男孩爱打人，因为屡教不改，爸爸想出了用喇叭循环播放“他爱打人，不要跟他玩”的录音整治儿子。只见小男孩在前面玩，爸爸拿着喇叭在儿子身后紧追不舍地播放录音，其他小孩纷纷对他避之不及。说起自己的教育方式，这个爸爸说：“用暴力对付暴力，不如用让他没面子这个方法来得实在。”

案例2

在广东也有这样一个爸爸，因为女儿没按时完成作业就去玩，他拿着喇叭大声催促女儿回家写作业。在公园，当喇叭大声播放“她的作业没写完，不要和她一起玩”时，小女孩只能停止玩耍，丢下小伙伴飞快地往家跑。

点评

对于孩子而言，解决他们爱打人、不写作业的问题，让他丢脸的方式虽然见效很快，但从长远看，却会损伤孩子的自尊心，造成严重的后果，得不偿失。

案例3

有一个视频，一个十来岁的小男孩因为维护自己的“面子”和爸爸争论起来。他哭着对爸爸说：“到学校那段路，你不要说我。”原来，上次爸爸送儿子上学时，在学校门口揭了儿子的短，正好被同学听见了，同学拿这个笑话他。孩子觉得很没面子，警告爸爸。男孩还说：“如果我在你上班的那段路上，说你老喝酒、喝到吐，你也会说我不给你面子。我现在也要面子。”小男孩为了自己的面子，一本正经，有理有据地和爸爸争论，说得爸爸心服口服。

点评

对于孩子的“面子”，每个父母都应该小心翼翼地维护，因为这关系着他的自尊心。小孩子懂面子、要面子、爱面子的现象，是他自尊心建立和形成的标志。

2. 孩子的自尊心分三个发展阶段

（1）2~4岁，自尊心萌芽阶段

举例

比如两三岁的小孩子尿裤子，如果大人说“羞羞羞”，他就会感到不好意思。

点评

这个阶段的孩子，已经知道有

"面子"这回事。研究表明2~4岁的孩子自我意识萌芽，开始在意别人的评价，会有策略地展示什么是可爱的、有价值的、值得称赞的，或者相反。

（2）5~7岁，自尊心形成阶段

案例

有个小视频，一个小男孩上网课时，老师随口说了一句"他长胖了"，本来开心的小男孩竟然生气地关掉视频，转身站起来，一边委屈地哭着，一边奋力跳操减肥。

点评

这个阶段的孩子，开始要面子。一个5岁的小孩子，如此在意自己的形象，如此爱面子，我们要给予尊重。

（3）青春期，自尊心极强阶段

案例

还记得那个初中生坠亡的悲剧吗？一个14岁的男生，因为在教室跟同学玩扑克牌，被班主任叫了妈妈。妈妈在学校的走廊里毫无顾忌地大声训斥儿子，甚至还扇了儿子两记耳光，妈妈走后，男生转身跳下教学楼。

点评

这个阶段的孩子，极其爱面子。毫不夸张地说，青春期的孩子有时把面子和尊严看得比他们的生命还重要。

3. 不想毁了孩子就给他留面子

教育家斯宾塞说："每一个孩子的心灵世界，都需要靠自尊来支撑。"只有拥有独立完整的自尊体系，才能让孩子发展出自信、自爱、自律等良好品质，而一个自尊心受损的孩子，则无法拥有健康的内心世界。

（1）自尊心受损的孩子，做不到自信

案例

一个心理医生分享：一个女病人，年近40岁没有结婚，甚至没谈过恋爱。在治疗的过程中发现，这个女病人十分自卑，尽管她的学历、工作都不错，但她却总觉得自己配不上那些相亲对象。女病人讲了她年幼时的一段经历。

大概八九岁时，她白天玩得太累了，晚上就尿床了。她的父母很震惊，为了惩罚她这么大了还尿床，妈妈把她尿湿的被子晒到院子里，让她"丢丢脸，长长记性"。正好被邻居并同班的男同学看到了，到了学校那个男同学伙同一帮调皮的同学一起羞辱她。这件事让她觉得很丢脸，每次想到那个被晒在众目睽睽之下的尿湿的被子，她就觉得自己一无是处，很差劲。

点评

莎士比亚说："没有自尊心的人，就近于自卑。"不给孩子留面子是摧毁孩子自信心的最快方式，让孩子深陷自卑的深渊。

（2）自尊心受损的孩子，学不会自爱

案例

知乎上有个网友求助，因为总是被妈妈当众数落，这个网友感觉很丢脸，甚至痛苦得想轻生。

点评

毕淑敏老师曾说："孩子的成长，首先是从父母的瞳孔中确认自己的存在。如果连最亲的人，都不顾你的尊严，否定你的价值，那么孩子就无法看到自己存在的意义。"父母眼里没有孩子的尊严，孩子心里就没有存在的价值，就学不会自尊自爱，只会自暴自弃。

（3）自尊心受损的孩子，学不会自律

案例

一位妈妈当众打骂孩子还罚跪，别人劝她，她还认为，他是我的孩子，我想怎么管就怎么管，完全不顾孩子的自尊。

点评

哲学家约翰·洛克曾说："父母越不宣扬子女的过错，子女对自己的名誉就越看重，因而也会更小心地维护别人对自己的好评。"自尊心被父母小心呵护的孩子，内心往往有一种想要变好的意愿，于是自我激励，主动积极地做自己该做的事情，逐渐形成自律。自尊心受损的孩子，通常对自己的评价很低，觉得自己不行，缺乏积极向上的动力，因此表现得越来越不尽如人意。

4. 好父母都懂得给孩子留面子

心理学家詹姆斯·杜布森说过："让孩子失去自尊的方式有千百种，可让孩子重建自尊，则是一个缓慢困难的过程。"培养一个自尊自爱的孩子，父母怎么做?

（1）不当众批评

案例

胡适先生在回忆母亲对自己的教育时曾说："母亲管束我甚严，她是慈母兼严父。但她从来不在别人面前骂我一句，打我一下。"

点评

古人云，"爱子七不责"，其中，第一个就是"对众不责"。孩子即使犯了错误，我们在教育时也要顾及他的面子和尊严。

李玫瑾老师说过，教育孩子最好不要有第三个人在场。孩子的错误不一定非要摆在台面上解决，等和孩子单独相处时批评教育，孩子反而更容易接受。

(2) 不随意调侃

案例

一个妈妈说，因为在女儿的好朋友面前调侃了她几句，说“她太胖了”，女儿在好朋友走后，非常生气地冲自己发了火。

点评

这个妈妈认为，自己毫无恶意的话只是为了活跃气氛，并无任何不妥，她想不通女儿为何如此玻璃心。其实，看似幽默的话却深深刺伤了女孩的自尊心。父母不应该随意调侃孩子的缺点，特别是在外人面前，要给孩子足够的尊重。

(3) 不揭露隐私

案例

我六七岁时，因为不认字，在学校上错了厕所。回家后，我把这件事当秘密告诉了妈妈，没想到妈妈转眼就告诉了爸爸和其他人，大家当着我的面打趣我，让我觉得无地自容。

点评

孩子虽小，但也有羞耻心。孩子把自己做过的一些糗事、心里的小秘密与父母分享是希望得到安慰和帮助，并不想被别人知道。聪明的父母会保护孩子的隐私，帮孩子保守秘密，而不是因为好玩有趣就到处宣扬。

(4) 不贬低打击

举例

“你怎么这么笨，这么简单的题都不会做。”“我怎么生了你这么个没用的东西。”

点评

不管你是故意这么说，还是在气头上口不择言、贬低打击孩子的语言，都是伤害孩子自尊心的头号“杀手”，它会让孩子陷入自我怀疑中，失去积极向上的斗志。

一位从业20多年的资深心理学家说：“成为一个自尊自信的人，他至少需要2000次的肯定。”父母欣赏的目光和鼓励的话语，是对孩子自尊心最好的滋养。

教育家苏霍姆林斯基曾说：“儿童的尊严是人类心灵最敏感的角落，保护儿童的自尊心就是保护儿童的潜在力量。”希望每个父母都能小心地呵护孩子的自尊心，让他们在自尊自爱中健康成长。

让自己幸福快乐的小习惯(5)

5. 深交聆听我们的人

有人肯聆听，是一件幸运的事。毫无逻辑地倾诉，就是要给值得的人。你不必害怕心事泄露，也不必担心琐事被厌恶。若是觉得烦闷、抑郁，不妨就做彼此的“树洞”。

找到了解孩子的入口

文/徐智明

第一个入口，有同理心

同理心也叫“共情”，我们无须了解它背后的心理学知识，也无须经过专业的训练就能掌握，遇到问题时，只要问自己一句：如果是我，我会怎么做？

作为父母当然无法穿越回到童年，把自己的视角变成孩子的视角，但很多事情，并不需要我们是个孩子才能理解。比如我不喜欢被别人大吼大叫？我们不喜欢，孩子也不喜欢；我们不喜欢被别人逼着、催促着做事？我们不喜欢，孩子也不喜欢；我不喜欢做事时别人在旁边唠唠叨叨、指指点点？我们不喜欢，孩子也不喜欢。

父母总是习惯把孩子当“孩子”，却经常忘了，孩子也是和我们一样的人。是人都有好恶、都有情绪、都有兴致高昂或疲惫低落的时候，而且人和人之间，很多东西都是相通的。明白这一点，多点同理心在孩子身上，孩子就不会是那个无法理解的“小怪兽”了。

在亲子生活中，需要父母有同理心的时候很多，甚至时时刻刻都需要。只要父母能在对孩子的言行做出反应之前，暂停三五秒钟，想一想孩子为什么会有某种表现，亲子之间的冲突，就不会从早到晚都连绵不绝。

第二个入口，学点儿童心理学

教育是一门学科也是一门科学，所以我建议父母，学点关于儿童心理学的内容。教育最重要的前提是遵循孩子的客观成长规律，我们需要站在孩子的角度去看孩子的发展，而非用成年人的标准去要求孩子。我们只要肯花上一个礼拜、一个月，读一两本关于儿童心理学的书，孩子的心理，对父母而言，就不会是深不可测。

我们可以大致了解，孩子在不同的年龄阶段，会有哪些心理问题和行为特征；哪些需求和动机，会驱动孩子有哪些表现；孩子在日常生活中，如何塑造自己的人格；父母的哪些言行，会给孩子积极的影响；父母的哪些言行，会给孩子消极的影响。

有的父母认为，书上说的都是普遍规律，每个孩子都不一样，所以不能全信。但我认为，父母在积累知识和财富面前，要保持一点谦逊。我们得承认，在了解孩子的心理上，毫无经验的父母，肯定不如心理学家。我们不需要把书上说的都当作信条，但也不能对前人的经验和成果抱一种全然虚无的态度。学习开启人的智慧，做父母的智慧也需要通过学习来开启。

要了解孩子的普遍心理，推荐读心理学家阿尔弗雷德·阿德勒的经典著作《儿童的人格形成及其培养》；要了解孩子不同发展阶段的心理和行为，推荐读《发展心理学》。

第三个入口，与孩子平等沟通

保持平等沟通，真实地表达自己的想法，永远是人和人之间达成互相理解的重要方式。很可惜，在很多家庭中，亲子之间的沟通通道是关闭的。父母只想让孩子“听话”，很少关心孩子是怎么想的。所以，对孩子发出的永远是命令：你要这样！不能那样！

孩子还不会说话的时候，会努力用摇头、摆手、挣扎等方式表达自己的愿望；会说话之后，会用“我不”“我想”向父母表达自己的想法。但在父母看来，孩子的想法是不安全的。

数年积累下来，父母和孩子之间，无法建立起有助于相互理解的沟通。父母不知道孩子的想法，孩子也不知道父母的想法。

其实只要父母放低姿态，愿意听孩子说，了解孩子心理是很容易的事情，而且被倾听的孩子，也相信父母，相信父母能理解自己。如此，一个良性的平等沟通的机制就在亲子之间慢慢形成了。

曾有父母问我：为了了解青春期的孩子，我能不能在孩子的房间里装一个监控？孩子上幼儿园了，为了了解孩子在幼儿园的生活，我能不能在孩子的书包里装一个录音笔？我想说的是：你能接受别人在你的房间里装一个监控吗？你能接受别人在你的书包里放一个录音笔吗？对于孩子而言，我们需要在尊重的基础上了解孩子，在了解的基础上理解孩子，而不是密不透风地监控。有上述想法的父母，恐怕永远都无法了解孩子，更难得到孩子发自内心的尊重和信任。

20个“反内卷”的经验(9)

17. 发展几个副业，或者兴趣爱好。加入零工经济，做“斜杠青年”。多几个选择傍身，是你的底气。

18. 学习随时“活在此时此刻”的技巧。比如，在下班路上数数你遇到的动物，给它们起名，看看明天会不会再次遇到它。

文/萝北

做三件事 让孩子变得乐观

1. 孩子是否乐观，与养育者有关

案例 1

芮芮是个活泼、乐观的小女孩，非常爱笑。每次看到芮芮，都会让人不由自主地面带笑容；芮芮的妈妈也是一个爱笑的女人，每次和别人打招呼，她的脸上总是带着大大的微笑。正是妈妈的微笑，让芮芮从小就爱笑，说话也带着活泼而欢快的情绪。

点评

父母的快乐情绪会传染给孩子，让孩子内心总是洋溢着开心和幸福，她的性格自然也会活泼开朗。反观那些不快乐的孩子，他们的父母必然也是一个不苟言笑的人。面对脸上没有笑容的父母，孩子必然是拘谨而不自由的，他又怎么会有乐观的性格呢？

案例 2

康康是个内向、悲观的小男孩，非常爱哭，玩具丢了，他会哭得很伤心、很绝望；和妈妈外出乘车，他会问妈妈："车开得这么快，会不会翻车啊？"看到有人在高楼外面悬挂着高空作业，他又担心地问妈妈："那个人会不会掉下来呀？"他总是看事物不好的一面并忧心忡忡，一点都不像一个小孩。

点评

积极心理学之父塞利格曼说："孩子是否乐观，和遗传无关，但与养育者的解释风格有关。""解释风格"是指人们如何对发生的事情归因。孩子会认真聆听父母是如何解释一件坏事的：是永久的，还是暂时的？是特定的，还是普遍的？孩子会在8岁左右形成自己的解释风格，发展出来的悲观或乐观是基础性的。

教育家蒙台梭利曾说："孩子是热情的观察者和学习者，他们很容易被父母的言行所吸引，进而模仿他们。"是为孩子种下一颗乐观的种子，还是将自己的成长伤痕传给孩子，选择权在父母手中。

2. 乐观的父母，是孩子一生的幸运

案例 1

有一段视频，在叙利亚战火纷飞的日子里，爸爸问小女孩："你听那声音是飞机还是炸弹？"小女孩回答："是炸弹，炸弹爆炸时我们要大笑。"说完两人放声大笑。那时的叙利亚，每天都有轰炸机飞过并投下炸弹，爸爸担心战争会给女儿带来

心灵创伤，便用这样的方式，为孩子驱散阴霾。

案例 2

《奇葩说》辩手詹青云上小学时成绩并不好，詹青云的妈妈却鼓励詹青云："我去找人问过，等你到了四年级，成绩就会好了。"到了四年级，詹青云的成绩还是不好，妈妈又说："我帮你重新问过了，到了初二你一定会变成好学生。"妈妈的乐观感染了詹青云，让她对自己的未来充满了信心。

点评

无论是叙利亚战火中的父亲，还是詹青云的母亲，他们看似是在用善意的谎言包装生活中的逆境，但这也是乐观心态的核心：面对无法改变的坏事，就调整看待它的角度。就算遇到再严苛的批评，也不轻视自己，相信未来一定有好事发生。乐观的父母，不是给孩子最正确的答案和判断，而是赋予孩子勇于面对逆境、追求美好未来的心态，让孩子受益一生。

马克·吐温曾言，一个乐观的人，即使处于一无所有的境地，也能找到通向幸福的路。

3. 做三件事，让孩子变得乐观

（1）多做正面心理暗示

一个妈妈分享，孩子放假三天后，妈妈送孩子去上学。路上，孩子说自己有点害怕，妈妈纠正："因为三天没上学，心情有点激动。"类似这样的积极心理暗示还有：孩子贪玩忘了写作业，很自责，你说："你一直都挺自律的，如果需要帮忙，可以告诉我。"孩子不敢尝试新事物，你可以说："你其他事情做得都挺好，这件事也可以。"

（2）引导孩子外部归因

悲观的人遇到坏事总是把责任揽到自己身上。比如孩子被老师当众批评，心情沮丧，内心的想法是："老师批评我，是因为我笨。"这时父母可以这样引导："老师批评你，是老师没控制好情绪。"将失败适度外部归因的人，往往不会失去自尊，也更加喜欢自己。

（3）教孩子根据事实反驳

当孩子遇到坎，带着孩子与负面情绪来一场激烈的辩论。孩子的成绩一直不好很悲观："我考不好，我很差，我很笨。"教孩子与内心的想法辩论：我虽然考得不好，但我不是班里最差的；虽然我的成绩不好，但我不笨，我在其他方面做得很好；就算成绩不好，我的人生还有其他可能性。用真实的论据辩论，可以增强孩子的自信心。久而久之，乐观就会成为一种自动化意识。

文/遇见

父母越焦虑 孩子越学不好

心理学家曾奇峰说："一定程度的焦虑如果饱含爱意，那么过度的焦虑就等于诅咒。"父母对孩子有期待是正常的，但若是期待过了头，反而会造成一系列的不良后果。

1. 别让你的焦虑毁了孩子

案例

在小说《不被理解的少年》中，女孩蓁蓁是重点高中重点班的学生。她一直很自律："别人在学习，而我没有，我就会很慌张。"上小学的时候，她就会做计划表，将日程安排精确到每小时。上高中后，她依然很努力，放假也从不松懈，每天早晨四点起床，学到晚上十一二点才睡觉。但即使这样，父母依然不满意，仍觉得她不够用功。

高三时，蓁蓁的情绪出现了问题，越来越难以控制，甚至影响到身体健康。压力过大时，她拿笔的手会不由自主地抖动。去医院检查后，蓁蓁被诊断为重度焦虑症、强迫症，有严重的躯体化表现，还伴有中度双相情感障碍。在蓁蓁所在的重点班，像她这样有心理问题的孩子还有很多。

点评

咨询师阿奇总结出焦虑的三大根源：一是父母自己没有成就，但不认命，将希望寄托在孩子身上，希望孩子突破父辈的阶层，实现跃迁；二是父母的攀比心作祟，不关注孩子的想法，一味地高期待，期待孩子在同龄人中遥遥领先，成为佼佼者；三是竞争太激烈，父母和孩子被中高考的洪流席卷，无法脱身。

不是现在的孩子变脆弱了，而是现在的父母教育的重心偏离得太多了。把学习当作评价孩子的唯一标准，逼着孩子埋头苦学。孩子成绩稍有波动，便会指责；孩子稍微表露出一点需求，便是不懂事、不理解父母的苦心。在这种氛围下，孩子的情绪难以表达、痛苦无处发泄，只能深藏在心底，时间久了，便有了各种各样的心理疾病。

2. 好的家庭教育是心理抚育

案例

贺岭峰老师分享，一次，女儿的数学老师让他去一趟学校。他很忐忑地去了，老师一看见他就是一顿训："你们父母是不是觉得生下孩子就没事了？我们现在要求孩子写完作业后，父母要检查签字，你检查了吗？你知道你的孩子同一道数学题已经做错第四遍了吗？你是怎么做父亲的？”被训之后，贺岭峰心里很不好受，但他回家后并没有训斥女儿。反而对女儿说：“你最近一段时间的考试，数学卷面明显比以前整洁了。老师通过这件事，看出你的学习态度比以前更端正和认真了。希望你以后做题的时候，再认真一些，多验算，这样成绩才能提高。”

点评

为什么不训斥女儿呢？贺岭峰认为，老师的指责是老师的情绪问题，自己难受是自己的情绪问题，与女儿无关，不该让孩子成为大人情绪宣泄的出口。他说：“作为她的爸爸，我得帮她扛一点。”

李玫瑾老师说：“好的家庭教育不仅是物质抚育，更重要的是心理抚育。”足够重视孩子心理健康的父母，才能养出心理健康的孩子。

《最温柔的教养》一书中说：所谓父母是一种什么样的存在呢？其实就是怀抱着对孩子的无限爱意，在一次次的失败和摸索中，陪着孩子一起成长。控制好自己的情绪，不给孩子过多的压力，保护孩子脆弱的心灵，才是对孩子最好的教育。

3. 摆脱焦虑，养出心理健康的孩子

《家庭的觉醒》一书中说：“我们一步步摆脱自己的焦虑时，我们的孩子也会一步步地朝着正确的方向迈进。”父母的状态，就是孩子的状态。焦虑的父母，教出焦虑的孩子。提升自己，摆脱焦虑，养出心理健康的孩子。

（1）别把焦虑传给孩子

《正面管教》中写道：“父母情绪化的惩罚会带来愤恨、报复、反叛、退缩，唯独不会带来反思和改变。”父母一定要知道，指责和批评并不会让孩子变得更好，反而会激发他的逆反心理。

真正毁掉孩子的从来不是教育压力，而是情绪压力。家是温馨的港湾，是放松的地方。父母一定要明白，孩子的成长是一个漫长而持续的过程，就像每朵花都有自己的花期，每个孩子也有自己该走的路。别让自己过度的担心，成为孩子前进路上的阻碍。

（2）培养孩子的抗压力

心理学家马斯洛曾说：“挫折未必总是坏的，关键在于对待挫折的态度。”盛开在温室里的花朵，是难

以抵抗狂风暴雨的。很多孩子心理出问题的原因之一，就是父母密不透风的保护。这种保护让他们一旦经历一点小挫折，心理上就难以承受，甚至崩溃。

因此，父母应该学会放手，给孩子试错的机会。让孩子经历失败、面对痛苦，教他们正确地对待挫折，如此他们才能成长。但要注意的是，挫折教育不是吃苦教育，更不是折磨教育，人为制造的苦难只会让孩子变得更脆弱。

（3）陪伴孩子亲近自然

精神病学家斯图尔特·布朗花了42年的时间采访了数千人，得出一个结论：“儿童时代不曾无拘无束玩耍的孩子，长大后可能会不快乐，难以适应新环境。”孩子的天性都是爱玩的，不愿意被束缚和控制。适当的放松并不会让孩子放纵，反而会调整他们的心态，缓解他们的压力，让他们有更充沛的精力投入学习中。

所以，父母可以多陪孩子出去走走，例如每天晚饭后和孩子在楼下、门前散散步，或者打打羽毛球、乒乓球；周末带孩子去郊外、公园，看看大自然的青山绿水、花鸟鱼虫；假期带孩子外出游玩，感受世界之大和自己的渺小，在对比中树立远大的理想。

（4）给孩子自由的空间

一位教育家曾经说过：“教育最难完成的事，就是让孩子成为一个自愿并热切追求知识的人。”而这种“自愿”来自孩子的内驱力是否被激活，在于他做出的决定是被迫的还是主动的。

孩子是独立的人，需要有自己的空间，尤其是到了青春期，更需要父母的尊重和接纳。父母要做的就是学会理解孩子，将选择权还给孩子，不干涉孩子的自由。如果想要孩子做什么，提出建议，说清利弊，和孩子商量后，让孩子自己作决定。毕竟孩子需要的不是命令和强迫他们的“掌控者”，而是站在他们身前，引领他们走上正确道路的“引导者”。

20个“反内卷”的经验(10)

19. 练习“自我关怀”。知道自己需要什么，知道自己“很足够”，也知道自己永远拥有“其他”的选择空间。

20. 在工作中找到意义。即使每天都在窗口盖章，你也在影响着“另一个人的人生”。 **（简单心理）**

文/Guokr

关机之前先处理情绪

1. 一关电视就哭，孩子不是故意的

每逢“关机”必哭的孩子，看起来好像有点蛮不讲理，但如果细细地了解背后的心理，你会发现，他们的哭闹有理；相反，简单粗暴“一关了之”的父母，对孩子的伤害才真的有点大。

（1）蔡戈尼效应：人性追求完整的执念

在生活中，为了把游戏玩到通关，为了看完整场的球赛，为了追剧追到大结局，我们经常会通宵达旦。在心理学上，这被称为蔡戈尼效应——在人的天性中，对“把事情完成”有着强烈的执念。当愿望没有达成的时候，“完整”的心理需求就会使人耿耿于怀。

所以，没看完的动画片，没玩完的游戏，没吃完的雪糕……都会让孩子念念不忘、哭闹不止。对“圆满”的执念，让孩子纠结于那份“得不到”的缺失，进而大发脾气。此时，哭闹并非孩子脾气不好，也并非孩子不遵守规则，只是得不到让他们难以释怀。

（2）多巴胺受阻：大脑的奖赏机制突然被叫停带来的痛苦

正做着美梦，突然被叫醒；正唱着儿歌，突然被打断；正吃着美食，突然碗碟被打翻；正玩得开心，突然被泼了一盆冷水……谁不愤怒呢？这种快乐突如其来地被中断，带来的情绪冲击，与孩子正在看动画、玩游戏，突然被关机一样难受。

人的大脑里有一个奖赏系统，看电视、玩游戏能激活多巴胺在奖赏通道传输，使人产生快感，使人乐此不疲地继续，最后成瘾。跌宕起伏的剧情，环环相扣的游戏环节，时不时地间歇性地强化奖赏，牢牢地吸引着孩子的注意力，将他笼罩在“蔡戈尼效应”的执念中，深陷多巴胺带来的陷阱里，一开机就着迷，一入坑就难以自拔。此时，突然关机，对于孩子而言，就等于突然掐断了多巴胺的传输，打断了大脑的沉浸体会，让他从快乐的天堂迅速坠落。强行切断会给大脑带来类似疼痛的感受，让孩子忍不住哭闹，甚至尖叫。

（3）情绪力尚弱：自我调整的能力有待加强

明明是自己不守规则，明明道理都懂，但想哭想闹的心还是控制不住。别怪罪孩子，对于学龄前孩子而言，大脑中负责情绪调节、理

性思考的前额叶发育缓慢，“情绪脑”占据上风，“一点就着”是大脑的自然反应。所以，这个阶段的孩子情绪控制力差，只能用发脾气的方式表达“关机”所带来的痛苦和挫败。此时，和孩子讲规则，就如同和醉酒的人讲清醒，做的都是无用功。

只有帮助孩子的“情绪脑”降速，让“理智脑”发挥作用，占据主导地位，孩子才能听得进道理，更愿意配合。在处理“关机”问题前，先处理情绪才是重点。

2. 关机之前，先处理情绪

孩子的自律性并非天生的，需要父母后天引导。在帮助孩子建立规则时，我们的位置既不是高高在上的领导，也不是紧盯着小偷的警察，而是孩子的同伴。

（1）遵循蔡戈尼效应：看完一集，而不是再看五分钟

每次和孩子约定玩游戏、看动画的时间时，不要说“再给你五分钟”，而是“看完这一集”“玩完这一关”，让孩子有始有终地完成一件事，心无挂念，他的抵抗情绪就会降低很多。对时间认知尚浅的孩子，对“几分钟”并没有概念，换成“几集、几关、几次”的方式，他更容易理解。

（2）倒计时提醒：帮孩子顺利完成过渡

约定好关机的规则，并不代表一劳永逸。当孩子沉浸在屏幕世界里时，大脑深陷其中，很难自觉地从中抽离出来。这时，父母在约定之余，还需要做以下几件小事。

①坐到孩子身边，和他讨论剧情。坐到孩子的身边，兴致盎然地和他聊聊屏幕里正在发生的事，“主人公遇到什么事了？”“问题解决了吗？”“你最喜欢哪个角色？”只要孩子回答你的问题，就意味他的大脑已经从全身心的封闭状态中走出来了，进入了可以流动的状态。这时，再通过聊天的方式，搭起一条转换赛道的桥梁，转移孩子的注意力，就不会出现多巴胺突然受阻带来的痛苦。

比如“小猪佩奇跳完泥坑，是不是需要回家洗澡？一会我们看完电视，是先洗澡还是先吃饭呢？”“今天这集太有意思了，明天我们午睡起来，再看下一集吧！”消除敌对情绪，消除突如其来的抽离，就消除了孩子的抗拒。

②提前预告，教孩子看进度条。孩子看不懂时间，但看得懂一点点移动的进度条。所以，我们可以在

每次快结束时，提醒孩子看进度条："这集的终点快到了吗？进度条跑到哪里了？""妈妈闭上眼睛，如果进度条到了，你会不会自己关掉电视机？""咦，已经没有声音了，是不是到终点了，你自觉关机了？""你说到做到，实在是太棒了。"既提前让孩子的大脑收到结束的预告，又让注意力从剧情转移到进度条上，还能通过获得"关机"的自主权，让孩子更配合、更积极。

③离开现场，切换其他游戏场景。有时孩子过度沉迷，会不愿意配合，我们可以利用孩子天生爱玩的习性，将"关机"变成有趣的小游戏。"我们是不是找不到遥控器了，让奥特曼来帮帮忙吧！""奥特曼发射冲击波，都没法关掉电视，你还有什么办法关掉它呢？""哎呀，是怪兽抢走了遥控器，藏到哪里了？你能找出来吗？"当孩子的眼球被游戏吸引，大脑就会不自觉地走出来。孩子沉迷电子屏幕，是因为有趣；那么当生活中有更有趣的事情，他们也会抛弃电子屏幕。

(3) 温和而坚定：坚定执行，温和共情

说到做不到太正常了，毕竟他只是个孩子。所以，在引导孩子的过程中，父母要耐得住性子，扛得住孩子的反复无常。好习惯的养成不可能一蹴而就，人的自律性都是在左右摇摆、痛苦挣扎的磨砺中，一步步修炼而成。约定好的关机时间到了，那么就要坚定执行。如果孩子违反规则，就只能承担之前约定好的"行为后果"，比如减少第二天看电视的时间。坚定能让孩子明白"规则"的意义，接受规则的存在。

孩子会有情绪、会哭闹、会伤心，这些都是正常现象，但父母此时不要硬碰硬地镇压孩子。而应该保持平和的情绪，安慰和鼓励孩子："如果下次遵守约定，就可以看了。我们明天一起加油，妈妈提前提醒你，你也主动关机，好吗？"

温柔而坚定能够让孩子逐步走出情绪，并且理解关机不是父母故意为之，而是"规则如此"。父母理解孩子想要看的心情，也接纳孩子看不了的伤心，并且愿意陪孩子一起遵守规则、控制欲望、保住机会。那么，父母就不是敌人，而是盟友。比起能否顺利"关机"，养成孩子遵守规则的习惯更为重要，而父母的爱和信任，是让孩子做得更好的推手。

文/晨妈

受欢迎的孩子什么样

在校园生活中，纵观那些在学校受欢迎的孩子，他们的身上或多或少具备以下几种品质。

1. 情商高

案例

在电视剧《大考》中，因疫情学校组织学生留校过年，但高铭宇放心不下爷爷，决定回家和爷爷一起过年。临走前，家境不错的室友潘小宣给他买了一部手机，以方便联络。可是自尊心强的高铭宇不接受“施舍”，果断地拒绝了。然而，意想不到的一幕发生了，潘小宣转头将手机扔进了垃圾桶，嘴里念叨着：“多余的手机，不丢了干什么，也退不了了。”轻飘飘的一句话，瞬间扭转了局面。

最终高铭宇接受了手机，不单是因为一句“用不着”，重要的是潘小宣照顾了高铭宇的自尊。互相承诺手机算是借的，将来等高铭宇赚了钱再连本带利地还给他。如此一来，既帮助了室友，又顾及到了别人的自尊，怎么能得不到对方的尊重与好感呢？

点评

情商对一个孩子的重要性不言而喻。情商高的孩子通常具备同理心，能够设身处地为他人着想。在某种场景下，他们能够关注他人的情感和需求。事实上，情商高的孩子往往更受欢迎。因此，父母应该重视培养孩子的共情能力，让他们能够体会他人的难处，关注他人的感受。

白岩松说过：“没有情商的教育，等于白教。”爱孩子，就不要吝啬他们的情商教育，这也是他们未来成长的一个重要助力。

2. 幽默

案例

在电视剧《小欢喜》中，方一凡是一个学习成绩一般的学生，但他非常幽默风趣，总是能够为同学们带来欢笑。他善于说笑话、讲故事，常常能够引起班级的轻松气氛，

家教语录（19）

孩子有安全感，就有利于自立。撒娇是自立的种子，满足孩子撒娇的需求，可以让孩子走向自立。因为在发生恐怖、不安、悲伤等压力时，越是能够接受到信赖的人支持的孩子，在社会上的适应力就越强。

同学们很喜欢和他一起玩耍。

点评

“好看的皮囊千篇一律，有趣的灵魂万里挑一”，有趣、幽默，已然成为一个人受欢迎程度的考量标准。

在班级中受欢迎的孩子往往具有活泼开朗且幽默风趣的特点，他们能带给同学们快乐，并给人留下深刻的印象。对于学生而言成绩很重要，但有趣的灵魂往往更能够吸引他人。

因此，父母可以鼓励孩子增强自己的幽默感和自信心。可以参加一些有趣的活动，如参加话剧社、参加校园文艺演出等。通过这些活动，孩子可以培养自己的幽默感和表现力，使自己更受欢迎。

3. 有能力

案例

蛋蛋班里有个女生叫花花，让很多同学为之“着迷”，花花不仅人长得好看，还尤其擅长数学，每次数学考试花花都能拔得头筹，不是满分就是第一名。因为成绩优异，且乐于助人，班里的同学都愿意向她请教数学题。久而久之，在一些重要的投票中，花花总能稳居前列，其受欢迎程度，可见一斑。

点评

成绩拔尖的孩子往往备受关注和优待，这并不奇怪，因为学习是每个学生生活中最重要的一部分。当其他同学遇到学习问题时，他们往往会寻求成绩好的同学的帮助和指导。因此，那些经常帮助同学并在学习上有所突出的孩子，自然会受到同学们的喜爱。

想要在同学当中受欢迎，学习拔尖是一个基本利器。要做到这一点，孩子需要熟练掌握课本知识，如英语的朗读、数学的口算、语文的作文等。此外，孩子还可以发展自己的特长，歌唱、舞蹈、篮球等。想要拥有实力，就需要日复一日地努力。

都说父母之爱子，则为之计深远，这个计深远不是只提高孩子的学习成绩，培养孩子成为一个学霸，让孩子成为一个受欢迎的人也很重要，它不仅能提高孩子的自身魅力，对于他未来的工作乃至家庭生活都大有助益。

家教语录(20)

如果给孩子的爱是有条件的，孩子的性格就会扭曲，因为要被爱，所以要学习；因为能向别人炫耀，所以才爱。不要向孩子传递这样的错误信息，要给孩子“无条件的爱”。

文/赵大山

父有五德 孩子不会差

古人说，父亲要有五德——宽厚、仁慈、自重、智慧、心胸开阔。父亲能做到这些，孩子不会差。

1. 宽厚

宽厚的人，才可以依靠。

三国时期，曹操在官渡大战中打败袁绍，在袁绍的营帐中发现许多书信，其中有一些是曹操的部下写给袁绍的。属下建议，把这些人找出来，统统杀了。曹操说算了，不想知道这些人是谁。当时自己都不能自保，何况别人呢？消息传出，赢得了更多人的忠诚。

希望孩子性格宽厚，对孩子就要宽厚。孩子成绩不好，或者调皮捣蛋，一些父母不问青红皂白，就是一顿辱骂。可谁能不犯错呢？

孔子说只有一个弟子好学，就是颜回，因为他“不迁怒，不贰过。”孔子弟子三千，贤人七十二，不迁怒别人，不重复犯错的只有颜回一人。

责骂只会使孩子产生逆反心理，形成懦弱、自卑、不合群的性格，宽容待之才是更好的方式。

2. 仁慈

三国时期，刘备被曹操击败后逃往荆州。途中，许多百姓追随刘备，导致行军速度缓慢。有人建议舍弃百姓，以加快行军的速度，但刘备拒绝了。最终，刘备带领百姓安全抵达荆州。

刘备的行为体现了仁爱、宽厚和智慧，赢得了人民的尊敬和拥护。也告诉我们，仁爱是一种宝贵的品质，能够赢得人心，成就伟大的事业。

父母希望孩子仁爱，对孩子就要有仁爱之心。尊重孩子，关爱孩子，就是培养仁爱之心的开始。

3. 自重

自重是做人的底气。《圣经》说“人是上帝所造”；佛经说“人生难得”；儒典说“人是万物之灵”。人顶天立地，千万不可小看自己。

孔子称赞子路：“穿着破旧棉衣，与穿着狐貉皮大衣的人站在一起，而不觉得自卑可耻的，大概只有子路吧。”

《诗经》说：“不忮不求，何用不臧。”意思是不嫉妒，不贪求，什么行为能不好呢？自重的人才能敝帚自珍，才不会在富贵面前迷失，才会不卑不亢，从容自若，云淡风轻。

如何培养孩子自重？要倾听，

不要轻易训斥孩子，不要以命令的口吻和孩子说话；不要当着别人的面斥责孩子。父母越维护孩子的自尊，孩子越看重自己的名誉。父母越轻视孩子，孩子就越敏感，形成刺猬的性格，别人碰不得。孩子从小受到尊重，才知道尊重别人；知道尊重别人，才会自重。

4. 智慧

诸葛亮告诫儿子："非淡泊无以明志，非宁静无以致远。"

都说中国孩子的数理化成绩好，但为什么世界顶尖的科学奖项中国人却拿得少？其中非常重要的原因是，很多孩子学数理化是为了考高分，是为了以后找个好工作，有个好职业。没有探求真理的兴趣，又怎么能安于一辈子从事寂寞的研究呢？

真正的智慧不是利用社会问题去赚钱，而是通过解决社会问题去赚钱；做个有智慧的父亲，少点吸烟喝酒的快乐，多点琴棋书画的雅趣，一个有智慧的父亲，会使孩子少走弯路，早开智慧。

5. 心胸开阔

心有多大，舞台有多大。古人读万卷书，行万里路，就是为了开阔眼界，博大胸怀。

有客人向子路请教一年有几季。子路说："春夏秋冬四季。"客人摇摇头："不对，只有三季。""你错了，四季。""三季。"两人争执不下。恰巧孔子从屋里走出来，两人上前，请孔子做裁判。孔子看了一眼客人，说："三季。"客人走后，子路问孔子："一年明明有四季，你怎么说三季？"孔子说："刚才那个人全身都是绿色，他是蚂蚱，春天生，秋天死，不知道有冬天，与他争辩，没有意义。"其实孔子认为不争就是慈悲、不辩就是智慧。

人不可以没有格局。有格局的人不斤斤计较，有格局的人不嫉妒别人，有格局的人不懈怠。所以父母应成为孩子的典范，通过自身的言行展示宽容、理解和接纳，让孩子在潜移默化中学习到这些品质。

家教语录(21)

妈妈希望看到孩子的独立性，也希望让孩子自己做更多的事情，变得独立而不过度依赖。但实际上，往往因为担心做不好、不放心等原因而代劳，剥夺孩子的动手能力。如果不想让孩子依赖你，不如试着让孩子自己做，一点一点来，哪怕几个步骤，或者从做一半开始。做的过程给予提示，引出孩子的想法。

文/陈妍

高情商贵在一个“情”字

1. 我想把最后一份让给小哥哥

案例1

我和儿子在游乐园的小吃摊位排队，章鱼小丸子只剩下一份了，排在前面的小女孩和紧跟其后的小男孩都想吃。小女孩先到，按顺序应该先买，但她却想把这个机会让给小男孩。正当我和儿子一起感叹小女孩的善良时，小女孩的妈妈却出言制止了：“这份就该是你的，为什么要让？”小女孩有点不知所措：“我觉得他比我更想吃。”可是小女孩的妈妈却强调：“也许别人会夸你人好、情商高，但我觉得你不必通过假装善良讨好别人。想做什么就做什么，自己开心比什么都重要。”

案例2

儿子参加城市国际象棋比赛时，有一场积分赛，对手的实力远不如他，他却耗时许久。我再三追问，儿子才告诉我，对手和他是同校的队友。他既不想输掉比赛，也不想让队友的积分很低，所以他选择先让几步棋再自己赢。如果按照上面那个妈妈的逻辑，那么技高一筹就该赢，赢得越快水平越高。但如果只是站在自身立场上想问题，看似头脑清醒，其实离善良越来越远。

点评

我们要为孩子种下善良的种子，让他们想共情时能共情，想表达时也能表达，不受任何人绑架。如果刻意教孩子选择不善良，宣扬自己开心最重要，反而容易把孩子变成一个利己主义者。

人与人之间不是只有“非你即我”的利害关系，把孩子教成“事不关己，高高挂起”的人，那么别人对孩子也不会表达善意。高情商贵在一个“情”字，相比智商、学商、逆商、美商，情商教育更注重一个人内心的温度。

2. 培养高情商的孩子，父母该怎么做

（1）肯定善良行为，呵护孩子内心善良的种子

故事

北宋宋江小时候就深深同情穷苦人。一年夏天，他正在自家的西瓜地看瓜，来了一老一少两个逃荒的人。小孩口渴见到西瓜就想吃，宋江有心给小孩吃瓜，但又怕父亲责备，于是他用爸爸给自己的钱给小孩买了一个西瓜。这时，父亲走

过来了，宋江吓得一声不吭。父亲却笑道：“傻孩子，这事你没错。”

点评

都说生活是一面镜子，你对它笑，它就会对你笑。所以我们应该相信善良才是一个人的底色，无论到什么时候，善良永远是人类最高贵的品质。正如哲学家弗洛姆所说：“爱汝邻人并不是一种超越于人之上的现象，而是某些内在于人之中，并且从人心中迸发出来的东西。”父母不要打压孩子心里的小天使，因为善良是对他人报以善意，最终还会成为保护自己的铠甲。

(2) 告诉孩子，善良不是无原则地妥协和退让

案例 1

李奶奶是个好心人。冬天冷得要命，她会给流浪的人送热汤，给孤儿院的孩子织毛衣。可惜不是所有人都懂得珍惜。一个骗子装成流浪的人，偷走李奶奶的宝贝，但她没有声张，她希望他能改过自新。

案例 2

张先生是个热心肠。周末会到社区义务帮老人家修电器。但有一天晚上他出门，被一辆车撞了，司机却跑了。他躺在医院里，疼得直哼哼，却还在替司机着想，祈祷他能回头是岸。

点评

在生活中，确实存在一些做了善举反而被伤害的事，所以，父母要告诉孩子：善良也不是无原则地妥协和退让。

都说育儿先育己，高情商的父母绝不是只求自己开心快乐的利己主义者，而是能对孩子的情感做出正向引导的引导者。父母帮孩子守住最初的善良，就等于帮他们守住了巨大的宝藏，它们终将变成孩子的财富。教女儿不要善良是妈妈出于保护欲的本能，但高情商父母的眼光势必会更加长远，知道善良的品质会起到润滑剂的作用，减少孩子在生活中遇到摩擦力，帮助他更好地适应和融入社会。

让自己幸福快乐的小习惯(6)

6. 释放善意

有人说：“这世上所有的幸运，都是你一点一滴攒下的善良和人品。”得到奖励，大脑会变得活跃；释放善意，大脑同样可以产生兴奋的刺激。

心理学有一个重要的原则：当你给予的同时，已经拿到了给予的回报。暖心的善意，总是让人清澈明朗，世界也变得温柔。

文/兰心

如何应对孩子的臆想行为

1. 案例

一个妈妈讲述：我儿子班上12个孩子联名举报我儿子向其索要东西，他们要轮流给他带面包、糖果等零食，有时还要替他写作业，如果做不到就会受到惩罚。我的第一反应是这一定是个误会。“是不是儿子当选了大队长，同学们想讨好他？”我问老师。老师疑惑：“什么大队长？他不是啊！”

之后，老师和我核实了很多情况。比如，儿子和同学说，我妈是隔壁中学的校长；我爸在知名互联网公司工作，即将被派往国外。儿子还说，要邀请全班同学来家里的别墅玩，让法国大厨为大家做正宗的西餐……没有一句是真话。他和我也说过类似的话：“今天校长亲自送我回来，他太喜欢我了。”

回家后，我正琢磨该如何和儿子谈这件事。没想到，更大的“惊喜”等着我。一开门，儿子就兴冲冲地跑过来：“妈妈，我被评为三好学生了。”我气得浑身发抖，竭力控制怒火：“三好学生该有证书吧？”“老师写错名字了，正在重新做，过两天就给我了。”儿子说。我“啪”地扇了他一个耳光。儿子演不下去了，我们不得不面对这难堪的真相。

2. 分析

所有孩子都会说谎，可能因为客气，谎称喜欢邻居送的礼物、称赞五音不全的人歌唱得好；或者因为集体荣誉而说谎；大一些的孩子还会说自己做得不够好……这些谎言不需要干预。唯独孩子因为自己而说谎时，才需要警惕，我们把这样的谎言称为“黑色谎言”。

案例中的男孩，他的谎言是黑色的，而且是精心设计的。即便如此，他的问题也不是道德问题，而是心理层面的问题。

从男孩的描述中，我们能捕捉到很多线索：他在讨好别人，过度担心外在的看法。他敏感地捕捉到了同学们的反应，然后推测对方想听到什么样的话，继而说出对自己有利的话，让自己获益。

他的价值体现也过于单一，当父母把全部精力都放在孩子学习上时，孩子的感受也会变得扁平。他开始用功利的视角，判断周围的一切，为达到目的不择手段、逐步越界。而在诚信方面，男孩的父母也做了不正面的示范。

3. 策略

（1）父母的态度很重要

通常，大人不说谎，孩子说谎的可能性会随之降低。长期共同相处的人，会对彼此的肢体语言等小细节异常敏感。比如，父母会问孩子“圈套式”的问题：“你昨天几点回来的？”我们明明知道孩子回来的时间。孩子能敏锐地感受到父母隐藏的怒意，然后试图隐瞒，最终导致说谎。一个积极的示范是：我知道你昨天七点半才到家，超过了我们约定的时间。坦诚地分享也会换来孩子坦诚的回应。

（2）父母要少控制孩子

孩子说谎是为了做自己想做的事情。如果我们给孩子安排得太多了，让他无法探索自己，他就有了说谎的动机。比如，男孩把自己伪装成大队长，父母可能因此放松管制，他也因此获得更多空间，做自己喜欢的事。如果父母一开始就没有过强的控制欲，孩子想做什么就做什么，那么他就没有必要说谎。

（3）恰当处理孩子的行为

男孩不仅在说谎，也在编造他臆想的世界，这比说谎更危险，并不会立即消失。所以当孩子编造校长送我回家时，父母的反应最好是既不夸大也不过分激动。而是“这听起来有点夸张，我觉得你说了一些不符合事实的事。你的想象力正在发挥作用，对吗”？

孩子编造的原因可能是需要陪伴、被称赞。解决这个问题的关键是，用积极的方式满足孩子缺失的需要，找机会多称赞孩子、注重亲子陪伴等。当我们专注于建立优质的亲子关系、恢复亲子之间的信任时，孩子的问题就会减少。也许谎言会消失，或者变得不重要了。

忙有五不帮（5）

5. 不逞能去帮别人

案例

畅销书作者李筱懿说，一次，朋友的表亲生病了，朋友便拜托她帮忙联系看病。起初，她觉得为难，毕竟不是朋友自己生病，而是朋友的表亲，关系并不近。但架不住朋友的哀求，她还是答应了。结果表亲嫌弃医生看病时不够热情，朋友因此觉得丢了面子，对她心生怨念。经此一事，李筱懿决定以后不逞能去帮忙了。

点评

成年人应该掌握分寸，帮忙时要尽力而为，力所不能及的，要果断拒绝。凡事过犹不及，懂分寸、不逞能，既是对别人的尊重，也是对自己的保护。

文/新东方家教

孩子为什么不心疼你

1. 溺爱

案例

一个妈妈说，女儿15岁，读重点高中尖子班。这几天下雪，天很冷，下班回家后，她头疼、咳嗽，有感冒症状。但天已晚，为了能让女儿尽快吃上饭，她不顾身体不适，开始准备晚餐。但是，女儿对妈妈生病视若无睹，不但不帮忙，还一个劲地催：“饭还没好啊？”甚至坐上桌，还在抱怨：“筷子都没有，你叫我怎么吃啊？”

点评

父母为孩子付出很多，却换不来孩子关心的一句话；甚至稍微有一点点不如意，还会招致孩子的埋怨。我们通常把这些问题，简单归结为“溺爱”，认为孩子这是“不知好歹”。如果管严点，让他做家务，也许他会感谢你。但孩子不心疼你，真的仅仅是“溺爱”吗？

著名心理学家阿德勒说，人格具有统一性。孩子的所有行为，反映的都是他背后的“整体生活画卷”。孩子不心疼父母，往往还有更深层的原因。

2. 复杂的家庭关系

案例

一个女大学生接到家人的电话，问她放假回不回家。女生冷冷地说“不回”，还嫌弃地挂断电话。

原来女生小时候，父母离婚了，但一家人的撕扯却从未停止过。她和奶奶在一起的时候，奶奶说妈妈的坏话；她和妈妈在一起的时候，妈妈说爸爸的坏话；她和爸爸在一起的时候，爸爸说“为了你，我才这么累”。她说：“我也想有个温暖的家，但我没有啊。”

点评

孩子不是不心疼父母，不是不想念长辈，而是和谁亲近，都是一种伤害。被牵扯进家庭矛盾的孩子，向谁偏移，仿佛都是对另一个人的“背叛”，他们和谁都很难建立亲密感。久而久之，就把自己活成了“一座孤岛”。当我们责怪孩子不心疼自己的时候，有没有想过，作为“家庭风暴”中心的那个孩子，才是最无辜、承受最多、最需要心疼的人。他不是不心疼你，他只是心累了。

3. 忽视感受的沟通模式

案例

有人问：“为什么孩子不考虑父母的感受？”有一段对话给出了答

案。孩子问："妈，晚上吃什么啊？"妈妈说："饿了，谁叫你中午不好好吃饭，该吃饭的时候不吃，活该你饿，饿死你。"孩子继续问："晚上吃什么？"妈妈提高嗓门："吃吃吃，就知道吃。"孩子也提高了嗓门："我就问吃什么？"妈妈怒了："还问、还问，问八百遍了，再问我踢死你。"孩子也怒了："就问、就问，怎么了？吃什么？"妈妈说："你瞎啊，吃包子。"

点评

如果父母对身边的人经常指责、抱怨，没有关心、包容，那么耳濡目染下，孩子学会的也是不体谅、不心疼。孩子习得的是整个家庭的相处模式，要想走出来非常难。所以，你要问孩子为什么不心疼父母，答案可能是：因为孩子的感受从未被好好对待过，他们不是不想心疼父母，而是不会、不知道该怎么心疼父母。

4. 没有边界的管教和付出

案例

16岁读博的"神童"张炘炀曾说："我不仅可以靠父母，还有父母的父母，他们还欠我一套房子。"这段话单看，绝对是啃老的典型。但当我们了解到张炘炀被父母操控的求学经历后，又对他产生了一些同情。在父母的干预下，张炘炀无法活成自己想要的样子。于是，年纪轻轻的他，一点都不心疼父母，反而觉得无业一身轻，只想"混吃等死"靠父母一辈子。

点评

在生活中，我们很容易陷入两个极端，要么对孩子娇纵溺爱，要么对孩子严加管教。这两种教育方式都是把孩子的事当成自己的事，都是对孩子能力的不信任，也都是对孩子亲自体验的剥夺。在这种过度关切和付出下，孩子要么缺乏生活体验，以自我为中心，看不见别人的感受和需求；要么没有自主权，只想远离控制，证明自己。

父母为孩子付出一切到底是为什么，是为了孩子回报吗？然而，相比父母眼中是不是一个感恩的人，孩子更怕自己人生的掌控权，落到父母的手上。

5. 真正的感恩是怎么来的

要培养一个感恩的孩子，父母应该怎么做？

（1）不带抱怨地表达自己的需求

案例

在生活中，我遇到过很多这样的父母：一开始默默地做，做到后面，积蓄了很多负面情绪，又一股脑地倒给孩子。结果孩子蒙了，因为他既没有你抱怨的那些体验，又没有向你提出过任何要求，都是你自愿做的，他又怎么能共情你的辛苦呢？

点评

“你能帮妈妈倒杯热水吗？我有点感冒。”“妈妈不舒服，今天晚餐简单吃。”当我们不带抱怨地及时分享自己的感受、表达自己的需求时，孩子才知道在什么时刻用什么样的方式关心人，才能体会到原来妈妈有这么多事要做，也才能慢慢生出同理心，真正看到别人的辛苦和付出。

（2）对孩子的感恩行为给予肯定

案例

有个网友说他不止一次在公交车上，看到满心愤怒，或者面露冷色、不发一言的父母，而坐在旁边的孩子，通常小学生模样，他们绞尽脑汁想着各种话题，逗大人开心，虽然内容苍白无趣，却总是被父母的冷眼和奚落打回，但短暂的无所适从后，他们又露出天使般的笑容，继续变换着新话题。

点评

想要孩子学会感恩，很重要的一点就是要对孩子的感恩行为进行正面、及时的反馈。这种反馈，不是夸孩子“有孝心”“嘴甜”“讨人喜欢”，而是告诉他，“谢谢你这么在意我，妈妈很感动”“有你在我身边，我很满足”。坦然接受孩子的关心，让孩子照顾你，并肯定他在你心中的价值，孩子才能在感恩的行为中，收获幸福感和满足感，才能有更多的感恩行动。

（3）让感恩行为成为家庭的习惯

案例

一位早年历经坎坷，最终凭借不懈努力，成为行业领军人物的企业家，事业有成后，他没有忘记那些曾在他困难时伸出援手的人，设立了“感恩基金”，用于资助贫困学子和扶持乡村教育，用自己的力量回馈社会，帮助更多像他一样的孩子改变命运。他也经常告诫子孙后代：勿忘初心、常怀感恩。

点评

想让孩子爱上阅读，家里就要有阅读的环境。同样，感恩也应该是一个家庭的日常行为。对周围的人少一些抱怨，多一些理解；和孩子聊一聊那些帮助过自己的人；指出周围人的善举，表达感动；用行动对帮助过自己的人表达谢意。这些都会在潜移默化中影响孩子。

文/蓝橡树

孩子不是懒而是能量低

1. 孩子越来越懒了

案例1

一个妈妈说："孩子懒得既不爱动，又不愿意出门，整天赖在床上睡，都这么大了，还这么不懂事？"从前神采奕奕的孩子，不知道从什么时候开始，变得郁郁寡欢、萎靡不振，做事提不起兴趣，也不爱与人交流，精神倦怠，沉迷手机，说他两句还受不了，发脾气。这个妈妈和很多父母一样，在孩子被确诊为抑郁症之前，无法理解孩子怎么"越来越懒，越来越不懂事了"？

案例2

一个心理咨询师分享：一天早晨，女孩正要去学校，突然发现自己存放作业的U盘不见了，此后，她就病了。刚开始，她只是急躁、大哭、尖叫，把自己锁在家里；之后，她的大部分时间都是在床上度过的。再后来，她被确诊为抑郁症、焦虑障碍。从此，她休学在家。家人无法接受，也无法理解，为什么好端端地就"抑郁"了。

点评

这类孩子有个共同特点，看起来很"懒"。身体软塌塌的，两眼空洞洞的；做事拖拉磨蹭，学习不努力，做什么事都提不起精神；不爱运动，不爱出门，也不爱与人交流，对人生没有期待；每天习惯性地发呆，显得无精打采，疲惫不堪；玩游戏、刷短视频，在网络世界里寻找慰藉。

不知道从什么时候开始，"好累啊""没意思""没有意义"这些话，从他们嘴里出现的频率越来越高。对此，父母习惯性地给孩子贴上了"懒""颓废""叛逆""不上进"的标签。评判的言论不绝于耳，却对孩子内心的痛苦充耳不闻。

2. 孩子不是懒，而是能量低

著名心理学家大卫·霍金斯经过30多年的研究，得出一个能量层级的定论："每个人都是行走的能量体，活在各自不同的能量层级里。能量低的人，精神萎靡，啥也没干也会累得啥也不想干；能量高的人，精神抖擞，一股牛劲能把整个宇宙干翻，还能感染身边的人一起积极向上。"父母要知道，孩子不会十全十美，所以当孩子表现得不尽如人意时，不要随意给他贴上懒的标签，他只是能量低。

如果孩子长期处于"能量告急"的状态，他的世界就是黯淡无光的。

久而久之，生命力就会被消磨殆尽了。

父母孜孜不倦地鞭策，可是孩子却进入了学习没动力、社交无能力、对现实没兴趣、对生命无感受的“四无”状态。

而且能量守恒定律下，精神消耗多了，身体的能量就少了。体现在行为上，就是做事拖拉，注意力不集中，对学习失去兴趣，容易紧张、焦虑、冲动和钻牛角尖。所以，在吃穿不愁的年代，我们却看到一些孩子毫无朝气，萎靡不振。

心理学家李雪认为，在能量殆尽的时刻，游戏和网络或许是解救孩子的最后一根安全绳了。但父母只看到了孩子沉迷游戏的表象，却没有看到孩子脆弱无助的内心。已经没有能量为自己的人生掌舵的孩子，犹如漂泊在一片汪洋中的孤舟，随便一次浪潮就能将其打翻。虚拟世界，成为他最后的避难所。

你以为网线一拔，电脑一扔，就能解决问题。殊不知，拔掉的可能是孩子的最后一根安全绳。比起训斥那个沉迷游戏、萎靡不振、不求上进的孩子，不如帮助孩子找回能量，重拾动力，热爱人生。

3. 父母是“蓄电站”，而不是“耗电器”

手机电量不足，我们都知道要充电了。因此，当孩子发出能量不足的信号后，父母要当的是蓄电站，而不是耗电器。

（1）心灵能量场

爱荷华大学的一项研究显示，孩子每天从父母的话语中，平均一天能得到超过400条的负面评论，而正面评论却只有30多条。

老话说得好：“你不能靠拔苗帮

长相年轻的六个习惯(4)

4. 心态乐观，不为往事烦忧

举例

央视主持人康辉一直被同事戏称为“康帅”，如今年过半百，依然儒雅清俊。他曾说起对“少年感”的看法，表示长相年轻不是因为穿着打扮，而是自己从不把烦恼放在心上，始终能保持一份乐观。

点评

清代《养真集》里有一句话：“自古神仙无别法，只生欢喜不生愁。”一个人真正走向苍老，不会因为一道皱纹，一根银发，而是因为愁上眉头，苦上心头。而一个经常微笑的人，眉也舒展，眼也亮泽，整个人都神采奕奕。

《礼记》中说：“有和气者必有愉色，有愉色者必有婉容。”长相年轻的人，内心也必然乐观开朗，无论何时都能保持淡定和从容。

一棵豆苗成长，要给它阳光和雨露。”长期在说教、打压、训斥、嘲讽的语言环境下，孩子如同慢性中毒的种子，发育不良。否定的话听多了，就会转化为孩子“内在批判的声音”，逐渐吸走孩子的能量。

要点燃孩子的小马达，让种子有足够的力量向阳而生，父母需要调整说话的方式。让孩子的心灵得到被理解、被肯定、被支持、被欣赏的滋养，让孩子产生对自我的认同感：你无法成为也没必要成为其他人，你已经足够好。这份肯定和激励，会让孩子找到精神动力，仰起头，更自信地向前走。

（2）大脑能量场

孩子注意力不集中，学习拖拉磨蹭时，仔细思考一下，他的大脑是否太累了。一个总是疲惫不堪的孩子，必然是一个压力过大、休息不足的孩子。因为太多的辅导班、大量的课程、大量的作业，都在消耗孩子的能量。尤其是当多项任务同时启动，大脑反复切换、应接不暇时，孩子就会因累生乏，因烦生厌。

要想孩子学习好，就要给孩子的大脑减负。调节生活节奏，保证张弛有度。帮助孩子筛选轻重，将有限的精力投入最有价值的事情上。集中精力，每次只做一件事，并且努力做好。这种沉浸式的心流状态，可以帮助孩子消除烦躁，带来成就感。简洁的生活、饱满的精力、充实的状态，都是给大脑蓄电的来源。

（3）身体能量场

尽管我们都知道运动有益身心，却又有无数借口挤占孩子投身户外、运动健身的时间。孩子每天的日程表里排满了辅导班，每天的课外时间有写不完的作业。我们还要担心安全隐患，天天被关在室内的孩子，别说运动，就连晒晒太阳，都变得奢侈。

孩子长期缺乏锻炼，很少接触大自然，身体就会像晒不到太阳的植物，暮气沉沉。生锈的身体没有能量，大脑也会因为缺乏养分而变得迟钝，心灵如同一碰就碎的瓷娃娃，脆弱不堪。

一个长期被关在室内，生活里只有学习的孩子，少了阳光的照射，也没有运动的刺激，身体里的多巴胺就会降低，大脑的血清素和肾上腺素也会减少，久而久之，就会导致情绪波动异常，引发各种心理问题。解决的办法很简单，就是投身大自然，在阳光下跑一跑、动一动，身体蓄能成功，能量足了，就像加满油的小汽车，跑起来才更快，学习也更有效率。

过于指导孩子无法成长

文/秋秋

1. 不要过于指导孩子

有一次，儿子正在炒菜，我站在旁边指导，确实没有批评也没有大吼大叫，但是我对儿子说的话却是：这个不对，得切小一点，要不不容易熟；这样不对，要先炒鸡蛋，再炒西红柿；你这么做不行，得这样，否则油会溅出来。摄像头离厨房挺远，所以我看不到儿子当时的表情，但看完这段录像，我能体会到窒息感。

我指手画脚，给了孩子完全不需要的指导，也给了孩子不小的压力。虽然没说脏话，但却是最伤人的话：你是错的，我是对的；这事只能这么做，你得听我的；只有我知道怎么做，你什么都做不好。这样的一段话，虽经我口，却入了孩子的心。

2. 过于指导，孩子无从成长

像这样的“指导”，几乎遍布孩子生活的方方面面：别穿这个薄的，今天冷，你看我穿得多厚；书包背好了，怎么是歪歪扭扭的；别碰这个，危险；哎呀，玩点什么不好，非玩这个，多脏啊；拿好你的水杯，别忘了喝水；你看，这道题你又做错了。

大人的精力放在指导孩子的一举一动上，并经常伴随着制止和指责。好像没有我们的提醒，孩子的天就会塌下来，实则处处被盯着，才是孩子无法承受的压力。如果每天都被这样的小事消耗心力，孩子无从成长，做什么都是错，长期浸泡在悲观、压抑的情绪里，再强大的内心也会崩塌。而一个筋疲力尽的孩子，也会做事拖延、注意力不集中、遇事就放弃、有挑战就退缩，无法焕发生命力。其实，只要不是原则性问题，没必要过多地消耗孩子。

3. 让孩子自己去经历

（1）无关紧要的事不责备

案例

在医院的挂号大厅，一个妈妈在指导孩子：“你怎么不会插卡”，其实孩子正在插卡，而且设备上显示读取成功；“把钱拿出来”，其实孩子正在拿；“收据你折起来干什么”“把衣服帽子扶正”“都说了别这样，你为什么不听呢?”孩子每做完一个动作，就会得到一个“指导”。

点评

每做一个动作都批评，而且都

是一些无所谓、不用一定分对错的小事。父母挑的每个错，甚至涉及不到对错的事情，也会唠叨很久，使得孩子的大脑和身体都得不到放松，一直绷着弦。

心理学家特丽·阿普特曾经这样形容被责备的孩子："原本充满歌声与欢笑的身体，突然之间就变得畏缩、紧张、一蹶不振；原本神采奕奕、热情激动的脸，突然之间就覆盖上了阴霾；原本闪闪发亮的眼神，突然之间就黯淡了，恍惚地看着父母的脸，等待暴风骤雨慢慢归于沉寂。"孩子的成长，确实少不了父母的批评和指导，但是在无关紧要的小事上，父母要有不追求完美的习惯，让孩子有自主生长的空间。

（2）孩子能做的事不控制

案例

父母想让女儿吃虾，认为虾的营养高，可女儿就是不吃。于是父母生气了，怒吼着把小女孩拖出去，关在门外三个小时。

父母用经验之谈将自己的恐惧强势地投射到孩子的身上，代替孩子思考，并恼羞成怒地惩罚孩子。

点评

有人评论：十年后，你一定不会记得孩子最后有没有把那只虾吃完；但孩子一定会记得你是怎么把她从餐厅里拖出去的，让她在夜晚一片漆黑的楼道里，边哭边瑟瑟发抖地待了三个小时。

著名心理医师苏珊·福沃德在《原生家庭》中写道：如果一个母亲控制自己蹒跚学步的孩子，不让他走到大街上，我们不能说她是操控型家长，只能说她很谨慎。这种操控十分适时，也十分适度，完全是为了满足孩子对保护和指导的需求。如果这个母亲十年之后还在这么做，适度的控制就成了过度的控制，因为那时孩子早就可以独立过马路了。

同样的一件事，放在孩子不同的成长阶段，得到的评价是不同的。身为父母，一辈子都要揣摩一个"度"。

教育家苏霍姆林斯基曾说：在儿童的成长过程中，父母最应该做的就是放手，让他们尝试想尝试的事情，给孩子创造一个自由发展的环境，只有这样，孩子才能更好地成长。

孩子的成长，需要父母的放手和信任。让孩子能自主去经历，在挫折和欣喜中成长，才是真正负责任的爱。

放权越早 孩子成长越快

文/萝北

1. 不让唠叨破坏孩子的大脑

案例

一个男孩成绩虽不拔尖，但也稳居中上水平，性格也很好。但自从妈妈放弃工作专职照顾儿子起，情况就发生了变化。

老师问男孩“是不是遇到了困难”，男孩说：“妈妈的话很多，她完全不听我说话，也不在乎我的感受。一点小事，她都要翻来覆去地说很多遍，我真的很烦，什么事都做不了。”

点评

学者吴伯凡曾说：“唠叨其实是在说一种没有对象感的话，看见什么说什么，没有任何选择性。”唠叨对孩子的最大副作用，就是伤害还未发育成熟的大脑，破坏孩子的内驱力。

越来越多的研究表明，大脑中的前额皮质和自我控制能力息息相关。14岁以前的前额皮质对压力尤其敏感，一旦受到威胁，就会立刻被压垮。长此以往，大脑习惯于逃避压力，就不再愿意接受学业和生活中的挑战了。一个在平静温和环境中长大的孩子，哪怕起跑慢了点，但他有一个未被破坏的大脑，他就有足够的精力专注应对眼前的困难。

2. 不将自己的焦虑传给孩子

案例

有一个视频，一个女孩一边哭，一边问爸爸：“我已经写完作业了，已把该做的事情做完了，我玩一会有什么问题吗？”爸爸被问得哑口无言，只好说：“没问题、没问题，你可以玩一会。”但他马上又补充了一句：“但你不能玩太久啊！”女孩的情绪瞬间爆发，声嘶力竭地说：“我每天九点就睡了，你什么时候看我玩太久了？”“你每天给我那么大的压力，让我好好学习，长大做这、做那，你自己怎么什么都做不到。”

点评

有的爸爸职场失意，就给孩子的课余时间塞满补习班。有的妈妈对孩子的学习无能为力，就逼着孩子吃很多营养品，因为那是她表达爱的唯一通路。这样的孩子一方面疲于应付父母的失控和焦虑，一方面又要集中精力去学习新生事物，内驱力自然会大打折扣。

当一个人对自己的生活有超强的掌控力的时候，就不需要通过控制孩子来释放自己的焦虑。我们并非要成为教育专家，才有资格培养出有内驱力的孩子，做到“不用自己的焦虑惩罚孩子”，就已经成功了一半。每当我们想要纠正孩子的时候，不妨问问自己：是孩子真的错了，还是我在焦虑？是孩子让我失望，还是我对自己没有信心？放手让孩子去试错，最坏的结果是什么？

3. 不以“为你好”阻止孩子成长

案例

一个15岁的女生报名参加了一套线上课程，培训老师发现，她的妈妈是唯一没有进群的家长。没有父母的监督，小女孩照样认真听课，积极完成作业。而这样一个内驱力极强的孩子，源于一对敢于放权的父母。

在孩子学龄前，父母就让她自己选择上哪所学校。但父母会告诉她哪所学校的操场更大，哪所学校的老师更和蔼，哪所学校的饭菜更好吃。哪怕孩子并没有经验，但孩子还是作出了人生中的第一个重要选择。妈妈看到课外兴趣班，也会推荐给女儿，至于是否报名，妈妈完全尊重女儿的意愿。看似放羊，实则让孩子提早试错，提早进步。

点评

把选择当作“收获经验”，就没有了“一定要选对”的执念。人生终究不会一帆风顺，与其为孩子扫除障碍，不如让他在风浪中学会扬帆。

有一项针对9~21岁的孩子判断力的测试，结果显示：14~21岁的孩子得分基本一致，9岁的孩子得分只是稍低而已，但并不意味9岁孩子的判断力低，而是他们缺乏经验。

有句话说：“失败带来经验，经验带来成功。”只有鼓励孩子不断试错，才能让孩子不断收获经验，进而独当一面。

我们都对孩子说过这样的话：“点小份的，大份的你吃不了。”“选这个颜色的衣服，它更衬你的肤色。”“上这个兴趣班，它对你的升学更有帮助。”这些温和的劝告，初衷是让孩子少走弯路，其实也剥夺了孩子体验和决策的权利。我们总是想，孩子大一些才能做出正确的决定。殊不知，放权越早，孩子成长越快。

孩子的内驱力并非来源于他做事的客观能力，而是相信自己可以做事的信心。想要保护孩子的这份信心，就要学着把成长的掌控权还给孩子。少些言语，少些约束，适当放手，你会发现，孩子的回报会给你超乎想象的惊喜。

文/宋宋

让孩子知道他想要什么

《小小少年》自开播以来，如同一股清流，触动了无数父母的心弦，并引发了广泛而深刻的反思：为什么小小的孩子竟能如此执着地追梦？

1. 这是内驱力的作用

案例1

在《小小少年》里，音乐神童王烁然，6岁学钢琴，10岁就能演奏多种乐器了，尤其擅长即兴创作和改编。王烁然深刻地理解热爱的含义，他一直自主学习和音乐相关的一切。他弹钢琴手速很快，很多人质疑他是假弹。当记者问他："这些评价会影响你学音乐吗？"他摇头说："不会，音乐给我带来快乐，我离不开这种东西。"

案例2

在《小小少年》里，李莲怡娜8岁学骑摩托车，12岁成为职业摩托车手。车轮滚滚，浑身泥泞，连男车手都好奇："你怎么会喜欢这个？"怡娜的成绩，参加女子比赛能拿冠军。遗憾的是，女子比赛越来越少，她只能参加男子比赛，女子在男子赛车中很难脱颖而出，但怡娜表示，她未来会把它当作职业。

点评

心理学家荣格曾说："这是在和环境交互中，个体自发产生的一种具有驱动效应的自我力量。"具备内驱力的孩子，不会被挫折所阻碍，也不会被别人的非议所左右，他们会把所有的力量都用在更好地前行上，就像王烁然和怡娜。

2. 外部压力会削弱内部动机

案例1

妈妈带女儿学游泳，目标很明确，拿奖牌为中考加分。女孩很努力，但她遇到了一个强有力的对手，对方动作标准，游得快。妈妈着急了，要求女儿超过对手，并在边缘追着孩子大吼大叫："怎么这么没用？"女孩既追不上，又被妈妈吼，于是消极怠工，站在游泳池的中间不游了。不管妈妈怎么吼怎么叫，女孩都不愿再游泳了，而她之前很喜欢游泳。

案例2

在《小小少年》里，殷然是个"养虫专业户"。妈妈说："不能把孩子喜欢的事都弄没了。"但殷然痴迷于虫子，经常耽误写作业，于是妈妈通过背古诗发泄情绪，情绪平和后，妈妈对殷然说："人一生不可能只做自己喜欢的事，你选择多花时间看虫子，但接下来的任务你会很累。”虽然语气里带着哭腔，但始终尊重孩子。妈妈离开后，殷然主动背起了古诗。

案例 3

在《小小少年》里，国豪是乒乓球天才，打球10年，拿下全国少年前八的名次，眼见就要进国家队了，他却爱上了电竞。为此，他放弃了清华单招的机会，选择成为职业电竞选手，爸爸焦虑得整晚睡不着觉。国豪的第一场电竞比赛，爸爸悄悄去看，儿子成功获胜，爸爸偷偷抹泪，也终于释怀。

点 评

《看不见的力量》中指出：“外部压力杀死内部动机。考核孩子是否优秀，是通过严格的外部评价进行，包括考试分数、比赛名次、艺术考级、体育技能等。所谓教育内卷，卷的就是外部评价。而这种内卷杀死的是内驱力。”

点燃孩子的内驱力，需要父母先发现再引导。除此之外，还需要父母发自内心地信任孩子，并为此调整自己的教育方式。

3. 让孩子知道他想要什么

有内驱力的孩子有梦想。哈佛大学劳伦斯·萨穆斯校长曾在一次开学典礼上对哈佛大学的学子们说：“哈佛人每天醒来的第一件事，就是问自己一个问题——我为什么要学习？”这个问题看似简单，实际上却非常重要。如果一个人没有良好的内部动机，不明白做事的目的，就很难产生强大的内驱力。所以，不解决为什么要学习这个问题，看不到学习的必要性，就永远也不会拥有学习的动力。

《自驱型成长》中指出，父母要传递给孩子这样的理念：“这件事你说了算，我相信你有能力对自己的生活做出明确的决定，就算不那么明智，你也能从错误中吸取教训。”

不用担心孩子没有天赋。芬兰教育家表示：“哪怕某个孩子既不擅长数学或者科学，又不擅长文艺，但你依然能帮助他发现自己的力量，比如为人公正、有创造力、擅长团队合作、有好奇心等。”

总之，重要的是我们需要培养一个知道自己要做什么的孩子。当他知道自己要做什么，他就有了追梦的力量。

“你来定”并不意味着孩子可以在所有事上拿主意。这也对父母提出了更高的要求，我们需要激发孩子的内驱力，同时，我们也需要做好引导，让孩子在良好的环境中，长成他想成为的样子。

敢质疑的孩子有出息

文/包麻麻

1. 孩子优秀从质疑开始

案例1

一个妈妈说现在的孩子简直就是一个问题大王："妈妈，你的口红为什么都是红色的，没有黑色的吗？""妈妈，为什么要用遥控器打开电视？为什么不能用嘴说？""妈妈，人为什么要穿鞋啊？穿袜子就方便多了。"

案例2

13岁的小男孩汪正扬发现了360系统的漏洞，于是向360公司"库带计划"提交了可能影响上百家网站的系统漏洞。随后其被邀请参加中国互联网安全大会，并顺利进入了清华附中学习。

案例3

在一部电影中有这样一个片段：在课堂上，有一段师生对话。老师说："我向你们保证，若上帝存在，他是邪恶的。上帝是万物的创造者吗？若上帝创造了万物，他也创造了邪恶，即上帝也是邪恶的。"一个学生提出了质疑："寒冷存在吗？"老师问："怎么会问这样的问题，寒冷当然存在，难道你不曾冷过吗？"学生说："事实上寒冷并不存在。根据物理学上的定律，我们所谓的寒冷，实质上是缺少热量。老师，黑暗存在吗？"老师说："当然存在。"学生说："这也不正确。黑暗也是不存在的，而是缺少光。人应该研究光，而非黑暗。邪恶并不存在，它就像黑暗与寒冷。上帝没有创造邪恶，邪恶只是人缺少爱的一种状态。"这个敢质疑的学生，就是爱因斯坦。

点评

清华大学的校长说："我们的未来需要有创造力的孩子，而那些不会思考的孩子，注定被淘汰。"可见，孩子优秀，往往从敢于质疑开始。敢于质疑、敢于挑战权威，不盲从固有认知，而是从另一个角度去认知，这样的孩子，才有创造力。

2. 不敢质疑，只能被改变

案例

男孩对老师的话深信不疑。一次，老师通知第二天同学们要穿短袖校服来上学。但第二天气温骤降，妈妈让男孩穿上外套再去上学；没想到，男孩不从，硬是穿着短袖校服去上学了，结果被冻得鼻涕一把泪一把，课也没上好。

点评

不结合实际情况，不敢反抗权

威，并不是件好事。这样的孩子太守规矩了，这很可能是思维韧性不足所致。什么是思维韧性？是指面对困难和挑战，能够保持灵活和适应的思维能力。当孩子的思维韧性不足时，他们思考问题的时间就会很短，就会出现不愿意思考，思考问题不够深入的情况。久而久之，孩子就变成了不知变通的人，不能根据环境的变化进行思考，这样的孩子不易成功。

（1）孩子为什么会变得刻板、固执

①不允许孩子有自己的想法。“你怎么这么笨，照着别人去做不行吗”“能不能省点心，竟想一些没用的东西”，孩子被打击次数太多，渐渐就变得不懂变通了，觉得照着做才是最安全的。

②不让孩子自己去探索。孩子搭积木，你在旁边指手画脚：“不对不对，先别搭这个，先搭那个。”用既定模式去要求孩子，不让孩子自己去探索。

（2）想要孩子有创造力、有出息，父母不能管太多

①允许孩子异想天开，多鼓励。孩子把天空涂成紫色，你可以说“我第一次看到这么美的天空”，而不是纠正“天空是蓝色的啊”。

②多向孩子提问题，多问为什么。“为什么要这么做呢”“能和妈妈讲讲这么做的好处吗”？

③孩子遇到问题，让他自己想办法解决。让他选择适合他自己的步骤：“你自己先琢磨一下，妈妈一会过来帮你。”总而言之就是一句话：尊重孩子好奇的本能，多倾听、多引导、少命令、少强制。

3. 聆听和保护孩子的“不一样”

案例

《奇葩说》第六季冠军詹青云回忆：小时候学数学，老师说2比1大，3比2大，10最大。她说所有小朋友都能理解什么是大小，她的理解是：1要写在格子里，2要写得比格子大一点，写到10的时候，就要写整个本子那么大。但老师并没有夸她大脑清奇、天赋异禀，而是说她蠢，并告诉她的妈妈：“我教不了你的孩子。”

点评

当孩子发出不一样的声音、不一样的想法，与大众格格不入时，最应该聆听和保护孩子的应该是父母。但我们害怕孩子不合群、爱钻牛角尖，害怕孩子遭到质疑，而逼着孩子将自己真实的想法隐藏起来。慢慢地，孩子就会成为一个“没有个性”的人，从而失去了成为“不平凡的人”的可能性。

文/李雪

坏习惯背后是在呼唤爱

1. 每个坏习惯背后，都是匮乏爱

看电视与近视之间，吃糖与龋齿、肥胖之间有必然的联系吗？

在大量治疗案例中发现，身体症状与心理症状有着紧密联系。近视可能是家庭中有些事情，比如父母长期争吵，孩子不想参与、不愿意看到所导致；龋齿很有可能是长期处于惊恐状态，导致牙齿无意识地紧咬，破坏了牙釉质所致，而中医也说惊恐伤肾，肾气不足则无法让牙齿坚固；而肥胖则与“俄狄浦斯”冲突有直接关系，还有的是“前俄期”被抛弃的创伤导致。

虽然我们不能对疾病和心理的对应关系下一个定论，但有时大家公认、毋庸置疑的“常识”说法，不一定那么正确，因为很多事情远比我们想象中的更微妙。为什么有些人在无限制的情况下会把身体搞坏？比如酒精成瘾、药物依赖甚至吸毒；比如孩子频繁捧着iPad，以至于智力发育低于同龄人。其实，每个顽固的坏习惯背后，都是匮乏爱的痛苦呐喊，如果内心那个空洞长期没有爱的填补，就只能向内塞电视、酒精、网游、药物，却永远填不满。

孩子的恶习若已养成，一定不能强行戒断，否则会产生更可怕的后果。守着电视是惊恐无助的孩子拯救自己的一种方式，现实中没有爱，有的却是恐怖的家庭气氛，孩子只能靠幻想安慰自己，而电视则提供了幻想的空间。

所以，父母要做的不是去改变，而是去尊重、去爱。每个孩子成为现在的样子，都有很深的原因。我们可以不理解，但至少要对现状有一些尊重，避免妄自尊大，用我们认为的“正确”去改变孩子。若真心为孩子好，爱比教育和控制更重要。

2. 担心即诅咒，并非玄妙说法

因为担心是一种焦灼的、无能的、不作出有效行动的精神状态，孩子浸泡在父母的无力感中，承受父母的情绪压力，也会变得无助、焦虑、脆弱无比，从而更容易遭遇不好的事情。

强者不会让自己停留在担心的状态，强者会理性思考，作出有效行动，然后接受不可控的部分。比如担心孩子眼睛近视，没有理性的弱者思维，会卡在焦虑状态：盯着孩子的一举一动，唠叨孩子少看手机，否则会近视……因为这是无效的，甚至是反作用的——让孩子肝郁，眼睛更容易近视。在父母的焦虑中，孩子学到的也是弱者思维，遇事只会担心焦虑，不会行动，所以更容易遭遇不好的事情。

强者思维是什么？比如做什么能有效地帮助孩子视力健康？如果我们有精力，我们可以和孩子互动做游戏、搞户外运动，给孩子推拿按摩、定期体检；如果我们没有精力，花钱送孩子去运动；如果我们既没钱也没精力，至少要闭上嘴，别再焦虑地消耗孩子的能量。如果孩子眼睛近视了，那么该配眼镜就配眼镜。

强者和弱者都会遇到各种困难，区别仅在于，弱者会停在焦虑里，不做正面努力，只做负面焦虑，从而让人生越来越淤堵无力；而强者会有效行动，并接受不可控的现实。

3. 拥抱自己，与孩子建立爱的连接

将痛苦投射给别人，尤其是弱小的孩子，是一件容易的事情。如果我们有勇气，可以在每次欲投射时反观自己，回到自己的心灵深处对自己讲："我的孩子有感知世界的能力，他内在的智慧和节律会指引他。我经由焦虑、恐惧看到的他并不是他本身，而是我的投射。"

如果担心孩子不能自觉学习，我们要自省："曾经厌恶学习，在学习的过程中体验到痛苦的人是我。而我的孩子，会经由他的体验找到学习的乐趣。"

如果担心不控制孩子，孩子就会索求无度，我们要自省："欲望被压制，潜意识渴望索求无度的人是我。而我的孩子，会在物质、精神上都体验到丰盛，内在的充盈会指引他找到平衡的方法。"

如果每天督促孩子，担心孩子懒惰不上进，我们要自省："逼迫自己不断奋斗，是我的人生模式。而我的孩子，带着他的使命降临人间，会安然地完成他的人生体验，我们只能陪伴而不能妄加干涉。"

很欣赏宫崎骏的一句话："我想做的是告诉孩子怎么好好地生活在现实中。"我们的愿望再美好，孩子的一生也要他自己做决定，在跌跌撞撞的试错和冲撞中，塑造自我；在现实中找到适合自己的那条路。我们能做的就是支持、理解，成为他坚实的后盾。

习惯培养的地方是家庭

文/曾军良

3～6岁是习惯养成的关键时期，但很多父母却把希望寄托在幼儿园老师身上，而真正培养孩子行为习惯的地方是家庭，父母要帮助孩子养成五个好习惯。

1. 好好吃饭

现在的孩子都在学校吃午饭，大多数孩子会好好吃、不挑食、不浪费。但有些孩子挑三拣四，还有的孩子干脆不吃，整个下午都饿着肚子上课。

以前的孩子都乖乖吃饭，原因是什么？物质条件差，饭菜不多。孩子知道如果不乖乖吃饭就得饿肚子，饿极了也没有零食，父母更没有时间哄。

现在的孩子不爱吃饭，是因为父母准备了很多零食，实在不行还可以点外卖。要改变这个坏习惯，父母就要“狠心”。他不肯吃，就饿一顿，一顿不行就饿两顿。

2. 按时写作业

有些孩子不好好写作业，甚至不肯写作业，父母拼命催反而给孩子一种错觉：“作业是父母的，不是我的。”

正确的做法是：孩子放学后，父母不要马上催他写作业，而是先让他休息半小时，到了时间，再提醒他“该写作业了”。

父母的任务只是提醒，不是催促。如果孩子就是不写，不要软硬兼施，而是让他体验不写作业的自然后果——第二天去学校被老师批评。当然，有的孩子不写作业，是因为不会，这时父母应该辅导。

3. 生活自理

自己的事情自己做，不依赖父母是孩子两三岁就知道的道理。但有父母会说，孩子学习任务重，所以回到家只管写作业。

其实，孩子在学校都是自己的事情自己做。自己吃饭、洗碗、值日，劳动课上也都表现得很优秀。为什么回到家，袜子不会穿了？吃完饭，碗筷一推就完事了？“你的任务就是学习，家里的事不用你做。”这是很多父母经常说的一句话。孩子小的时候，父母觉得他干不好；孩子大了，父母又担心他干家务影响学习。

让孩子做自己的事情并力所能及地做些家务活，能培养他的自理能力和责任感，也能让他明白自己是家庭中的一员。

4. 规律作息

很多孩子一到节假日就晨昏颠倒，一日三餐随意吃。父母无可奈何之余，说："好不容易放假，就随他去吧，上学就好了。"

实际上，在家生活不规律的孩子，上学后会出现各种问题：上课睡觉、作业潦草、不好好吃饭……所以，父母一定要帮助孩子养成规律生活的习惯，包括几点起床、几点吃饭、几点做作业、几点睡觉。

父母以身作则，孩子才会有榜样可学。在家里生活规律的孩子都会自发地制订学习计划，学习上遇到困难也比较有韧性。

5. 耐心倾听

耐心听孩子把话说完，看似容易，做起来难。学校让孩子回家后主动跟父母说说学校的生活、自己的想法。但经常有学生反映，父母根本没有耐心听他们说话。

"我一天到晚忙死了，让我安静一会。"孩子只好闭嘴，久而久之，便什么也不愿意说了。在学校，老师都习惯倾听学生说话，即便犯错了，也会耐心听他解释，这是对学生的尊重，也是让学生服气的最好办法。老师愿意花时间听学生说话，同时也会告诉他们要耐心倾听别人说话、理解别人。

所以，如果孩子愿意跟你说话，一定要耐心听。你耐心听孩子说话，孩子也会有样学样。

与这四种人深交(3)

3. 与趣味者在一起，养人

故事

宋朝宰相晏殊，平日常因政事忧心，不苟言笑。但他与张亢、王琪两位好友在一起时，经常会被他们轻松的氛围所感染，因他们滑稽的举动而开怀。一日，三人在酒肆闲聊，王琪忽然指着张亢说："张亢触墙成八字。"八字形如牛角，王琪取笑张亢体壮如牛。张亢听后，立刻回敬道："王琪望月叫三声。"王琪体形瘦弱，张亢揶揄他像一只猿猴。在一旁"隔岸观火"的晏殊，见两人不分伯仲，笑得前仰后合。全然没有了平日里宰相的威严。

点评

《道德经》中讲：古往今来，越是厉害的人，越是童心未泯。他们有着丰富的灵魂、天真的心性，活得通透自如。与他们在一起，你会不自觉地放下包袱，忘却烦恼，感知生活的美好。

明代文人袁宏道曾说："世人所难得者唯趣。"有趣，是人性最高的境界，也最是难得的。有趣之人，不计较、不纠缠、不执着、不功利。处世，能乐天知命，顺应自然；为人，能包罗万象，随遇而安。与他们相交，心态会变得愈加平和放松，觉得世间无烦可忧、无事可扰、无人不善。

文/孙云晓

习惯培养需要六个步骤

1. 第一步，提高认识

案例 1

2003年，全国研究生入学考试外语听力成绩首次计入总分，教育主管部门明确规定："考生必须在13：45前进入考场，13：45后禁止考生入内。"该规定在考场纪律和考生准考证上均明确写明，各大媒体也在考前一再提醒。可是考试当天下午，上海市某考点一连来了四名迟到考生，而这时13：55已过。当老师告诉他们不得入内时，这几名同学才想起看准考证。

点评

每个人都要养成认真落实的习惯，否则就会有吃不消的苦头。例如，平时写完作业要认真检查，考试的时候仔细审题，与别人有约的事情要牢记在心并提前落实等。

案例 2

1959年10月，苏联首位宇航员的选拔工作在全国展开。加加林从3400多名35岁以下的飞行员中脱颖而出，最终又从20名入选者中脱颖而出，于1961年4月12日，乘坐"东方"1号宇宙飞船完成了世界上首次载人宇宙飞行。为什么加加林能脱颖而出呢？起决定性作用的是一个偶然事件。在确定人选前的一个星期，主设计师罗廖夫发现，在进入飞船参观前，只有加加林一个人把鞋脱下来，只穿着袜子进入了座舱。就是这个细节，赢得了罗廖夫的好感。罗廖夫说："只有把飞船交给一个如此爱惜它的人，我才放心。"

点评

加加林的成功得益于他的良好习惯。有人开玩笑说他的成功从脱鞋开始。好的习惯能够给人带来更多成功的机会，坏的习惯往往使人在不知不觉之中走向失败。

有人会问，习惯到底是什么呢？习惯就是习以为常的行为，是一种稳定的自动化的行为，是经过反复练习而养成的语言、行为、思维等生活方式，它是人们头脑中所建立起来的一系列的条件反射。

2. 第二步，规范行为

案例

一个男孩上课时调皮，把任课老师惹生气了，下课后男孩很懊恼，就去找班主任孙蒲远老师汇报情况。孙老师说："犯了错误就认错还是好孩子。你决定怎么认错呢？"男孩说："我去给任课老师赔礼道歉，再给任课老师鞠个躬。”孙老师说：“鞠个躬很好，能让对方知道你的诚意。你会鞠躬吗？鞠一个让我看看。”男孩直挺挺地点了一下头。孙老师摇摇头说：“这不是鞠躬，这是点头，点头道歉缺乏诚意。”随后，孙老师站起来，给男孩演示怎么鞠躬，并让男孩练习了几次，才让他去向任课老师认错。

点评

孙蒲远老师不愧是“紫金杯”优秀班主任、教育专家、全国特级教师，她教育学生不光有耐心，还有细心，因为只有细致入微的指导，才能培养出真正的好习惯。

3. 第三步，榜样力量

案例

关颖老师曾与儿子难以沟通，但她发现儿子的房间里贴了许多球星乔丹的画像，乔丹是儿子心中的偶像。后来，一向不喜欢篮球的关颖开始与儿子一起看篮球比赛，并且收集了许多乔丹的故事，这让儿子对妈妈刮目相看，亲子关系亲近了起来。关颖还发现，只要与儿子谈乔丹，儿子就心服口服，因为他对乔丹有认同感。借助乔丹这个榜样的力量，全家人和谐相处，儿子也越来越可爱。

点评

儿童时代就是榜样的时代和偶像的时代，儿童学习的特点就是观察和模仿。父母既可以选择孩子喜爱的名人榜样，也可以选择孩子的优秀伙伴，只要发现榜样的某些好习惯，都会对孩子产生影响力。

4. 第四步，行为训练

举例

孩子洗手的训练，不洗手就不能吃东西。“洗手了吗？”你问孩子，并看着孩子，慢慢地孩子就习惯了，养成了习惯，就成了稳定的自动化行为。孩子的习惯养成有一个由被动到主动再到自动的过程，因此要训练。比如，晚上睡觉以前，把衣服叠好，把鞋子放好，把书包有序地整理好，分别放在该放的位置上；起床后，把被子叠得整整齐齐，像军人一样。孩子开始不会，父母可以指导、演示，然后，弄乱了让孩子做，孩子就会很有兴趣。

点评

心理学研究显示：“一种行为重复21天就会变成习惯动作，而90天的重复就会形成稳定的习惯。”当然，不同的行为习惯，形成的时间也不同。总之，坚持的时间越长，习惯越牢。好习惯都是这样一步一步训练出来的。

5. 第五步：评估奖惩

案例

一个男孩上小学五年级，写作业磨蹭。一天，妈妈发现儿子写一小时作业站起来七次，一会打开冰箱看看吃点东西，一会打开电视看看动画片开始了没有，平均不到10分钟就站起来一次、转两圈，这样写作业能不磨蹭吗？于是，妈妈和儿子达成协议：写一小时作业，站起来不超过三次，能做到，可提一个小要求；做不到，少看一集动画片。孩子慢慢地改变了，一想到一小时只能站起来三次，就慢慢地控制自己。经过三个月的训练，孩子终于养成了专心写作业的好习惯。

点评

孩子经常管不住自己，父母可以把大计划分割成多个小计划，并不断地与孩子一起总结评估，让孩子每天都知道自己在进步，就会期待明天的进步。

习惯培养还可以用加减法，也是正强化和负强化的方法。培养好习惯用加法，让好行为不断出现，次数越多，好习惯越牢。改正坏习惯用减法，坏行为比原来的次数减少了，就可以用不同的方式奖励他，这样，慢慢地，坏行为一次比一次少，直到成功。

6. 第六步：良好环境

举例

孩子学习的时候，父母不要看电视、打麻将。有的父母边打麻将边说教："儿子，好好学习，考北大、考清华。"

家庭是孩子习惯养成的第一课堂。父母应以身作则地去影响孩子。比如，父母按时作息、规律生活，孩子在这样的环境下自然会养成守时、有条理的好习惯。父母还要注意培养孩子的自理能力，让孩子学会自己的事情自己做的习惯，从而培养孩子的责任感和独立性。

点评

在孩子成长的过程中，培养好习惯与创造优良的环境是相辅相成的。好的习惯能够塑造孩子的性格，提高他们的综合素质，而良好的环境则是孩子习惯养成的摇篮，因此，父母应当努力，为孩子创造一个有利于习惯养成的环境。

习惯的培养是一门科学。习惯培养的原则是：尊重孩子，尊重孩子的主人地位。习惯培养的目标是：解放孩子的大脑，让孩子从一些低级的、束缚自己的不良行为习惯中解放出来。如不磨蹭、不言而无信、不做低级趣味的事情等，使孩子的生活有情趣、有意义。

文/梁旅珠

好习惯不严格就养不起来

1. 小学低年级时要紧盯

孩子小学低年级时，我很用心地盯作业，我会坐在孩子旁边，陪他们写作业，盯他们检查或复习，确定每天的计划都要实行。当他们有困难时，我会立刻协助他们找出解决的方法，比如查字典或找参考书。陪在旁边最重要的目的，除了利用长期的反复操作形成他们的惯性，还要让他们学会专心和时间控制。

我不希望他们边写边玩，约束他们尽量集中精神，作业写完休息时再好好玩。在孩子小学一、二年级时，每天晚餐后，我都和他们一起把作业拿出来，引导他们从当天的作业中，确定完成的先后顺序。让他们在刚开始精神比较好的时候，先完成最难的作业，通常是先做数学或语文，再做其他科目，如美术、劳作等。才艺课，我会让他们按“周”做计划，分配在课业完成后的空当。通过这样向他们传输时间观念，过一阵子，他们就懂得如何规划课业、才艺活动和休闲时间了。

2. 十岁是转变的时间点

孩子上小学三年级以前，父母的影响力较大，我们的指令和建议，孩子比较愿意听从。到了四年级，伴随着一些青春期发育带来的生理变化，自主意识开始变强。男孩子通常会晚一些，大约在初中一年级才开始变化。

之前我给女儿推荐什么课外书，她就读什么，但小学四年级以后，我清楚地感受到她有了比较强烈的偏好，尤其爱读惊悚推理小说，至于她完全没兴趣的主题类别，则很难强迫她接受。这是孩子随着生理变化学习独立自主的正常现象，父母要有心理准备，调整心态，不应解读为孩子叛逆了，开始不听话了。

因此，10岁是自然转变的时间点，父母同孩子之间的良性互动，在这之前就要打好基础。比如协助孩子养成良好的读书习惯，父母须早早建立权威，但不是一味地高压。待孩子习惯养成后，做父母的再根据实际情况一点点放手，孩子就会觉得父母越来越好相处，整个转变过程就会很顺畅，不会有太多冲突。

3. 中学以后的重点是传送观念

代替“盯”作业的是观念上的传送。孩子上初中以后，我经常跟他们分享一种观念：读书是少有的完全掌握在自己手里的事，不需要靠别人，运气的成分也很低。通过读书可以验证一分耕耘，一分收获的道理，很容易享受到成果，所以，为什么不把握好机会好好努力呢！

追求成绩的表现绝不是一味地要求孩子当第一，使孩子错误地放大成绩的意义与重要性。我们要认清孩子的能力有一定的局限性，所以我鼓励孩子追求“跟自己竞赛”。

“跟自己竞赛”的观念必须从小灌输，让孩子了解成绩是一种自我检验，而不是数字追求。名次可以帮助我们知道自己的能力在人群中的落点，只要符合甚至超越自己应有的表现就是最棒的。

我教导孩子的观念是：不能把不喜欢学习当作借口，但努力过后发现不善于学习，是可以接受、必须坦然面对的。我希望这种观点能一直延续，成为他们未来做事的态度，因为没有一个人可以永远只选自己喜欢做的事情。

怎么找出衡量自己最佳表现的标准呢？不是拿成绩检测孩子要做几本试卷，或者去哪里补习，而是拿成绩观察孩子的做事态度、能力以及所取得的成果。比如数学总是不及格，我们要分辨是不够努力还是努力之后依然没有起色，有没有补救的方法。

小学一年级到六年级，女儿总是班上的第一名。上中学的第一次考试，让她体会到了拿第一不再那么容易。所以，我一再提醒女儿对自己不要有错误的期待，但眼前的挫折也不是定数，只要努力，龟兔赛跑的故事也会发生。

4. 不是不能跟踪作业，关键在于目标和方法

对于习惯的养成，我的观点就是从小到大由紧到松，因为好习惯不严格是养不起来的。小学高年级以后，我不再过问细节，只提醒孩子，学习若有困难无法自己解决，要来找我商量。

女儿高一时还算轻松愉快，但高二第一次考试后，她便有点懊恼地对我说：“高二科目变多了，考试复习一个礼拜，时间好像不够用了。”从那时起，她就自动把考试的准备时间提早为两个礼拜。两个孩子初中以后，读书和考试都完全自己负责。

俗话说：“授人以鱼，不如授人以渔。”父母“跟踪”作业的目标和方法如果正确，就像是给了孩子一支钓竿，并亲身示范钓鱼的技巧与方法。短短两三年时间的密集训练，足以让孩子未来具备自制钓竿、拓展渔场的能力。

不给孩子灌输占便宜的思想

文/筱泓

1. 孩子长大后会重复你的行为

案例1

周末，我带孩子去看电影，排队买票时，前面有一对母子，母亲对孩子说："一会你弯一下腰，缩一下脖子，我就不给你买票了。"孩子说："妈妈，我都快一米三了，你让我怎么弯呀，我不想逃票，咱家也不差这点钱。"母亲一巴掌拍在孩子的背上："是不差钱，但能省点是点。听话，看完电影带你去吃哈根达斯。"孩子难过得低下头沉默不语了。

案例2

一位网友说："小时候，看到妈妈买棵青菜就要拿棵葱，心里很不舒服，可是长大后，我却发现自己也成了那样的人。"

点评

心理学家说："爱占便宜的心理都是在童年时期形成的。"

每个孩子成年后，都会无意识地重复父母的行为。

没有几个人是含着金钥匙出生的，我们可以让孩子知晓生活的艰难，但没必要让孩子锱铢必较、事事占便宜。因为等他们长大后，这样的性格势必给他们带来不必要的难处，甚至是厄运。

2. 占便宜是最不划算的一件事

案例

在一位朋友的认知中，别人请客就等于赚到了。在日常工作生活中，他心里的小算盘一直在拨，直到找到盈利的点，心里才会舒服。表面上是占到了便宜，但花费的却是最珍贵的时间和心力。

点评

实际上，占便宜是最不划算的一件事，占的是看得见的东西，失去的却是无形的时间与心力，以及最高贵的人格与尊严。

古人常说："礼尚往来。"事实上，世间所有情谊都是用人情往来这种仪式让对方懂得：我记得你、我在乎你、我需要你。

人心换人心，人情往来是为人处世的基本修养。我对你好，你也对我好，这是心照不宣的定律。

3. 不要给孩子灌输占便宜的思想

（1）欲教子先正其身

案例

在超市的水果区，一个售货员对一对母女说："这个区域的水果不能尝。”母亲说：“哪有买水果不让尝的，不尝怎么知道甜不甜呢，不让尝不买了。”说着扬长而去。售货员摇摇头说：“她们每次来都把水果尝个遍才走。”在酸奶区，我又看到那对母女，女儿打开一盒酸奶正在大口大口地喝，看见我后，她放下酸奶拔腿就跑。

点评

儿科医学博士斯波克说：“孩子是通过观察父母来学习尊重、爱和得体行为的。”“欲教子先正其身”，如果我们希望孩子将来能成为一个有出息的人，就要注意自己的言行，提高自身的修养。我们要时刻记住，父母永远是孩子最好的老师。

(2) 教孩子物权意识

案例

一位朋友聊天时说，当孩子想要别人的东西时，我们必须严肃地告诉他，这是别人的东西，必须经过别人的同意才可以拿。让孩子知道不是自己的东西不能拿，这是孩子建立物权意识的关键所在。

点评

心理学家发现：两岁多的孩子分不清“自己的东西”和“别人的东西”，误以为自己喜欢的、想要的东西就可以拿走。我们要让孩子知道，什么东西是自己的，什么东西是别人的。这是培养孩子物权意识的第一步。

(3) 适时纠正和引导

案例

书店的店员在开店门时，发现门口有一张字条和40元钱。字条上写道：“孩子在书店拿走了四本漫画书，本应带孩子亲自来书店道歉，但店门没开，我把书钱放在这里了。对不起！”原来是一个不懂事的孩子，在书店拿走了四本漫画书，第二天早晨书店还没开门，孩子的妈妈便把道歉信和书钱从门缝塞进书店。当孩子犯错之后，适时引导，将会影响他的一生。

点评

慕尼黑神经科学研究所有一项研究表明：“98%的孩子都知道不应该偷盗，也认为这种行为是不正确的。但他们并没有把自己的行为和道德联系在一起。”

哲学家洛克说：“每个人来到世界，就像一张白纸。而后，他生存的环境开始给他上色，他的环境是什么样的，他就会变成什么样的人。”成长是一件伟大的事情，父母用自己的灵魂滋养孩子，让孩子在父母的荫蔽下茁壮成长。如此，孩子才能有更美好的未来。

文/烟花三月

吼式教育让孩子心生厌烦

1. 你越吼，孩子越笨

案例

邻居家的女孩画画不错，就是学习成绩不好，尤其是数学，小学三年级就开始不及格了。于是，为了提高成绩，邻居每天盯着女儿写作业，一旦发现女儿注意力不集中，她就怒吼一声，经常把女儿吓一跳。讲几遍女儿都不会，她就拍桌子，提高嗓门嚷嚷："你满脑子糨糊吗？讲这么多遍都不懂。"一个学期过去了，女孩的成绩不但没有起色，反而退步了。

点评

哈佛大学医学院副教授马丁·泰彻认为，人的大脑天生就喜欢宽松、温和的环境，大脑各部分相互协调、高效运转，才能吸收更多的知识。如果大脑处于危险、紧张中，就会本能地选择逃避，各部分的功能都会暂时关闭，因此，学习效果必然不尽如人意。

所以，父母必须控制好情绪，戒掉吼叫，为孩子创造一个安全、宽容的学习环境，孩子才能收获好的学习效果。

2. 你越吼，孩子越自卑

案例1

男孩原本是一个活泼开朗的孩子，但母亲经常对他大吼大叫，他慢慢变得越来越寡言少语，甚至还产生了自杀的念头。长此以往，让他变得很自卑，不敢表达自己的想法。

案例2

女孩因为成绩不好，母亲经常对她大吼大叫，最终导致女孩厌恶学习和学校，拒绝上学。

点评

心理学家阿德勒说："人人生而自卑。但有的孩子在成长过程中走出了自卑，活出了自信。有的孩子却把自卑变成了人格底色。"

心理学上有个"原生自卑"的概念，它诞生于孩童时期，源于不当的家庭教育。父母的吼式教育是孩子自卑的源头。"吼叫"不是教育，而是父母的情绪发泄，对孩子是一种"精神体罚"。

3. 你越吼，孩子越叛逆

案例

主持人王芳采访过一对母女。妈妈说女儿有网瘾、早恋，和父母顶嘴、动手，是个问题孩子。女儿始终面无表情，不说一句话。王芳花了不少心思，才让女孩打开心门。原来，女孩的妈妈对她寄予厚望，只要她出差错，不是吼就是打。一次，她和同学放学后聊了一会，比平时晚到家半小时，就被妈妈痛打了一顿。女孩说：“我是在报复妈妈，等我18岁后，两不相欠。”

点评

父母的吼式教育，解决不了问题，只会让孩子心生厌烦。几乎所有叛逆孩子的背后，都站着遇事只会吼叫、不会沟通的父母。正如王芳所说：“强势、暴躁、情绪化、不善于沟通的父母，容易碰上青春期叛逆的孩子；反之，耐心、温和、善于沟通的父母，培养的孩子也是温和、温暖、温顺的。”

4. 你越吼，亲子关系越差

案例

一个爸爸说，晚上，我又把儿子吼哭了。因为老婆加班，我在家给儿子做饭。饭做好后，我叫儿子吃饭，叫了几次，儿子都不回应，我没忍住，就又吼了孩子。每次情绪一上来，我就忍不住吼孩子，可是吼完后，看着孩子泪眼婆娑可怜巴巴的样子又自责。说实话，我经常陷入“不要吼”“忍不住吼”“自责”“不要吼”“忍不住又吼”的循环中。

点评

每个孩子的内心深处，都渴望被父母温柔以待。被温柔对待过的孩子，面对自己犯下的错误，会从深处反思，从根上改正。但是，很多父母奉行“爱之深，责之切”的理念，无意中把孩子越推越远，亲子矛盾加剧，教育效果自然收效甚微。

为了避免陷入如此僵局，父母在纠正孩子的言行偏差时，平静一些、和缓一些，孩子接受起来就会更容易，也不会伤害亲子关系。

5. 你的音量，决定孩子的路

案例

一个男孩喜欢赖床，早上很难叫起，爸爸就站在他的床前吹“起床号”。曲调气势磅礴，旋律震撼人心。可是，男孩依然躺在床上无动于衷。听到刺耳处，还把头往被子里缩缩，明目张胆地赖床。

点评

心理学家研究发现：处理事情不同的声调会收到不同的效果，大人批评孩子，用低声调孩子更容易接受。父母的低声教育，会让孩子有被理解、被接纳之感，孩子自然更容易接受父母的教导。那些成绩优秀、知节懂礼、阳光自信的孩子，没有一个是在父母的吼叫声中成长起来的。善用低声教育，是孩子之幸，也是父母之幸。

文/立正妈妈

动口不动手的正确姿势

从前的父母崇尚“棍棒之下出孝子”，能动手的不动口。如今的父母崇尚“温柔而坚定”，动口不动手。可是，为什么我们苦口婆心说了一大堆，孩子却无动于衷呢？到底是哪个环节出了问题？“温柔而坚定”的正确姿势是什么？

1. 为什么你讲的道理，孩子听不进去

(1) 3岁之前不是不听，而是听不懂

你一定有这样的经历，陪孩子读书，你想引导孩子发表一点读后感，但孩子的关注点却在一些无关紧要的细节上。比如你读着龟兔赛跑，想借此教导孩子骄傲自满会吃亏，可是孩子却接受不了她最爱的小兔子输给了小乌龟。她伤心得号啕大哭，拒绝再听这个故事。

你用左脑跟孩子讲道理，孩子用右脑跟你谈感情。孩子不是不愿意听，而是听不懂。3岁之前，孩子的左脑尚未发育完善，缺乏逻辑和理性，管理情感的右脑占据上风，他们更多的是被自己的感受所控制，难以进行理性思考。孩子的认知有限，还未建立好完善的语言系统，对你的“大道理”接收无力。这时，你喋喋不休地说教，无疑是对牛弹琴，效果甚微。

(2) 3~8岁似懂非懂，又不懂装懂

没走进孩子内心的道理，如同隔靴搔痒，挠不到痛处。随着年龄渐长，孩子的自我意识萌发。与父母口中的道理相比，自己的想法更重要。你嘴上叮嘱着“水边危险，别去”，孩子想的却是“水里有什么，很好奇”。

3~8岁的孩子缺乏丰富的社会经验，抽象思维能力尚未成熟，对父母的建议并不能有深刻的理解。在他们的潜意识里，父母的告诫就是危言耸听，根本拦不住他们想要独自探索世界的欲望。这个阶段的矛盾就在于：对父母说的道理，似懂非懂，爱听不听。但自己面对世界时，又不懂装懂，一意孤行。

(3) 8岁之后听得懂，但不愿意听

很多时候，令父母愤怒的并不是孩子做错了什么，而是明明自己苦苦压制住怒火，调整好情绪温柔地和孩子讲道理，他却充耳不闻，甚至捂着耳朵大喊“不听不听”，导致你恨不得揍他一顿。明明好好和孩子说话了，为什么孩子却不能好好听话？

因为你“复读机”般的唠叨，已经让孩子的“听觉免疫”了，把你的话当成了耳旁风。重复说教毫无意义，孩子听不进去，满脑子只有烦躁和抗拒。这种看似谆谆教诲，实则是表达不满的说教，并不是你的苦口婆心，而是“训斥和否定”。

2. 你的温柔而坚定，掉进了说教陷阱

(1) 单边主义式说教：我说过了，我们沟通了

剧作家萧伯纳曾说过：“沟通最大的问题在于，人们想当然地认为已经沟通了。”育儿中的“无效沟通”大多表现为：“我说了很多次了，你应该理解了。”但其实，这是一种“一言堂”的单边主义说教，都是“无效式沟通”。这种“沟通”很多时候只是父母在宣泄自己的情绪，夸夸其谈的都是自己的人生经验，根本没留给孩子倾诉和沟通的机会。不走心的教育，再苦口婆心也不过是自我感动罢了。

李子勋老师曾说：“教育孩子最主要的是把话说到孩子心里，这样孩子才能心服口服。”“讲道理”到“接受道理”，中间隔着银河系，需要架起双向沟通的桥梁，才能顺利迈过。

(2) 自以为是式说教：我说过了，你应该做到

父母在教育孩子时有个误区：“这些道理我都反复说过了，你为什么还是屡教不改？”但从“听”到“知”再到“行”，并非完成第一步，就能做到第二步。知道不等于能做到。孩子的年纪、认知、经验都影响他的行为。要想孩子能够做到，直接教他“如何做”比唠叨他“你应该”更有效果。

(3) 光说不练式说教：我做不到，但你得做到

讲道理之前，先想想自己做到了吗？想让孩子多读书，除了说读书好，还要想想你自己是不是一个爱读书的人；想让孩子少玩手机，批评孩子沉迷之前，想想你自己是不是一个一闲下来就玩手机的人。

3. 温柔而坚定的正确姿势

(1) 先营造一个温和的谈话氛围

《关键对话》一书中指出：我们的大脑有两个“核”同时在工作，一个负责内容，另一个负责氛围。我们应该优先处理“氛围核”，因为只有在安全的对话气氛中，对话各方才可以畅所欲言。当人们感到失去安全感时，他们要么陷入沉默，拒绝进行沟通；要么诉诸语言暴力，强迫对方接受其观点。

要想说教有效，比谈话内容更

重要的是谈话氛围。父母沟通无效的原因，出发点是对的，但说话的语气是错的。营造和谐轻松的氛围，避免严肃的表情、愤怒的语气、紧张的气氛，让孩子竖起敌对的利刺、举起防备的盾牌。反感的心理只会让孩子更难以接收你的信息，忽视谈话的内容，注意力都在自我防御上。“我们聊一聊”远比“我有话跟你说”更能让孩子建立起信任的心理基础。

（2）少用否定语言，善于释放“非语言信号”

孩子的思维逻辑和成人的不同，生动有趣的教育表达，比枯燥无味的说教更能让孩子关注重点，留下深刻印象。絮絮叨叨地讲大道理，不如换位思考，来一场角色互换的“演练”。当你想提醒孩子抓紧时间，10句“快点”不如放一个“倒计时”；当你想让哭闹的孩子平静下来，10句“别哭了”不如张开手臂给他一个拥抱；当你想跟叛逆的孩子好好沟通，10句“我是为你好”，不如轻声说一句“我很爱你”。看得见父母“爱的行动”，才能听进“爱的道理”。

（3）别老想战胜孩子，时刻提醒自己的沟通目标

“我想让孩子快点吃完饭；吃饭时，孩子想听故事、玩玩具；我希望我不吼、他不闹；最好他吃完饭，去做他想做的事。”这是对话中的引导性思维，当我们厘清对话的目的，就不容易在谈话中失控，更能回归冷静，寻找解决方案。

“宝贝，妈妈很想让你吃完饭能听故事、玩乐高。所以，你吃完饭，我放故事让你边玩边听，你觉得怎么样？”谈话要避免施压，比起催促、责骂、讲道理，更有效的方式是“寻求共同目的”：让你快点，然后可以好好去玩。当孩子感受到自己的需求被重视，彼此是统一战线，有着相同的目标，自然更愿意配合。每一场亲子“战争”一定要明确我们的目标是“赢得”孩子，而不是“赢了”孩子。

（4）语言明确、清晰，点到即止

道理说过很多遍，孩子却没有改变，说明我们用错了方法。尤其是一遍又一遍地反复说，那是唠叨。同时，为了证明孩子是“屡教不改”，还“翻旧账”，也是不行。这样孩子就更抓不住你要表达的重点了。正确的做法应该是语言明确、清晰、就事论事、点到即止。不要居高临下地指导，“蹲下来”，多站在孩子的角度去发言。

文/张惠姗

哪些言语破坏孩子的人际关系

1. 这些话不能对孩子说

(1) 你怎么这么没用

案例

妈妈因为工作很忙，让读小学一年级的儿子住了校。没多久，妈妈就发现了儿子的不对劲。妈妈一问，孩子就红着眼睛说：“宿舍的人不喜欢我、欺负我，经常让我做这、做那。”听到儿子这样说，妈妈立刻火了，对着儿子就是一顿教训：“你怎么这么没用。”

周日晚，送儿子去宿舍，妈妈买了很多玩具和零食分给儿子的室友，并笑着说，“你们要团结，以后阿姨会买更多好吃的东西送给你们。”结果，儿子的人际关系并没有好转，儿子反而越发沉默了，甚至出现了厌学情绪。无奈，妈妈结束了儿子的住校生涯。

点评

面对孩子之间的冲突，妈妈做错了两件事：一是当妈妈说孩子没用的时候，给了孩子一个信号：你很糟糕，一切问题都源于你，你没有能力处理问题；二是当妈妈试图通过买东西贿赂同学，而达到“缓和关系”的目的时，并没有教会孩子到底该如何解决冲突，而是教会了孩子讨好。孩子的信心被彻底地摧毁了，逃避成为他唯一的选择。

(2) 都是别人不好

案例

一次，我在游乐场门口看到一幕：一个四五岁的小女孩，想跟同伴玩，就把自己的玩具飞机借给了一个小男孩玩。结果，小男孩拿起玩具飞机，就陶醉地跑来跑去自顾自地玩起来，完全忽略了小女孩的存在。小女孩想追上去和小男孩一起玩，却不小心摔了一跤。小女孩的妈妈看到后，冲上去从小男孩的手里抢回了玩具，并拽着小女孩的手说：“他不友好，我们走，不跟他玩。”

点评

有一些父母，每当孩子跟小朋友相处时，都会全程盯着，生怕孩子受了委屈，一发现风吹草动，马上就会站出来“保驾护航”。可是孩子被真空罩着，不可能学会怎样应对社交问题。

心理学家劳伦斯·科恩曾说过一段话：“焦虑的孩子往往出自过分保护或神经紧张的家庭，焦虑是一种会传染的情绪。看见父母提心吊胆，孩子也会产生焦虑。从父母那里孩子学到了时刻高度戒备，其警报器变得过于灵敏，评估机制更倾向于得出危险的结论，解除警报的信号迟迟不能发出。”孩子在这种保护下，不懂得保护自己，也不懂得如何与人交往。

（3）用不着别人喜欢

案例

在电视剧《隐秘的角落》里，朱朝阳是个学霸，成绩总是拿第一，但却得不到同学们的喜欢：打球的时候被推倒，水瓶里被扔进橡皮擦。老师向朱朝阳的妈妈反映，说朱朝阳的成绩很好，但是他没有朋友。妈妈不以为意地说：“学生应该以学习为主。”妈妈唯一关心的就是孩子的学习成绩。除了学习成绩，什么都不重要，包括交朋友。

点评

妈妈认为，孩子的书读好了就行了，成绩好了一切都会好。没有朋友、受人排斥，那怕什么？我的孩子用不着别人喜欢。殊不知，一个没有朋友的孩子，内心该是多么孤独；一个受排斥的孩子，心里该是多么压抑。而一个压抑的、不快乐的孩子，是无法真正专注、能量充沛地投入学习中的。

2. 父母该怎么引导

（1）先共情

小男孩开心地穿着自己的新鞋子去上学，却被男生嘲笑：“这鞋子真丑，怎么好意思穿出来。”小男孩放学回家，跟妈妈诉苦。妈妈温柔地说：“被别人这样说，肯定很不好受。”然后，抱住自己的孩子。过了一会，小男孩的情绪明显好转。他认真地跟妈妈说：“老师讲过，笑话别人是不对的。”妈妈给儿子竖了一个大拇指。第二天，小男孩依然穿着自己心爱的新鞋子去上学，跟好朋友们玩得不亦乐乎。再也没人关注他的新鞋子了。这个妈妈使用的方法，就是共情。

很多时候，面对孩子的人际冲突，我们不妨放松点，相信孩子有处理问题的能力，相信孩子会在经历中学习保护自己，以及学会建立好的关系。只有必要时，才帮助孩子处理问题。比如，当孩子受挫回来，你可以先做一个“好电源”，给孩子充电，让他可以满血复活。因为难过的时候，孩子需要的不是大道理，不是劝导，而是有一个人，懂得他内心的脆弱与害怕。

（2）合理引导

比如，问孩子三个问题：你做过什么努力？效果怎么样？下次再遇到，你会怎么做？当孩子告诉你，他被人“欺负”后什么也没做，这时，不要急着否定。“什么也没做”也是一个处理问题的策略。什么也没做的时候，取得了什么样的效果？聚焦于孩子能做的，看到孩子拥有的资源。比如，我们可以跟孩子说：“我看到，别人不跟你玩的时候，你并没有哭，你站在旁边耐心地等待。”让孩子看到自己也有积极的一面，自己也有解决问题的能力，而不是把目光投向失败的一面，这有助于促进孩子的自信心和解决问题的能力。

还有一些话术：“接下来你打算怎么办？”“我们再想想，下次再遇到这种情况，应该怎么做呢？”“好可怕呀，吓死我了，那么你是怎么恢复正常的？”

（3）改善亲子关系

如果孩子人际关系困难，最基本，也是最重要的解决方案是“改善亲子关系”。亲子关系是一切关系的出发点，孩子从父母这里才能学到什么是相处。被父母尊重，被好好对待的孩子，认为世界是美好的，人是值得信任的，自己是可爱且值得被爱的。缺乏父母尊重，被吆来喝去、被指指点点的孩子，认为世界是糟糕的，人是不值得信任的，自己是不可爱且没人爱的。

所以，父母对孩子的态度，决定孩子交朋友的底气。孩子社会化的问题，其实就是发展不成熟、缺乏社会经验、缺乏空间资源和缺少父母关注所造成的结果。在孩子的世界里，一次次叠加的失望才是绝望。在困境中的人感觉到被爱，生命有了陪伴，才不至于那么孤立无援，才能无所畏惧地向前行。

事有三不管（3）

3. 不管闲事

案例

曾国藩曾在家书中提及过一件事，他的四弟仗着自己的名声，在乡里总爱替人出头和爱管闲事，以至于操劳过度，大病不起。曾国藩得知情况后写信慰问，规劝他痊愈之后，要收起爱管闲事的心，只管种菜养鱼，悠然自乐即可。

点评

俗话说：“多读古书开眼界，少管闲事养精神。”尤其中年以后，事业家庭两相顾，但精力却有限，如果总是为闲事烦扰，必然会内心烦乱、苦不堪言。与其把心思耗费在他人的闲事上，不如把注意力放在自我提升上，保持清醒通透，活得悠然自在。

文/博雅

将家庭话题扩展到新闻

1. 让孩子听新闻，他的变化会让你大吃一惊

案例1

哈佛大学法学院原院长玛莎·米诺和她的两个姐妹都有很高的成就。有人问她："你们三姐妹都事业有成，我们很好奇，你的父母是怎么教育你们的"。米诺说："每天的晚餐是一家人深度交流的时间，父母会和三个女儿讨论，甚至争论时局、公共政策等，这对我以后的人生产生了巨大影响。"餐桌话题，特别是对时事的讨论，开阔了孩子的视野，放大了孩子的格局，树立了孩子的价值观，帮孩子见天地、见众生、见自我，这就是家庭教育的意义。

案例2

萌萌是三年级的小学生，正在参加学校大队委的竞选。当时，她和妈妈刚听完关于"两会"的新闻。萌萌意识到，大队委员和人大代表都是一样的，都要有提案。她从新闻中得知，写提案首先要搞清楚自己是代表了哪个群体，提案的背景

与这四种人深交(4)

4. 与胜己者在一起，养识

故事

一位数学老师早年出国访问时，遇到了杨振宁。他激动地向杨振宁请教："你在做研究方面有什么诀窍吗？"原以为会听到一番高谈阔论，没想到杨振宁却说："你盯住领域里最厉害的那几个人，他们干什么，你就跟着干什么。"

点评

《荀子》中讲："居住于楚国就形成楚人的习俗，居住于越国就有着越人的痕迹。不同的环境，造就了不同的习性。"正如《战国策》中所说："物以类聚，人以群分。"越是优秀的人，越喜欢向优秀的人靠近。

荀子云："与凤凰同飞，必是俊鸟；与虎狼同行，必是猛兽。"一个人能有多大的成就，能走多远的路，关键看他与谁同行。

一个喜好读书的人，如果与不学无术的人在一起，他也会染上游手好闲的恶习，将书籍视为草芥；一个努力上进的人，如果与碌碌无为的人在一起，他也会变得懒散颓废，将奋斗当作敝履。俗话说：跟着千万赚百万，跟着乞丐会要饭。与庸碌的人为伴，会埋没本可以优秀的你；与胜己者同行，才会造就更出色的你。

(蓁蓁)

是什么，诉求是什么，最后会产生什么样的影响力和结果。此时，“两会”不再是遥远的抽象的大事件，它和孩子正在做的事情产生了联结。

案例 3

丽莎升中学后，一次演讲，她做了一个关于当时总统的分享，非常成功。一个十二三岁的孩子，为何对总统感兴趣，并且对他的了解和分析甚至超过了很多大人？这得益于她长期收听国际新闻。

点评

家庭教育专家“北大图图妈”曾提到为什么自己开始和孩子在餐桌上讨论新闻。她说，“我现在才想清楚，孩子和弟弟打个架、和妈妈闹个小脾气、和其他小朋友踢个球，用这些人生片段和生活经历，其实很难找到自己的热爱和志向。而新闻这个东西，才能让孩子连接社会，思考社会问题。只有在社会里面，视野够宽，他才能找到责任感和使命感”。

《小王子》的作者圣·埃克苏佩里曾说：“如果要造船，不要鼓励人们去伐木、不要指派他们任务和工作，而是要让他们去渴望那无边无际的大海。”新闻，特别是当今世界不断滚动的大事件，正是那无边无际的大海。

2. 让孩子听新闻，究竟听什么

听新闻听的就是不断拓宽的“视野”。孩子要接触四个方面的新闻音频节目：国内新闻、国际新闻、商业新闻、科技新闻。这里面有现代人应该了解的基本常识。说是“常识”，其实也是思维方式，或者三观。

（1）国内新闻

国内新闻能让孩子真实地认识他所处的时代和国家，这里藏着一个人最大的命运。

（2）国际新闻

国际新闻能让孩子站在世界的高度，重新认识他所处的时代和地方，一个人看得多远，决定了其能走多远。

（3）商业新闻

商业新闻这里有驱动世界发展最底层的思维方式，包括经济学思维、博弈论、和陌生人打交道的思维方式，这里有改变世界观的最强大的思考武器。

（4）科技新闻

科技新闻这里有世界发展最前沿的科技成果及科技的演化逻辑，正是科技，给世界带来了最大的颠覆。

四大新闻结合就是世界整体。在流量时代、后真相时代，当其他人被情绪带偏的时候，希望你的孩子能从情绪中解放出来，走出认知舒适圈。当其他人只能看到成绩单上的数字时，希望你的孩子能看到一个个公式的美丽，一个个新技术潜藏的可能性。

3. 让孩子听的新闻，有什么不同

给孩子听的新闻，核心要在“思辨”二字上。知识不能改变命运，运用知识才能改变命运。

这种思辨能力是可以学习的，也是可以训练的。带孩子定期做重大新闻的深度分析，就是带孩子进行思辨训练。包括分辨事实、结构化思考，最终抵达对世界复杂性的理解。

如何分辨事实。信息检索、分析能力是基本的新闻素养，希望父母在孩子的童年、少年时代给到他。

如何结构化思考。不管多么复杂的现实问题，只要有结构化思考的能力，瞬间就会变得很容易，而这种思维方式也是可以学习的。

如何看待世界的复杂性、人类行为的丰富性。好人还是坏人？好事还是坏事？开始，我们总是喜欢非黑即白的二元对立，何况孩子。但见多一点世面，见多一点人类个性的复杂性，孩子也会渐渐明白，不管多么睿智、简化的模型，也无法覆盖枝蔓曲折的实际生活，如果没有丰富感受的平衡和缓冲，以一句优美的格言、精准的知识、严厉的道德教条来伤害别人，或伤害自己，是轻而易举的事。在孩子的童年、少年时代给他这些思维训练，相信这是送给孩子的终身礼物。

物理学家费曼说，你应该让学生去怀疑、去思考、去交流、去提问，去从自己的错误中学习，而最重要的是在学习中获得乐趣。

4. 听完新闻，家庭环境会发生什么变化

家庭话题从日常扩展到新闻，孩子的视野变辽阔了，孩子跟父母的关系纽带，是不是也更深刻了呢？

萌萌的爸爸分享，科技新闻激发了萌萌做科学实验的兴趣。“学而时习之，不亦说乎？”好的学习方式，不是读很多东西，而是好的东西多读一遍，然后知行合一。更好的学习方式是孩子真正感受到了灵魂的唤醒，感受到了精神后花园的光亮。然后，孩子返回到现实世界，走一条属于自己的道路。

在这个意义上，听新闻也是一种帮助孩子找回自己的历险。这种历险激动人心，它让孩子去往从没去到的地方，也去往内心深处探寻自己是谁。所以，听新闻，带着孩子来一场找回自己的历险吧。

文/新东方家教

孩子最爱听的大道理

1. 不扫兴的道理：不说“但是”而是说“而且”

举例 1

在人际交往中有个技巧叫“先肯定，再否定”。是指在提出批评之前先用真诚的表扬开头，随后再提出改进意见。这招经常被我们用在孩子身上：“今天不错，自己把盘子收了，但是，下次要是记得把水杯也收了，就更好了。”“这学期成绩确实有进步，妈妈为你骄傲。不过，如果能在数学上也加把劲，就更好了。”

点评

但凡有表扬，必带“但是”，非常扫兴。孩子比成人更敏感，他们很在意父母对自己的看法。在听到“但是”之前，孩子是欣喜的，觉得自己终于得到了肯定，但一听到“但是”，好心情就一扫而光，并开始怀疑说话人的用心，之前的表扬是不是真诚？甚至觉得：“你表扬我，就是为了引出后面的批评？”

举例 2

能让孩子听得进的道理是怎样的呢？将“但是”换成“而且”：“今天不错，自己把盘子收了，说明你有了归位意识。而且，养成这种意识，以后用过的杯子，你也能记得及时清洗和放回去。”“这个学期成绩有进步，说明你努力了。而且，保持这种学习态度，哪怕是数学成绩，你也能提高。”

点评

《人性的弱点》中说，纠正别人的错误，最有效的方式是间接唤起别人对错误的注意。教育的目的从来不是揭露与批评。讲道理要正向引导，点到即止。当孩子既有积极的感受，又有正确的认知时，他才能朝你期待的方向前进。

2. 重解释的道理：不说“你不要”而是说“为什么要”

举例 1

国外有一项调查显示，2~10岁的孩子平均每隔6~9分钟，就会收到父母的一个指令。也就是说，一个孩子，一天至少要听几十次甚至上百次“你不要”“你必须”。父母的精力有限，当嘱咐了很多遍，孩子还不听后，就容易用这种简单直白的方式“讲道理”。

点评

发展心理学研究表明，如果父母只定规则，不解释道理，从长期来看，对孩子的生理和心理发展都非常不利。因为，这样的孩子总在被打断、被责骂，大脑失去了深度探索和思考的机会，他会陷入“我做不好”和“不知道怎么做才是对的”的沮丧和迷茫中。

举例 2

加州大学伯克利分校心理学家麦金农有一项“创造性人格”的调查。调查发现，最具创造力的那批人，从小接受的家庭教育，重点不是立规矩，而是解释道理。

他们的父母会耐心地、适时地向孩子解释规则背后的道德判断和价值观，告诉孩子为什么这么做才是对的。比如，不随口说出“你不要荒废学业”这样的大道理，而是花时间，好好梳理对“上学”这件事的认知，然后找时机与孩子深聊：“学校是社会生活的浓缩，我们去上学不仅仅是为了学知识，更是为了去体验；我们要学到的是如何与人交往、如何提升自己、如何逾越困难……这样我们才能真正获得在社会生存的能力。”

点评

这种“讲道理”不是为了约束孩子的行为，而是告诉他们，为什么要这么做，行为背后的原理是什么。当孩子体会到父母的用心，也理解到规则背后的价值观、道德判断后，他才能通过内在秩序去管理自己。这样的“讲道理”，看似很费力气，却更有长久效果。今后，哪怕没有父母的提醒或外在的规定，孩子也能努力让自己的行为和认知保持一致。

3. 以身作则的道理：不说“你应该”而是说“我应该”

举例

一次，我在写作。外婆的灶上炖着一锅牛肉，外婆要出门，让我帮忙设了个闹钟，并吩咐我炖好后关下火。我满口答应，但闹钟响时，我却忘了关火。结果，那锅牛肉就一直炖着，锅被烧黑了，牛肉也被炖成干了；直到外婆回来，大喊怎么了，我才惊觉。这件事，如果放在我熟悉的场景中，我应该会被痛骂，而我，可能也会找各种理由强辩。但我清清楚楚地记得，外婆只是略带遗憾地说了一句：“哎呀，你在忙，我应该关了火再出去的。”然后，就开始收拾锅了，没有一丝责备的意思。

点评

著名心理学家、人际关系教育奠基人戴尔·卡耐基说：“如果在批评别人之前，首先谦虚地承认自己并非无可挑剔，那么别人在听到批评的时候，就不难接受了。”

犯错很容易让孩子对自己产生恼怒、羞愧的情绪，这种情绪如果不先得到安抚，孩子就很难专注自身，更别说理性思考了。如果这时候，还有人站在道德的制高点，毫不客气地批评、指责或建议，无疑是在雪上加霜。这时，即便道理讲得再对，孩子也很难受用，反而还会把“道理”当作一种“攻击”，抵挡回去。一句“我应该”，既是在安慰，“犯错多正常啊，你看我也有没做好的地方”，也是在示范，“承认错误，反思不足，并不是什么丢脸的事情”。

成人的人生阅历、工作经验比孩子多，但走过就忘了，却总用自己的视角、判断、标准去要求孩子：“你应该宽容”“你应该有同理心”“你应该学会反思”。回想一下，我们几岁、十几岁的时候在干什么？现在的我们真的做到这些了吗？用同理心宽待孩子，用自身行为影响孩子，这才是言行一致地讲道理。这时，不用你把道理说尽，孩子也会向你所展现的品格靠近。

4. 方向一致的道理：不说“我希望”而是说“你想要”

举例

拉尔夫·瓦尔多·爱默生是美国著名的思想家、哲学家、文学家。一天，爱默生和他的儿子想把一头小牛犊赶进牲口棚里。他们商量，一个在后面推，另一个在前面拉。可折腾了半天，小牛犊硬是蹬直了腿，拒绝离开草场。这时，家中的女佣看到了父子俩的窘境，她走过来，只做了一个动作，就结束了这场僵局——她将一根手指放进小牛犊的嘴里，一边让它吮吸，一边温柔地将它牵进了牲口棚。

点评

我们经常说，孩子有时就像小牛犊一样倔强，你让他往东，他偏要往西。其实，我们有我们所想，孩子有孩子所想。我们只想让孩子规矩点，却不知道，他之所以折腾，只是在索取我们的关心；我们只想让孩子戒掉手机，却不知道，他达不到我们的要求，学不进去，也很痛苦无助。

这位女佣虽然没有那么深邃的思想，但她的高明之处就在于：她了解小牛犊想要什么。

《人性的弱点》一书中说：“要影响他人的办法只有一个，那就是与他们讨论他们心中所想，告诉他们如何去得到。”给孩子讲道理的时候，我们经常在表达“我们希望”，但很少关心“孩子想要”。只有放下这种惯性思维，多去倾听孩子所想，才能把僵持的“我希望”变成“我们和孩子的共同希望”。

文/刘娜

热爱是生命的能源

一

2020年，高考放榜后，长期和父母分居两地的“留守孩子”钟芳蓉考了湖南省第四名的好成绩。令人万万没有想到的是，报志愿的时候，钟芳蓉避开所有热门专业，坚定地报了北大考古的志愿。

有人认为，穷人家的小孩果然没见过世面，放着好专业不读，非要读无人问津的考古；也有人认为，有梦想谁都了不起，钟芳蓉有权利去追求自己所爱。

彼时的钟芳蓉异常沉静地解释道，她一直的偶像就是被誉为“敦煌女儿”的樊锦诗先生。她要像樊先生那样，投身到孤独又厚重的考古中，为皇皇历史和悠悠文化贡献自己的一份力量。钟芳蓉说：“我从小就喜欢，报专业只用了几分钟，但我会为此坚持很久。”

“北大考古女孩”就此爆火。当时任敦煌研究院名誉院长的樊锦诗先生，送给钟芳蓉一本自传《我心归处是敦煌》，在扉页上，樊先生给钟芳蓉写下寄语：“不忘初心，坚守自己的理想，静下心来好好念书。”

二

作为留守儿童，钟芳蓉和长年在外务工的父母并不亲近，甚至有心事也不和父母说，而是写到日记里，或说给同学听。但她从父母沉默操劳的背影里，读出了“可怜天下父母心”的深情，还有“人间实苦，底层更苦”的艰难。

她留守住校，寒来暑往，刻苦自律，成绩辉煌，她以好好读书反哺父母，实现自我。在努力学习逐梦的过程中，逐渐长大的女孩，也从更高维度上理解了父母：不得不辗转漂泊打工的父母，为她和弟弟的成长，使出了能力范围内的全部力量。

没有读过什么书，没有什么文化，也没法陪在她身边的父母，对钟芳蓉怀着深深的亏欠与内疚。在这种愧疚心理的驱动下，他们对女儿无限宽容和接纳：“父母对不起你，你尽力就好了。”

钟芳蓉报北大考古备受争议后，父母是她最坚定的支持者。钟芳蓉的妈妈在接受采访时说：“我们没有文化，孩子喜欢什么，我们就支持什么。我最大的心愿，就是她以后再也不会像我这样，让她的孩子成为留守儿童，他们一家人能开开心心地在一起。”

三

2024年，钟芳蓉再次爆火，她以面试92.4分的成绩，位列她报考的甘肃省文物局直属事业单位——敦煌研究院石窟考古岗位的第一名。这个岗位，全国只招聘一人。北京大学的名气，钟芳蓉的优秀，还有她和敦煌的量子纠缠，让她成为不二人选。

武汉大学选调生因不满分配到嘉峪关满腹牢骚，北京大学女孩钟芳蓉因热爱考古奔赴敦煌。两者最明显的区别就是逃离或奔赴之间，横亘着嫌弃或热爱。

在这个人心浮躁的时代，寒门出身的钟芳蓉，虽疏于父母的引领，却得益于自由生长的热望。她没有被世俗的功名利禄牵着走，父母也没有对她的人生指手画脚，她完全自由地主导着自己的人生。在“当你真心渴望某样东西，整个宇宙都会合力帮你实现”的预言里，抵达一切如愿的梦想。

钟芳蓉敦煌面试考第一后，父亲说：“她开心就好。”简单清晰的话语里，藏着天底下最好父母的模样：爱是如你所是，而非如我所愿。最好的父母就是让孩子回归到自我的主体，找到“我本具足，我爱万物”的自信。

四

心理学者贺岭峰有个视频刺痛了很多人：一对父母都是复旦大学的教授，给孩子提供了很好的资源，对孩子自然有更高的要求。但他们13岁的儿子却自杀过很多次，幸亏每次都被家人及时发现。

父母带孩子找到贺老师做心理咨询。在咨询中，这个孩子问贺老师：“人是不是都得死啊？”得到肯定的答复后，孩子说：“我已经13岁了，我父母都是大学教授，我从小该吃的、该玩的、该去的都经历了，我觉得人生没有遗憾了，如果我活下去，就要参加中考、高考。中考我不一定能考上好高中，就算能考上好高中，也不一定能考上好大学。就算能考上好大学，我也不一定能读到博士，就算能读到博士，也不一定能当上教授，就算能当上教授又有什么用呢？”

“我的父母都是教授，他们天天上班、天天加班、天天吵架，结婚有什么意思呢。我将来也不会结婚，我也不想生孩子，如果我生出一个像我一样的孩子怎么办？像我这样的，如果出去打工，我就要遭受社会的毒打。中考、高考、结婚、生子、被社会嫌弃，我为什么要被社会折磨一遍呢，活着没什么意思啊。”

听完少年的话，贺老师发现这个孩子看似逻辑清晰的背后，最致命的问题是：对父母无望，和父母的关系僵化，对自己失望，对人生绝望，觉得人生无意义。

简单说，少年没有热爱的东西。他在绝望无趣中，失去了探索生命意义的热忱。于是，贺老师问少年：“在生活中，有没有哪件事，让你觉得是有意思的？”少年想了想说：“我每个周末，都会去一家猫咪咖啡馆做两个小时的义工，帮他们清理猫砂、换水、喂食，每次做两个小时左右，我觉得这件事挺有意思。”

贺老师听完，心里有数了。于是，他和孩子的父母说：“给孩子养只猫吧。”不会说话只会陪伴的猫，其实是一种隐喻。隐喻那种只有守护没有控制的爱，隐喻那些愿意接纳孩子且从不干涉的父母。养了猫的孩子，会在和小猫的朝夕相处中产生爱与牵绊、情与温柔，会在一个生命与另一个生命的靠近中得到治愈，并从心底对这个世界产生那么一点“还不太坏”的热爱。

热爱才是生命唯一的能源，也是持久活着的养料。人间实苦，活着艰难。热爱的火种，是挨过漫漫长夜的那团火，也是撑起悠悠岁月的那盏灯。

总有人问，怎么养育好一个孩子？不控制、不裹挟、不干涉、不越界；去接纳、去守望、去支撑、去深爱，安安静静地做好自己的本职工作，从从容容地接纳孩子的真实想法，一家人各司其职、各尽其责，在各自的轨道上努力向前。大人认清自己的边界和职责，孩子找到自己的热望和梦想。这就是最好的陪伴和养育，陪孩子找到热气腾腾的种子，而不是让孩子活成死气沉沉的样子。

家教语录(22)

说过很多遍了，孩子怎么就是不长记性。

1～3岁的孩子，不能很好地控制自己想做什么的欲望和感情。而且觉得之前被骂和现在被骂都是一样的，不能将其联系起来考虑。

因此，无论斥责多少次，都会重复同样的事情。对于孩子不能做的事情，用容易理解的语言进行说明是很重要的。

在同一个场景中反复被教导，到了某个时期就会突然明白这一点。育儿虽然不是一朝一夕，但是努力就会有成果，所以要稍微耐心一点。

文/李月亮　猛犸

我干什么父母都不干涉

一

稚晖君，一个“90后”小伙子，骑自行车出门，不小心摔倒了，还受了点伤。于是，他把自行车改成了自动驾驶，可以“自行”，而且还能识别障碍，精准绕行；放上栏杆玩杂技，不需要脚撑，依然稳如泰山；扫描路径，自动规划行程。2020年，稚晖君花3个月时间做了一台硬币大小的智能小电视。2020年，稚晖君加入了华为“天才少年”计划。日本导演竹内亮采访稚晖君以后连连感叹：“原来真的有天才。”

很多人以为稚晖君也像北京大学数学天才韦神一样，有一个教授爸爸，从小精心培养。但事实是，稚晖君生在一个普通家庭，父母都是厨师。父母最值得称赞的教育方式竟然是——不管。

稚晖君说，他干什么父母都不会干涉。只要能保证成绩，他爱干什么就干什么。他从小对电器感兴趣，家里大大小小的电器都被他拆了个遍，电视、音箱、钟表、收音机……无一幸免。但父母很少责备这个“拆家小能手”，只是在发现他有这个“爱好”后，特意找了一些坏的、旧的电器让他拆，尽量避免他毁坏新的东西。

有一次，记者采访稚晖君，记者问了一些关于他父母的问题，想求得一些家庭教育的经验，但几乎一无所获。“父母给你立下很多规矩吗？”“没有，只有一条，就是学习成绩不能落下，其他都是放养的。”“父母希望你长大以后干什么？”“有点出息就行，没有限制我干什么。”“你的人生选择，父母都没有参与，都是你决定？”“对。”基本都是——随他便。

二

现在，稚晖君越来越厉害，父母搞不懂儿子的热爱，但很喜欢看别人给儿子的评论，让他们很开心。

很多人可能会觉得，这对父母运气真好，什么都不管，就收获了一个天才。

其实，稚晖君的父母的教育方式很高明，除给了孩子优秀的基因，更给了他宽松自由的成长环境。稚晖君口中所有那些“我父母不管”，其实都是一种父母对孩子的尊重。这对父母最厉害的一点就是：他们懂得尊重孩子，让他可以完全遵从自己的意愿，一点点探索，一步步选择，最终成为一个独立而优秀的人。

稚晖君小时候拆家，他们不责怪；稚晖君从小想当天文学家，他们赞同；他大学报考了生物医学工程，他们同意；他硕士毕业放弃考博，他们不反对。每一步都是按照稚晖君的意愿作出选择，所以才有了这个光芒四射的天才少年。

稚晖君说他学知识的时候，感觉很有乐趣。业余爱好做的那些设计，也完全是因为觉得有趣。通常，一个人的意愿只有得到了足够的尊重，在做自己完全喜欢的事情的时候，才会爆发出巨大的能量。如果稚晖君有一对控制欲极强的父母，总要按照自己的意愿干涉孩子的选择，那么他一定不会有今天的成就。

三

很多优秀的孩子，他们的原生家庭有两个规律：要么他们的父母很优秀，给了他们很好的培养；要么他们的父母很普通，给了孩子自由、开放的成长环境，给了孩子足够的生长空间。

在纪录片《小小少年》里，有个很优秀的孩子叫殷然。殷然喜欢挖掘机，妈妈陪儿子蹲在路边看挖掘机，看了整整三个小时。殷然喜欢抓虫子，父母每个周末都陪孩子一起去抓虫子。

这种父母并不是不管孩子，而是在把握大方向的基础上，尽最大可能，给孩子自由选择的空间，让他去做自己喜欢做的事。但有些父母却反其道而行之：孩子看漫画不行，玩昆虫不行，跳街舞不行，沉迷音乐不行，甚至自己待一会都不行。

孩子是一个有丰富意识的个体。他有自己的热爱和梦想，有自己的追求和渴望。这些都是生命深处的本能，不是人为可以掌控的，也不是外人能够看清楚的。甚至，可能孩子自己都不知道。必须靠他一点点地去摸索、去尝试、去感知，才能让那份热爱渐渐清晰、渐渐被点燃，成为照亮他一生的火种。

所以，孩子想做的事，只要不是负面的，就应该被允许和尊重。做木工也好，玩昆虫也好，追历史剧也好，只要他喜欢，一定是他内心深处的爱在引导，父母不需要追问理由，也不用考虑“有没有用”，只要呵护好这份爱就够了。

那些你以为没用的事，很可能会在他的生命里起到至关重要的作用。一个人只有做真正热爱的事，才能释放出最大能量。就像稚晖君所说：“越热爱，越幸运。”热爱是最好的老师，而自由是每个父母都应该给孩子的一份厚礼。

文/烟花三月

如何将天赋转化为能力

天赋不是才能，比如你有一副好嗓子，但你从未唱过歌，你的天赋就浪费了。所以，天赋需要花时间和精力去打磨才能成为能力。

1. 找到适合的练习环境并刻意练习

案例 1

马宏达曾是中考的失意者，但他并没有因为踏入技师学院的大门而自暴自弃，而是怀揣着对梦想的渴望，通过学习了相关知识和技能后，他毅然报名参加了世界技能大赛抹灰与隔墙系统项目的选拔。最终他凭借精湛的技艺、流畅的动作，赢得了观众的阵阵掌声，成功夺得了世界级比赛的金牌。

案例 2

徐伟和李玉坤都因为中考成绩不佳没有考上高中，而选择上了中职学校。但两人并没有因为进入职校就放松了对自己的要求，而是在自己擅长的领域汲取知识，积极参加比赛，并获得了2024年广西职业院校技能大赛（中职组）《移动融媒体制作与应用》赛项（团体赛）的一等奖。

点评

都说“上帝为每个孩子都准备了一枝矮树枝”。因此，每个孩子都有一飞冲天的可能，关键是先找到属于他的那段矮树枝。

所以，找到适合自己的练习环境非常重要，然后在实践中不断提升和改进。刻意练习是提升天赋的关键方法。刻意练习的定义是有意识地付出努力，投入到某项活动中，通过大量重复和持续获得有效反馈来引发大脑神经的变化。

2. 发展不顺不是因为起点低

案例 1

史双奎从小就立下了学医的志向，他从医学中专起步，后升入大专深造。但他并未止步于此，而是通过专升本的考试，成功考入河南开封科技传媒学院临床医学专业。本科期间，他心中的“北大梦”开始生根发芽。就这样，他从中专到大专再到本科，一路逆袭，最后成功考取北京大学研究生。

案例 2

还记得2021年在演讲中自信满满地说出“我就是一只来自乡下的‘土猪’，也要立志去拱了大城市里的白菜”而引起不少争议的衡水中学毕业生张锡峰吗？当年，他考入浙江大学计算机专业，如今的他已与当年判若两人。他坦言此时的自己非常迷茫，对自己选择的计算机专业很后悔。当初填志愿的时候他不知道自己的爱好在哪里，只是听说计算机专业赚钱就填了计算机，真正学起来却发现并不是自己喜欢的内容，他还表示自己高中学够了不想再考研。他说他现在的状态就像水豚一样："活着挺好，死了也没事。"

点评

曾经的张锡峰也是眼中有光的，如今却是满目空虚。对比一些中专生他们的起点虽然低，但是从未放弃努力，同样可以收获灿烂的未来。而那些考上名校后不再进取的孩子，反而把一手好牌打得稀巴烂。

3. 不要强迫孩子去追求我们认为的成功

案例

男孩龚正的学习状况一直令人担忧，特别是英语和语文经常不及格。龚正的妈妈作为重点高中的教师，对儿子的未来充满期待，然而面对儿子的严重偏科和中考失利，她只能做出积极调整。在与儿子沟通后，她决定尊重龚正的意愿，支持他报考中专。三年后，龚正华丽转身，凭借自己的优异成绩考上了浙江理工大学。

点评

不管是职业教育，还是上大学，父母尊重孩子选择适合自己的道路最好。人生出彩的方式多种多样，不一定非要用学习成绩证明自己的能力，为自己的爱好努力的人，同样值得被人认可。

爱因斯坦曾经说过："如果你用爬树的能力去评判一条鱼，它将终其一生都觉得自己是个笨蛋。"每个孩子都是独一无二的，他们有自己的优点和特长，也有自己的兴趣和爱好。

有的孩子可能擅长数学和科学，而有的孩子则可能更擅长音乐。作为父母的我们，应该尊重和支持孩子的选择，而不是强迫他们去追求我们认为的"成功"。每个孩子都是一本书，封面虽各不相同，但都值得被温柔地翻阅和理解。

让自己幸福快乐的小习惯(7)

7. 信任快乐豁达的人

你的身边是否有这样一群人？他们也许并不富裕，但是对待生活的妙招像一座宝库，永远不会枯竭。你可以信任他的高尚，快乐的人没有钩心斗角的烦恼；你可以信任他的幽默，豁达的人总能发现生活的惊喜。这样的人到哪里都是小太阳，给别人好运。

阅读改变了这一代孩子

文/许言

一

13岁的少年崔宸溪发现了生物教材中恐龙化石的配图有误，不像是恐龙化石，倒像鱼石螈之类的化石。古生物学者邢立达回应时称，这确实不是恐龙化石，但也不是鱼石螈，而是西蒙螈的化石。

崔宸溪上小学的时候，在预习沪教版英语教材时，曾发现里面的昆虫配图有问题，弄错了蜜蜂和食蚜蝇。当他将问题反映到相关部门后，经过专家验证，崔宸溪的发现是正确的。

这种敏锐度和丰富的知识来自阅读。阅读是崔宸溪最大的兴趣爱好之一。上小学时，他的书架上已经有了几百本生物科普类书籍，法布尔的《昆虫记》是他最喜欢的书籍。

他在作文《这就是母亲》一文中，写了昆虫是如何保护自己的卵的。他还在家中养过十多种蚂蚁，观察它们的生活习性，和父母一起去大自然观察昆虫。

崔妈妈说，从两三岁开始，崔宸溪就开始读绘本，不光爱听，还能记住字，三岁多就可以独立阅读了。一次，他被反锁在家门外，等待开锁的十几分钟，他也是抱着书，坐在走廊上认真地读书。

二

2022年，南方都市报发布了一项针对小学生的阅读调研，报告显示，小学生年人均阅读书籍14.3本——这一数据约为成年人阅读量的三倍。同时，每月进行一次以上亲子共读的小学生家庭达73.5%，67%的小学生每周阅读五小时以上。

洋洋每天都会在阅读中睡去，睡觉前，他先把最喜欢的历史、侦探、古墓类的书都拿到床上，再钻进被窝，一边读书，一边畅想。他独自睡在一张小床上，旁边有一个小阳台，入神时，他总觉得有阵清风刮进来，他想象着自己在古代，和古墓探险队在一起。

小学四年级时，洋洋可以毫不胆怯地和大人谈论历史人物，这也是新时代孩子的特质，阅读给了他自信、勇敢和创造力。洋洋觉得如果没有阅读，他的生活会变得很不快乐，阅读使他的每个假期都变得圆满、充盈。

11月的北京西山，红叶层层叠叠，山被染红了。洋洋和爸爸还有小伙伴一家去爬山。那天，他一边听着音频故事一边飞快地穿过树林，朝山顶奔去。他说："我真的好幸福呀，现在想起来我都想笑呢。"在自然与人文故事的交织中，他度过了最幸福的一天。

三

孩子的阅读旅程，都是和父母共同完成的。那些看起来优秀的孩子，都离不开父母的陪伴。两三岁的时候，小虎的父母就给他读书了，从《伊索寓言》《希腊神话》到《山海经》，每天都读。现在他已经三年级了，父母仍坚持给他读书。

作家艾米丽·布赫瓦尔德说："孩子是在父母的膝头爱上阅读的。"著名播客节目的创始人莎拉·麦肯齐也提到，对三岁以下的幼儿，亲子共读很重要，那是父母和孩子建立联系的过程。

为了找到小虎的兴趣，妈妈给小虎准备的书籍不止故事类，还有科普类、历史类、哲学类等书籍，摆在书架上，观察他、引导他。

慢慢地，妈妈发现，小虎对哲学中的许多命题感兴趣，什么是道德、什么是知识、什么是自由，尽管他还不能很好地逐一理解，但是思索的种子却已经种下了。

莎拉·麦肯齐说："阅读是一场马拉松，不是短跑，父母能做的就是帮助他们一步一步地发现真理。"

四

妈妈给南南读过《树上的男爵》。开始妈妈担心太难了，南南可能听不懂，但南南却听完了整本小说。然后，他问妈妈，男爵在树上怎么睡觉？怎么上厕所？他为什么一辈子都要住在树上？他的脚不能落在地上吗？后来，他坦然地接纳了这一切，他认为男爵可以一辈子生活在树上。之后，妈妈意识到，孩子拥有另外一双眼睛，他们看世界、理解世界的方式与大人不同。

南南有个智能音箱，他经常抱着他的音箱听故事。南南最喜欢的读物是《哈利·波特》，他还能仿写故事。他口述，让妈妈帮他记录下来。妈妈说，你写的不是哈利·波特吗？南南说，不是，名字不一样，咒语也不一样。仿写时，他知道如何留白，如何推进故事，如何加入自己的词汇。

阅读拓宽了南南的知识面，比如，他知道人在什么样的情况下会戴眼镜，太阳很晒的时候，戴墨镜保护眼睛；如果近视了，也要戴眼镜帮助自己，戴眼镜是很正常的事情。什么是有趣？什么是朋友？什么是美？什么是爱？什么是死亡？他都讲得头头是道。他形容漏气的皮球时，不说没气了、漏气了，而是说，那是一个虚弱的皮球。

南南还很喜欢天文类的书籍，他这样告诉妈妈什么是黑洞："黑洞就是宇宙里的一个鬼，因为它是恒星死后的形态。"

五

这一代的孩子被阅读重塑了。在大量、丰富的阅读基础上，他们更容易找寻到兴趣，并在爱好的促使下，获取更多的资源和书籍，如此反复，好奇心越来越旺盛，视野更加开阔，格局也变得不同了。

张祐养过一条黑背鱼，因为小鱼生病了，他很伤心，然后去深圳最好的红树林公园把它放生了。他对小鱼说："我会好好学习，等你长大了，我再来找你。"此后，他看了很多关于鱼类的科普书籍。暑假时，张祐和父母出去玩，他参考《寻宝记》这本书，制订了旅行计划：选择交通工具、预订酒店，安排活动行程——怎么吃当地的美食、怎么参观古迹和景点、了解当地的习俗和故事。

米苔喜欢看百科全书，她能讲述地球如何从一个大火球变成了今天的形态；她认识的恐龙种类比妈妈还多。米苔能通过动画片识字，爸爸给她报了阅读网课，每节课都播放一段古诗，米苔饶有兴趣地边听边看，每次都能记住几个字。

儿童文学作家琳达·休·帕克说，一本书并不能改变世界，但可以改变读者，而读者可以改变世界。

六

这就是一个孩子爱上阅读的力量。他们在阅读中体会到希望、包容和爱，建立一个属于他们的全新的世界。

如今的孩子是"立体"的，他们需要更系统地阅读学习，需要通过阅读找到自己的认知方式和审美体系。

2022年10月，中国空间站开办了天宫课堂，很多小学生提出了自己的疑惑：在黑洞之中有没有时空裂缝？什么是毛细效应？在太空中如何种植水稻？阅读让他们与宇宙对话。

一位来自大理的女孩问，在宇宙中，地球有几种颜色，最美的一幕是什么？宇航员回答，那是一种蓝白相间的颜色，有时是漂亮的云彩，如果靠近可以看见城市的灯火，还有明亮的大气辉光，当金色和蓝色融合在一起时，地球是最美的。这样的回答，让女孩也许下了未来奔向月球的梦想。

这一代的孩子望得更远，他们通过不同形式的阅读，探索世界的美，思考人类发展的命运，这才是阅读的真正意义。

文/笛笛

音乐教育首先是培养人

1. 孩子听音乐能听出什么

每次去听音乐会，总能看见一些小朋友，有的专注地聆听，有的随着音乐摇头晃脑。一次，我看见坐在前排的一对小伙伴，抻着头听了两首曲子后，终于坐不住了，开始玩石头剪刀布，却也是跟着曲子的节奏出手。中场休息时，一位音乐学院的老师问孩子："你听到了什么？""有风，有猫头鹰，还有蛋糕，爸爸妈妈一边喝茶，一边看着我和小螃蟹跳舞……"

教育家苏霍姆林斯基曾说："音乐教育不是培养音乐家，首先是培养人。"生命中有音乐的孩子，一定是幸福的。

2. 听音乐健脑

大文豪雨果说："音乐是思维着的声音。"南加州大学脑与创造研究所认为，童年时期的音乐经验，能加速大脑的发育、促进认知功能，表现在语言习得、阅读和数学能力等方面。

（1）计数、识词能力较强

学习音乐的孩子，在识词和计数能力上普遍高于同龄其他孩子。

（2）听觉脑区更大

听觉神经通路更顺畅，处理信息的效率更高，这就意味着，未来能够更快地理解老师说的话。

（3）更早学习复杂数学问题

因为读不懂题干而无法作答的孩子，大概他不懂音乐。

（4）时间与空间推理能力较强

如果音乐教育中还包含乐器演奏，除了丰富对大脑发育的有利刺激、加强各脑区的联结发展（想象、表达、情感……）、促进左右脑协调之外，还能进一步训练孩子精细运动（演奏）、大动作（随音乐乱舞）和手眼协调能力的发展。

3. 孩子有音乐天赋吗

（1）3岁对旋律敏感

旋律是否和谐？此强彼弱变化吗？抒情还是哀伤？有天赋的孩子一听便知。

（2）4岁善于模仿节奏

是"嗒、嗒咚——嗒嗒"，还是"咚——嗒嗒、咚——嗒嗒"，有天赋的孩子信手拈来。也可以通过观察孩子能否跟随乐曲节奏的变化，改变舞蹈动作进行判断。

4. 孩子怎么听音乐

学龄前孩子听音乐的一个关键词就是重复，他们在重复的过程中掌握旋律、节奏、词句，以及各种知识点，如《家族歌》。重复中不妨自由改动一二，增加音乐教育的趣味性。

而在音乐主题的选择上，多以动物、游戏、玩具、故事人物为主，年龄越大的孩子，越喜欢有故事情节的音乐。

5. 玩音乐能使人快乐

（1）去演奏吧

莎士比亚说："如果音乐是爱的食物，去演奏吧！"

亚利桑那大学有一项研究表明，一起进行音乐活动的家庭，能拥有更高的亲密水平。该研究调查了各年龄段的孩子，结果表明，经常与父母一起听音乐、参加音乐活动，如音乐会、演唱会、合奏表演的孩子，不管是学龄儿童时，还是离家成年时，都会觉得与父母有更亲密的关系。愿意分享音乐体验、音乐审美的亲子双方，在孩子青春期阶段，明显有更强的情感联结。

研究发现，在共享音乐体验的过程中，"共舞"也起到了很大作用。音乐天然地能引起身体的摇摆，当两个人在同一旋律下共舞时，会引起某种化学反应，彼此产生依赖，这种影响对儿童尤为强烈。

（2）怎么玩

①动作互动。播放音乐的同时，带领孩子一起"拍拍手啊拍拍手，跺跺脚啊跺跺脚，再转个圈"。还记得孩子跳《小苹果》《海草舞》时，脸上的神采飞扬吗？所以，父母们别拘谨了，起来嗨吧！

②感受联想。给孩子听贝多芬的《命运》时，没必要非让孩子听出"一位伟人在与命运斗争时的力量与坚毅"，其实，"一只小熊跌跌撞撞在森林里找蜂蜜"也是很宝贵的感受。除了能促进孩子的想象力，这样的音乐感受性练习，还有利于孩子的情绪表达，避免孩子将来成为一个心理压力大，却不知道怎么去描述的大人。

③自主选择。让孩子自由表达他们"喜欢""不喜欢"的音乐，发展属于他们自己的音乐品位，让他们挑选自己喜欢的音乐活动。布偶戏和古典音乐会没有谁俗谁雅，重要的是适不适合孩子的年龄、符不符合孩子的口味。四岁前的孩子往往坐不住，可多参与能够自由互动的音乐活动。

如果孩子有想要学习的乐器，父母可以与他一起学习、合奏，这比逼他苦练的效果要好得多。如果还没有发现孩子喜欢的乐器，一起敲锅碗瓢盆，开个"打击乐音乐会"也是好的。

不要轻易搞物质奖励

文/张惠姗

1. 家中案例

我儿子读小学一年级的时候，有一天，他说："妈妈，班里的王同学说，如果他数学得90分以上就能得到一套乐高，得95分以上就可以去旅游一次；同桌李同学说，如果他的英语得满分，就能每天玩半个小时的手机。"我说："这些奖品你能得到吗？""能。""你需要达到某个分数，得到礼物吗？""不需要。"他笑了。

我告诉他："礼物出自需要和关爱，并不是你做了什么。而且考试是你自己的事，考得好不好，不是我的事。这就是为什么，我没有因为分数惩罚或奖励过你。"

六年后，我儿子以全校优秀毕业生的身份毕业。进入中学，他仍然是人们口中所说的"学霸"。全程他都没上过任何一个补习班。我和他从未因为学习而讨价还价，或者红过脸。

父母到底怎样才能够培养出孩子的主动性，培养出一个能够自我驱动的学霸？以下8个方面，是我的经验，希望对你有帮助。

2. 经验分享

(1) 不要轻易物质奖励

放弃"考100分就奖励你100元"这样的做法，因为这很容易教会孩子：我读书不是出于好奇和探索，而是为了得到父母的奖励；学习不是我的事，而是为了满足父母的期待；学习是痛苦的事情，需要外在物质利诱、补偿才行；父母不信我能把成绩搞好，要额外奖励。久而久之，父母的奖励就会扼杀孩子的主动性。

怎么做比较好？我不会提前允诺奖品，但是如果考试结束后，孩子自己觉得很开心，我就会趁机回应："你的努力得到回报了，这是值得庆祝的，我们去吃一顿大餐庆祝一下吧！"奖励与庆祝不同，奖励是事前利诱，庆祝聚焦于孩子当下的那个成就感本身，这更容易帮助孩子保持兴趣。

(2) 不要随便惩罚孩子

"你真蠢，怎么一直学不会""考不好，别指望我带你出去玩"，诸如此类的指责、羞辱不要再说了。说多了，孩子只会产生"读书太可怕了""学习等于威胁"的观念。

很多孩子还会变得习惯性拖拉和回避学习上的挑战。所以，非常重要的一点是，哪怕你需要教育孩子，也要在孩子不学习时；学习时一定不要干扰他（除非孩子求助你）。只有孩子的情绪是放松的，觉得读书是安全的，他才能真正发自内心地喜欢上学习。当然，你还可以忽略孩子的“问题”，多鼓励孩子，比如：“考了75分，75分的知识点是怎么学会的？”“你比别人有更大的进步空间。”“你在阅读理解题上正确率很高。”“你的卷面很干净……”就这样，一点点帮助孩子建立起信心。

（3）时间不要安排太满

多年前，我做家教时遇到一件小事：我辅导的那个小孩读五年级，每天写作业都很磨蹭。后来，他妈妈就跟他约好，只要作业能在晚上八点之前写完，就让他玩半小时游戏。那天，小孩七点过一点就写完作业了。他妈妈觉得这么早就让孩子闲下来不划算，于是又翻出一张试卷，让我盯着孩子做。孩子满脸沮丧，然后，又启动了无限拖拉的写作业模式。

很多父母都会这么做。他们总是把孩子的时间安排得很满，看不得孩子无所事事地去玩。读书、写作业这些事对孩子而言，就像是“西西弗斯的石头”，永远都没有停下的时候。面对一个永远都完不成的任务，孩子的积极性会被挫伤。学习变成了混时间，不磨蹭才怪。简单一句话，留白非常重要。约定好学习任务和时间后，其他时间由孩子自己自由支配，一定不要人为地制造孩子的厌学情绪。

（4）提供按部就班的生活

我接待过很多“乖小孩”，他们平日里成绩不错，可是某个时间段忽然成绩下滑，上课也无法集中精神。经了解，多半都是在那段时间，孩子的家庭出现了问题。或者家里有变故，或者父母关系破裂出现了争吵。当平稳的生活节奏被打乱，孩子的安全感就会受到波及。而一个内心不安的孩子，是很难专心投入学习中的。所以，给孩子提供按部就班的生活很重要。就是该上课时上课，该写作业时写作业，该吃饭就吃饭，该玩就玩。所谓学习习惯，早期就是生活习惯。要确保孩子在生活中，总有一部分内容是固定不变的。

确保睡眠时间也很重要。睡前不要训斥孩子，不要让孩子哭，不要做太刺激孩子的事。父母之间的关系也需要是平稳的、和谐的。平稳、和谐的生活会给孩子带去好情绪，好情绪会提高专注力。一个家庭如果有各种问题，孩子肯定无法专注地去读书。这也能解释，为什么和谐的亲子关系，容易培养出成绩优异的学生；而问题家庭里，多的是差生。

（5）要会设置目标

读书当然需要一定的规划和目标，但有些父母误把“愿望”当“目标”。比如一个90千克的人定下目标“我要减到45千克”，这只能是一种“愿望”。愿望很美好，但难度太大，想要实现太困难了，很容易半途而废，算了，听天由命吧。而定下目标“我要每顿饭吃八分饱，每天坚持运动十分钟、喝水500毫升”，这才是一个具体的目标，它更能让人坚持下去。

学习也是如此。一个英语考试总是70分的孩子，你要求他下一次要考到90分，这是你的愿望和期待。但如果你陪孩子一起约定：“每次考试提高5分，每天背5个单词，每天读5分钟课文。”这才是目标。这样的目标具体又容易实现，才能真正突破英语成绩。

（6）提高记忆力需要方法

尖子生与差生之间，差的并不是智商，而是记忆力。而在我们的大脑里，掌控记忆力的那个东西叫海马体。所以，要想提高学习能力，就要在海马体上好好下功夫。

①制造快乐。人在快乐的时候会分泌多巴胺，这个物质会刺激海马体，让它的记忆能力更强，从而学习更高效。

②利用好记忆规律。今天学的知识，24小时后、48小时后再看一次，一周后再看一次。某个信息来了又来，海马体就以为很重要，信息就会被保留下来，这就是复习的重要性。学习不是反复一直读某个信息，而是读完放一边，隔一天、两天、一周、一个月后再看。

③跳出舒适区。比如，看书的时候，在书上写注释、用荧光笔画重点，从脑科学的角度而言，大脑对这种轻松的重复方式并不感冒，放下书，你可能很快就忘了。换个方式：看完一本书，放下。第二天回忆这本书的内容，画个详细的思维导图出来。大脑在经过回忆、思考挣扎后得到的知识，才是我们学

让自己幸福快乐的小习惯(8)

8. 不再牺牲放松自己的时间

锻炼与休息是对自己最起码的爱。到楼下跑步，跟着直播做操；找一位知心老友唠嗑，放声大笑；泡一壶茶，闻一闻香气，温度刚好；给自己一个小时，发发呆，没有烦恼。生活再糟糕，也不妨碍对自己好。累了就睡觉，醒了就微笑。

到的。从这个角度而言，做题和测试也是有好处的。它需要思考，会挑战大脑的舒适区。大脑在适度的紧张和挣扎过后，知识会记得更牢固。

（7）重视输出

学到的知识，通过输出，能更深刻地保留下来。什么是输出？就是把学到的再演绎一遍。

①做出来。蒙台梭利有句名言：“我听过的，也许会忘记；我看过的，可能会不记得；我做过，我就懂了。”特别是数理化，可以动手操作起来，常动手实践的孩子，脑子更灵活。

②说出来。盯着孩子写作业、抓住机会给孩子讲解知识，不如趁闲暇时间，让孩子来教你。“这个题你是怎么学会的？能给我讲讲吗？”“这方面的历史我很有兴趣，但我不懂，想请教你……”。让孩子成为会讲题的老师，知识会更加牢固，学习会更有乐趣。

③写出来。看了某篇文章后，隔一会，把它写出来。富兰克林的写作之路就是这样开始的，看文章，再凭记忆写出那篇文章，如此反复，因为大脑更重视输出。

（8）提供资源和支持

“双减”后，父母到底能为孩子做什么？不是催逼孩子，而是尽可能为孩子提供资源和支持。比如，坚持亲子阅读，尽量拓宽阅读面；多陪孩子去逛各种博物馆、看有趣的展览，参与有趣的社会实践，开阔眼界，增长见识。我儿子小的时候，我经常带他玩，就是各种有趣的科学小游戏。

孩子是识货的。给孩子提供高质量的学习和探索的资源，孩子更容易感兴趣。当然，课堂知识仍然是重要的，因为它是学生学习的主要场所。成为学霸，不是人生的终点，重要的是我们的态度，决定了孩子的人生能走多远。

话有四不说（4）

4. 不说狂话

案例

2013年前后，一批“90后”网红企业家借着智能手机飞速发展的东风，收割了一波财富。他们借势上各种节目，宣扬“流量造英雄”和“读书无用论”。殊不知，在随后几年的大浪淘沙中，那些曾经口出狂言的网红企业家，早已销声匿迹。

点评

俗话说：满招损，谦受益。年少时，我们总爱说“人不轻狂枉少年”。行至中年，才顿悟收起狂妄、不说狂话，才是成年人该有的自觉。

给孩子想要的东西

文/真心爸妈

在家庭教育中，父母养育孩子的大前提应该是：给孩子想要的东西，而不是你想给他的东西。

1. 得到自己想要的东西，孩子才会满足

周六早晨，两个孩子各自睡到自然醒才起床，吃过爸爸做的早点后，回到房间看书、打游戏、做作业、玩玩具。快到中午时，两个孩子出来问：“妈妈，中午吃什么？”

我告诉他们中午做咖喱牛肉，两个孩子都表示赞同。他们一个不爱吃牛肉，但喜欢吃咖喱中的土豆和胡萝卜，另一个喜欢吃牛肉和土豆，不喜欢吃胡萝卜，于是他们合作，把牛肉和胡萝卜挑到对方碗里。平时吃饭，孩子的要求不多，因为他们相信，无论是繁是简，妈妈总会想办法做出他们喜欢吃的东西。

大宝说他从微博上看到一道烤鳗鱼：“妈妈你去买点吧。”我就下了订单。我们没有讨论价格，因为孩子要的并不是昂贵的稀有食物，而且孩子自己也知道，在我们的能力范围内，买他们想要的东西，父母是不会看价格的。当然，只要不是有毒的东西，我也不会先看营养。下午出去买菜，小宝要求同去。他喜欢偶尔“亲自”到超市采购一番，挑一些妈妈平时想不起来，但他想吃的东西。

我们想要的是，每天都生活得很愉悦的孩子。如果他需要充分休息，为什么一定要让他有良好的作息呢？如果他吃某些东西不觉得是美味，为什么一定要让他为了营养勉强吃下去呢？如果他想要的并不是父母负担不起的东西，为什么要让他提什么要求都得先想想“父母会不会嫌贵”呢？

2. 亲子间大部分矛盾，都来自孩子想要而父母不给

有人雪中送炭，接受的人会很感动，有人锦上添花，接受的人也会很欣喜。亲子间的大部分矛盾都来自“孩子想要，父母不给”。这种“要”与“给”，有时是有形之物，有时是无形之物。

比如有些父母会问：“孩子总想买玩具怎么办？”问这个问题的父母，希望别人给出一个既能不答应孩子的要求，又能不让孩子哭闹的办法。但是很遗憾，没有“两全其美”的办法。

两个孩子小时候，关于买玩具，我们做的唯一一件事就是，跟孩子约定什么时候能买玩具（比如节日，

甚至放假、开学，或者庆祝什么，都可以买玩具)，到了约定的时间，不附加任何条件，只要孩子想要，都可以买下来。因此，两个孩子有了50套以上的乐高玩具，50个以上的变形金刚。

了解这两款玩具的价格，有些人可能会觉得很贵。但和“你想给孩子的东西”相比（比如报兴趣班）却少很多。你用了更多的钱，收获了孩子的对抗，而我们用了更少的钱，收获了孩子的心满意足。

再比如有些妈妈会问：“孩子总黏着我怎么办？”按照我们的逻辑，孩子想黏着妈妈，就让他随心所欲地黏着呗。孩子黏人是安全感不足，你越让他想黏就黏、想不黏就不黏，孩子越不黏人；你越不让他黏你，他就越黏你。很多妈妈都是弄错了方向，结果越阻止越烦恼。

二孩放开后，有些父母遇到了“大宝变坏”的问题。孩子想要的是：虽然家里有了小弟弟，但我还是从前的大宝。而大人要求孩子的是：你是哥哥了，要变得懂事。孩子想要的，父母不给，孩子做不到的，父母却强迫他。如此，怎么可能融洽？

3. 用孩子想要的方式去爱他

有些父母很喜欢和孩子“对着干”，只要孩子想要的东西，总要想办法阻止，而自己想让孩子接受的东西，无论孩子愿不愿意，都强加给他。比如父母认为有趣的书、有营养的食物，学钢琴、英语，养成某个习惯、具备某种美德。于是，父母经常陷入烦恼：“这孩子为什么这么不听话？”如果孩子也有同样的表达机会，他们的烦恼只多不少——为什么我提的要求，父母就不答应，而父母提的要求，我却要做到？彼此的需求差异如此之大，冲突在所难免。

父母认为拒绝孩子想要的东西，是为孩子好；把自己想给的东西强加给孩子，也是为孩子好。甚至有些父母认为：“哪怕孩子现在怨我，我也要这么做，等他长大了，就明白了。”但问题是，你给孩子的好，在孩子看来并“不好”，这种好真的好吗？

如果孩子每天都得不到自己想要的东西，不得不接受父母强加给他的东西，每天过得都不愉悦，等他长大了，这些矛盾、冲突的童年经历，会让他有幸福感吗？

爱是给孩子想要的东西，而不是你想给他的东西，弄明白这件事，相信很多育儿难题都会迎刃而解，有些难题也不会发生。

文/阿幸

放手让孩子去试错

1. 父母说一万句，不如让孩子撞一回“南墙”

案例

女儿上学后，学校的作业和兴趣班的作业加在一起着实不少，我建议她每天中午回家完成一项，这样晚上便能轻松一些。昨天这样执行让她尝到了甜头，她表示以后都这么干。但今天中午，她回家后把作业忘得一干二净。我提醒她，她却气不打一处来跟我杠上了，说我是在逼她写作业，我也火冒三丈：“作业是你的事，该你自己好好安排，中午不写也行，晚上别叫苦。”然后，我又忍不住地数落了她一番，结果她泪眼汪汪地走了。

点评

我深知，我只需客观地告诉她结果便行：“中午你没写作业，只好晚上一起写了。”如果人道一点，还可以给一点关怀：“我很遗憾，但你必须承担自己选择的后果，如果需要我，我愿意支持你。”

著名教育家苏霍姆林斯基认为：“如果一个人在童年时期就体验过克服自己弱点的满足，他就会以批判的态度看待自己。”人们正是从这点上开始对自我认识。没有自我认识，就既没有自我教育，也没有自我纪律。可见，父母说一万句，不如让孩子自己撞一回“南墙”。

一个年纪幼小的孩子，不论他把“懒惰是不好的”这句话记得多么牢，理解得多么清楚，但如果这句话没有迫使他在实际行动中管住自己，他就永远不能成为一个意志坚强的人。就像孩子学走路，一个孩子只有在跌跌撞撞中，通过对平衡感的自我调适，才能学会独立行走。多么简单的道理啊。

2. 父母稍微放手，孩子就有惊人的成长

案例

女儿对一些事总是不上心，让我很是恼怒。比如早晨起床后不记得喝点温水，洗完脸不记得擦些润肤霜，总是光着脚在地板上跑，晚上做完作业不关灯，忘记把作业本整理好装进书包里。每天我都得跟在她的屁股后头，一遍又一遍地提醒：去喝水、去擦香香、快点把拖鞋穿上、灯又忘了关、作业本装进书包了吗？一边唠叨，一边替她把这些事做了。

点评

孩子一直学不会的这些事，都是我一直放不开手的那些事。孩子

学不会，原因在我。只要父母放开手，就会发现孩子惊人地成长。当她感到口渴，自然就会想到要喝水；当她觉得脸上干燥，就不会忘记擦润肤霜；拖鞋乱扔要穿的时候找不到就能记得收纳；作业本没带挨老师批评就能长记性。

孩子天生爱光着脚到处跑，我们担心他着凉，但这种担心却从未发生过，可见父母观念里所谓的“对的”只是枷锁。放宽心让孩子感受因此带来的不便，就已经够了。孩子每一次失误，感受到失误带来的不便和损失，才能产生调整的需求，就像渴了想喝水，这是孩子自我发展的潜能所决定的。不要粗暴地破坏这种“敏感”和“自尊”，孩子天生是想要变得更好。

3. 父母只有放手，孩子才有机会发展自我

案例

一个妈妈说，自己一岁多的儿子很调皮，到公共场合，她不放心让孩子碰那里的东西。一次在一家面包店，孩子对货架上卡套造型的钙片盒子产生了兴趣，想一探究竟，她一把把孩子拽住，不允许他碰，孩子便开始哭。我建议她试着放手让孩子去探索，自己在一旁看着孩子就行了。她说，他不行，他太调皮了，肯定会把东西碰坏。我说，你就相信他一次，不行吗？试试看吧！那次，她小心翼翼地放开了手，结果孩子开心地奔过去，好奇地拿起一个盒子左右端详了一番，又好好地放回去了，什么事都没有发生。可见，大人是何等的故步自封，而相信的力量，是强大的。

点评

哲学家艾瑞克·弗洛姆曾说：“教育的对立面是操纵，它出于对孩子潜能的生长缺乏信心，认为只有在成年人的指导下去做哪些事，不去做哪些事，孩子才能获得正常发展，然而这样的操纵是错误的。”孩子的弱点如果总是通过大人的约束去克服，那么所谓的“克服”就是不存在的虚幻，只能叫“屈服”。屈服不会成为孩子自我认可的一部分，只要有机会，他就不想再屈服，就要从约束中挣脱出来。

我们经常说要相信孩子，但我们知道这很难，它需要克服人性的怯懦。教育是一门艺术，是一门需要勇气的艺术，只有鼓起勇气去相信孩子，相信他们向善发展的潜能，方能做到放手，而只有放手，孩子才有机会去犯错，而犯错及孩子本能的自我调适，才是成长和独立的必由之路。

文/赵若冰

做个优秀的高中生家长

儿子马上就要开启自己的高中生活了，我忍不住围着他团团转，边转边碎碎念："儿子，我们要买什么、带什么、准备什么？"儿子无奈地看着我说："妈妈，你要清楚，我是去上高中，上学是一件苦差事，不是去度假。东西简单化就好。"学霸毕竟是少数，作为普通高中生的家长，怎么做才能帮孩子成为更好的自己？

1. 做个爱学习、爱思考的家长

孩子上高中后，如果家长还停留在做初中生甚至做小学生的家长，一定会拖孩子的后腿。孩子长大了，对家长浅层次的需要减少了，对家长深层次的需求增多了。

高中阶段，孩子的知识面和视野急速开阔，家长的成长很容易跟不上孩子的成长速度。在这个阶段，大多数家长已经没有能力参与深度陪读了，但这并不意味着家长就不需要学习了。

我们需要通过读书学习，来提升自己的能力。除此之外，我们还要关注孩子的学习、倾听孩子的心声、观察孩子的行为习惯，并随时做好与孩子交流的准备，及时应对孩子的各种问题。

孩子越是聪明、越是优秀，就越是有自己的主见，甚至与你意见相左。如果孩子表现出一些看似叛逆的行为，被我们无知地打压下去，很有可能会成为孩子未来发展的隐患。把一个既有思想又叛逆的孩子引向正道的前提是：父母必须爱学习、爱思考、懂教育，而且有担当力、耐挫力和接纳力。

2. 关注和守望永远胜过无休止的唠叨

家长唠叨是因为不放心，不放心是因为不了解，不了解是因为不沟通，不沟通是因为不倾听，不倾听是因为不尊重，不尊重是因为不认同，不认同就会话不投机。恶性循环，孩子的耳朵和嘴巴就会选择性地对家长关闭。

高中生已经有了独立处理问题的意识和能力，如果孩子有困难和困惑，家长又没有应对办法，不妨在一旁关注和守望，给孩子战胜挫折的力量。

孩子长大了，父母教育孩子的方式也应该随之转化为隐形。即在孩子的生活和学习中，潜移默化地影响他们，而不是直接干预或强制要求。隐形教育能让孩子在自然的环境中接受正面的影响，减少孩子的叛逆心理。可以在不引起孩子反感的情况下，传递正确的价值观和行为规范。这种教育方式有助于培养孩子的独立性和管理能力，让孩子在自由的环境中成长。

3. 哪类孩子需要补课

高中生的补习，一定要对症下药。态度不行补态度，方法不行补方法，知识不行补知识，不要错位补习。

有三种情况可以考虑补习：

一是跟不上老师讲课节奏的孩子，需要有一个耐心细致、不厌其烦的补课老师。

二是曾经掉队、基础差，现在又想学的孩子，需要一个经验丰富、能把新旧知识很快联系起来的补课老师。

三是自我管理能力差、家长也无能为力的孩子，需要一个与学校大体相同的学习环境。

报补习班之前，父母要征求孩子的意见。有些孩子性格内向，不愿意在学校和同学们一起争先恐后地向老师提问。但高中阶段的学习内容繁多，学习过程中会产生很多疑问，一个星期至少需要老师答疑一次。而补习班相对于学校，学生数量少，老师可以更好地照顾到每个学生。那么，孩子的问题就能在补习班迎刃而解。但孩子是否上补习班，家长不能一厢情愿，一定要尊重孩子的意见。

4. 高一比高三重要

中考之后，许多初三的学生都会彻底放松下来，觉得终于可以喘口气了。在初中阶段被监管得越严、刷题越多的学生，想喘口气的想法就越明显。那么，为什么高一比高三重要呢？

第一，因为学习方法、学习习惯的培养在高一。高一落后的孩子在学习技术、学习技能上就输了。

第二，因为高一所学的内容并不是高中的三分之一，至少是二分之一。众所周知，高三全年都在用来复习。

以物理为例，高一力学思想不建立，高中物理就坍塌了三分之二以上。所以，鼓励孩子从高一开始就努力拼搏吧。

有些孩子在初三用了一年的时间勤奋努力，考上了示范高中，这样的孩子最容易对高一不以为意，认为自己高三再拼也不晚。

但基础差的高中生到了高三就会出现成绩提升困难的情况。由于基础知识的缺乏，这些学生在学习的过程中会感到很吃力，难以跟上学校的进度，导致成绩提升缓慢甚至出现下滑。由于成绩不稳定，学生还会出现焦虑和沮丧的情绪，从而影响学习效率。所以，高一阶段如果孩子能迅速适应，高二知识难度上去后，成绩能保持稳定，那么，高三再努力，就是锦上添花了。

5. 帮助孩子成为管理时间的高手

没有人能随随便便地成功，成功是规划出来的。家庭教育的一个重要任务，就是教会孩子合理规划时间，什么时间做什么事，及时评价，并不断修正规划。当孩子可以合理安排时间的时候，他离成功就越来越近了。

(1) 制订一个明确的学习计划是非常重要的

学生应该将每天的学习任务分配到不同的时间段，确保学习时间得到充分利用，同时避免在某个时间段内过于疲劳。制订计划时，可以将学习任务按照优先级排序，优先完成重要且紧急的任务，避免浪费时间在一些不重要的事情上。

(2) 寻找高效的学习时间段也是提高学习效率的关键

一天当中，有以下几个时间段特别适合学习：清晨起床后、上午8：00~10：00、下午18：00~20：00、临睡前一小时。这几个时间段大脑处于最佳状态，适合进行高强度的学习和记忆。

(3) 保持良好的生活习惯对学习效率也有重要影响

建议高中生晚上睡觉时间不要超过12点，养成午休的习惯，早起吃一顿营养丰富的早餐，并在晚饭后适当活动，放松心情。这些措施可以帮助学生在学习时保持精力充沛，提高学习效率。

(4) 创造良好的学习环境也是提高学习效率的重要因素

学生应该在一个安静、整洁和舒适的环境中学习，避免在学习过程中受到干扰和影响。此外，与同学建立学习小组，相互监督、鼓励和帮助，也能提高学习效率。

让自己幸福快乐的小习惯(9)

9. 持续学习

一位哲学家曾说：“真正的无知，不是缺少知识，而是拒绝学习。”我们可以告别年少青葱，但不等于告别成长。保持学习的状态，让大脑得到锻炼。对世界保持好奇，心态也会变得年轻。脑中要有知识，拓展多维的视角，随时观察社会的动态。手中要有支笔，记录客观的规律，及时对抗风险的冲击。

文/牧青野

如何做不愤怒的父母

1. 打骂孩子的后果

案例

放假前，我和女儿早早就畅想好了暑假生活：我做饭她学习，我工作她上网课。但真到了暑假，几天的工夫，我已骂了她好几次了。晚上我向她道歉："对不起，妈妈最近太累了，又骂你了，你能原谅我吗？"我又说，"下次谁的情绪要失控时，就去自己的房间冷静一下，好吗？"女儿说："好的，但是，我觉得做大人比做小孩好。大人心情不好就可以骂小孩，小孩心情不好就只能躲起来骂自己。"我问："你骂自己了？"女儿说："是啊，每次你骂我，我只能回到自己的房间骂自己。"

点评

有研究发现：打骂孩子会破坏孩子的想象力和创造力。经常被打骂的孩子，智商比没被体罚过的孩子低五分。

科学家对两个孩子的大脑进行扫描。结果显示：被父母温柔以待的孩子，大脑中的黑暗区域（代表大脑容量减少），比经常被父母打骂的孩子更少。

打骂会让孩子大脑中负责智力和学习能力的大脑灰质减少。被父母温柔以待的孩子，大脑容量更大、更具有智慧。反之，则会伤害孩子的大脑发育。打骂孩子看似小事，却会对孩子造成难以弥补的伤害。

2. 打骂教育是一种需求错位

案例 1

在《家庭的觉醒》中写过一个案例：一个16岁男孩，被父亲带去做心理辅导。咨询时，男孩说父亲动不动就对他破口大骂，他做什么都是不对的。可是，男孩的父亲听到后，却感到十分惊讶："我没想到他隐藏了这么多的感受，我是骂他了，可我也是为他好啊。如果我不爱他，我怎么可能去管他？"父母爱孩子的心都是无私的，只是这种爱没有边界。

点评

心理学家沙法丽·萨巴瑞曾说过："父母因为爱孩子，所以为孩子担惊受怕，于是试图用一些简单粗暴的方式控制孩子，但父母要控制的只是自己的恐惧。"孩子需要的不仅是爱，更需要父母能够时刻保持冷静，能够感受到孩子的情感和内心需求。

所以，打骂教育是一种“需求错位”：父母认为自己是出于爱，但孩子却认为那不是爱。

案例 2

一个爸爸给女儿辅导作业，一道题讲了很多遍，可女儿就是听不懂。当她小心翼翼地对爸爸说自己听不懂时，爸爸没有责备，相反，爸爸看出了女儿的沮丧，安慰她说：“不是你听不懂，而是我没讲好，我再讲一次。”同时，他也不忘鼓励女儿：“你能告诉爸爸你没听懂，这很棒，你能更详细地告诉我，你是哪里不懂吗？我们一起想办法把它搞懂。”

点评

武志红老师曾说：“自信的建立，源自父母的爱。”孩子要的其实很简单，就是父母爱孩子的具体行动，比如允许和尊重。

允许孩子像孩子一样出错，尊重孩子的尊严和权利。与其用打骂这种错误的方式去“爱”孩子，不如对孩子多一点共情和理解。真正的爱绝不是用极端的方式表达。

3. 怎么温和地教育孩子

记者周轶君聊起自己的育儿心得时说：“我们一定要控制自己在孩子面前的情绪，因为你突然爆发出来的情绪，会形成伤害藏在孩子的心里。”

那么，怎么才能温和地教育孩子？《不愤怒的父母》一书给出了三个建议：

（1）先解决自己的情绪，再解决孩子的行为

当我们感觉到自己马上要“失控”的时候，可以尝试采用以下几种方法：

①“戴面具”。如果你想成为平静温和的父母，当你愤怒时，戴上平静、温和的“面具”，用想象中的理想父母指导你的教育行为。

②控制呼吸。当你愤怒时，尝试用缓慢而从容的呼吸，让自己的情绪舒缓下来。

③走开。当你愤怒时，尝试让自己先行离开，等彼此的情绪冷静下来后，再用更客观、更理性的态度去解决问题。

④分散注意力。当你愤怒时，找个能转移你注意力的事去做。这是把你的注意力从孩子的行为中分离出来的最好办法。

⑤视觉化。当你愤怒时，将你的情绪想象成具体样子，让它的颜色、大小、感觉和味道具象化。然后，把它看成是你可以操控的对象去推开它、战胜它。

⑥冷静。当你愤怒时，尝试让

教育孩子首先不要输在家庭教育上

提升家长的家庭教育综合素养从学习家庭教育开始

自己通过数数、散步、聊天、洗澡等方式，给高涨的情绪一个冷静期，让它缓缓地降下来。

(2) 把孩子当作你的“伙伴”

心理学家提出，父母和孩子之间应该形成一种伙伴关系。父母不一定非要成为孩子的朋友，但可以和孩子以朋友的方式交流。

①既能以同理心去看见孩子的感受和需求，也能以慈悲心允许孩子遵从或反对。

②和孩子交流想法时，不使用任何指责的方式。

③和孩子一起使用头脑风暴找出尽可能多的解决方法。

④把所有的解决方法不带评价地记录下来。

⑤和孩子一起找出你们都喜欢且适应，想要去实践的方法。

⑥如果需要，可以采取书面的方式，和孩子一起遵从约定。但要注意的是，没有任何一套方法能一劳永逸地解决孩子所有的问题，教育本就是一场父母和孩子之间漫长的磨合过程。

(3) 如果伤害已经造成，对孩子说抱歉

当我们无意中用语言或行为伤害到孩子，无论如何都要给孩子一个真诚的道歉。虽然这是亡羊补牢，但至少能让伤害降低。当孩子因为我们的错误，已经出现了消极情绪时，先不要急着去解释，而是允许孩子单独待一会，或者用拥抱安抚孩子，等他冷静下来后，再对他表达歉意。

值得注意的是，父母无须在孩子面前扮演完美父母。我们可以在道歉的时候，客观地表达我们的局限和错误。我们包容孩子，也希望孩子能适当包容我们，接纳彼此的不完美。

长相年轻的六个习惯(5)

5. 始终爱美，无关当下年纪

举例

有一组图片，镜头捕捉到了几位满头银发的老太太，她们之中有人穿着合体的旗袍，有人戴着小巧的珍珠耳饰。即便青春不再，也挡不住她们骨子里透出来的那股优雅的气质。

点评

白发戴花君莫笑，岁月从不败美人，大抵就是如此吧。人生这条路上，从来都是一站有一站的风景，一岁有一岁的味道。没有人规定什么样的年龄，才是最美的年纪。20岁的美自有青春靓丽，30岁的美可以是温柔知性，40岁的美可以是从容大气。就算是到了白发苍苍的年纪，只要始终保持爱美之心，愿意好好打点和全力绽放自己，便能在时光的长河里历久弥新，活出别样的风采。

文/猪妈妈

孩子厌学 父母应该做些什么

“我不想上学。”相信很多父母都听过这样的话，或者害怕听到这样的话。面对“油盐不进”、丧失动力的孩子，父母除了坚持或者妥协，到底应该做些什么呢？

1. 孩子说不想上学，有时是一种情绪

案例

我儿子在上学的路上总是念叨：“妈妈，我不想上学。”一开始我会向他解释：“上学很重要。你去学校学知识，有了知识，你才能实现梦想，成为你想成为的人。”但我发现，这样的话，他一句也听不进去。一次，他反问我：“在家里也可以学习，为什么非要去上学？”原来，孩子不是不听话，而是在追寻更深层次的问题。上学的意义是什么？我要成为一个什么样的人？什么样的目标，才值得我付出努力？为什么不上学，就不能有好工作？我们千篇一律的回答，在十几年前或许成立，在今天，在未来，还能成立吗？

点评

陈默老师曾说：“现在的孩子认知提高了，但我们大人却没有跟上。”时代早就变了，我们给孩子必须上学的理由，居然几十年都没变。当这些问题，孩子总想不明白，又总得不到有效的回应时，他们才有了情绪，才不惜暂停学习的脚步去探寻。

那么，到底什么才是上学的真正意义呢？

李希贵校长对学校的定位，或许能给我们启发。他说：“学校是社会生活的浓缩和预演。”学校存在的真正意义，不是为孩子提供知识，而是提供一个相对安全的小社会，让孩子能够在其中历练：怎么和人相处，怎么克服困难，怎么提升自己。这才是孩子需要上学的一个最重要的原因。

当有了这个视角，我们才不会一提到学校就是学习；才不会只在孩子取得好成绩、考上好学校时，才为他感到高兴。才能敏锐地觉察到：原来孩子每挺过一次枯燥的课堂，每经历一次失败的考试，每面对一次复杂的人际问题，对他而言都有价值，都是在为未来做准备。

当有了这个视角，我们才不会一看到孩子厌学就害怕；才能抚平情绪，理解和安慰孩子：“你明明不

教育孩子首先不要输在家庭教育上

提升家长的家庭教育综合素养从学习家庭教育开始

想，还能坚持去做，这本身就很有意义。因为今后即便踏上社会，你也需要这种克服枯燥、汲取知识、逾越困境的能力，不是吗?"

所有不可调和的亲子矛盾，都源于父母和孩子的认知错位。只有时时警惕我们的认知局限，努力听见更新、更广阔的声音，愿意和孩子站在一起，去深挖、探讨"做与不做一件事的真正理由"时，才有可能实现与孩子的认知看齐，才有了亲子间进一步沟通的可能。

2. 孩子切切实实遇到了学业困境

案例

李松蔚老师分享：朋友一家从国外回来，因为孩子不适应国内的学校教育，尤其是数学。爸爸说"孩子在数学方面有畏难情绪"；妈妈说"国内学校要求太高，不符合孩子的年龄特点"；孩子说"我数学能力没问题，我只是中文不好，有些词听不懂"。每个人都从不同角度找到了原因，每个原因听起来都有道理。但畏难情绪不是说克服就能克服，学校的大环境也无法改变，语言能力的提升也不是一日之功。那么，面对孩子的学业情势，怎么办?

于是，李松蔚老师让孩子做一些数学题，观察孩子的做题状态，然后他建议，先把难的作业放一放，每天给孩子布置低两个年级的题目，做题量也减少一半，让孩子每天只用20分钟就能轻松完成。当每次都能做到全对后，再把难度逐步提上来。操作一个多月后，孩子的数学能力就跟上来了，也达到了现在的年级水平。

点评

面对孩子的学业困境，父母经常会在某些问题上卡很久：是孩子有问题，还是学校有问题。但很快你就会发现，很有可能是你的问题没找对。比如，教育大环境不好，学校要求太高、作业太多，孩子的天赋不够、基础差。一方面埋怨无法改变的外部环境；另一方面夹带着对孩子的不满、否定。却完全忽略了在"外部条件还不够好，孩子的能力还有待提高"的情况下，父母怎么做才能推动孩子前行。

李松蔚老师说他之所以提出建议，是因为他发现孩子缺乏一种体验。这种体验在心理学上叫作"自我效能感"。简单而言就是，一个人在做一件事时，觉得自己能够胜任的感觉。当孩子有了这种感觉时，他就能越做越好；如果没有这种感觉，他就会越来越"畏难"。

在生活中，我们很容易被孩子"不努力、不愿意学习"的表象所牵制。一看到孩子的问题，就开始数落孩子；孩子越是跟不上，我们就越是找更多题、花更多时间，让孩子勤学苦练。可是这只会破坏孩子的学习体验和胜任感，让厌学情绪加剧。

当你和孩子在一个问题上磨了很久还没有成效，这时候最好的方法，一定不是继续使力，而是先跳出来，从根源上，重新去定位问题。然后从最小的步子开始，一点一点地帮助孩子把挫败的感觉处理掉，把成功的体验积攒起来。这样孩子的困难才会降级；他才不会再逃避、消沉下去。

3. 和孩子建立更有力量的关系

(1) 别把问题归咎于孩子

举例

陈默老师说她向父母收集“父母关心的问题”，结果显示：近1000条都是控诉孩子的各种不是，很少提及自己和家庭情况。这让她很痛心。她说：在面对这近千个“怎么办”时，她特别想问问这些父母：“你们到底对孩子做了什么，才让孩子成为你们口中的样子？”

点评

孩子厌学的诱因在学校，但根源在家庭。从小没有培养的习惯、能力，人际交往和情绪处理中缺失的方式、方法；家庭中没有解决的冲突、紧张的夫妻关系、代际之间的矛盾等，这些都有可能导致孩子不上进、不爱学。如果父母只看到孩子的问题，不反思自己的问题，这是最大的问题。

(2) 别随意给无用的建议

举例

父母都喜欢用最轻松的语气，给出最难做到的建议：“上课要听讲，做作业要认真。”“你要学会管理自己的情绪。”“学习要注重方

长相年轻的六个习惯(6)

6. 坚持读书，活到老学到老

举例

董卿经历了岁月的洗礼，有了年龄的增长、阅历的丰富，但她的容颜却依然美丽。这也是因为她读过的书、念过的诗，让她拥有了岁月无法抹去的容颜。那些流转于唇齿间的诗词歌赋，那些自身已经具备的气质涵养，那些优雅大方的谈吐举止，让她变得更加知性、优雅，焕发魅力。

点评

古人曾云：“腹有诗书气自华。”读书不仅滋养心灵，净化心灵，还能对人的容颜产生潜移默化的影响。如果你想要年轻，就读书吧，人生没有白走的路，也没有白读的书，愿你从书中收获更多的财富，拥有更美的容颜。

指导手记

教育孩子首先不要输在家庭教育上

提升家长的家庭教育综合素养从学习家庭教育开始

法。”“别懒、别粗心。”“你现在最重要的就是学习，其他的事情，你不要管。”

点评

这些建议不仅无用还有反作用。因为它在告诉孩子：“该怎么做，我都教你了，我的责任尽到了，做不到，就是你的问题。”孩子表面反抗，内心却无比认同，开始一遍遍谴责自己：“为什么这么简单，我却做不到？我怎么这么没用呢？”可事实是，这些要求简单吗？我们试想一下，如果孩子也对你说：“要控制好情绪。”“工作努力一点，多赚点钱。”你能做到吗？

（3）调整自己的关注点

举例

武志红老师接待过一些厌学者，其中，有些已经不能正常学习、生活，一副自暴自弃的样子。但父母的诉求无一例外，都是希望孩子早日回到学校、好好完成学业。武志红老师意识到：“当孩子精神几近瓦解，处于抑郁的边缘时，父母最重视的，仍然是学习成绩。”

点评

孩子不能面对学习的本质是：自我功能已经被破坏，不能正常运转了。他们开始厌恶外部世界、厌恶自己。这时，如果父母还盯着现实层面，要求孩子把学业完成、拿到文凭，无疑是缘木求鱼。

一个人的成长是分阶段的。要想唤醒孩子的学习动力，我们需要有足够的决心和耐心。先将关注点从学业转为孩子本身，让孩子获得足够的爱和接纳。这样他才能有力量，重塑自己的内在世界，才能慢慢地有能力去完成你期待的事。

（4）努力做孩子的容器

举例

一个孩子厌学，结果爸爸给孩子买了一个蛋糕。因为他认为，在现在的教育压力下，孩子不厌学，反而更值得担心。他给孩子买蛋糕是想告诉孩子：“厌学，这太正常了。恭喜你进入了新阶段、迎来了新挑战。”

点评

成长路上布满荆棘，正在长大的孩子脆弱、敏感，害怕父母失望。这时，有力量的父母不是抓起斧头，替孩子披荆斩棘，而是像个容器，让那些不能马上解决的问题、情绪，都安放下来。父母要明白，孩子不是成绩好，未来就过得好，而是有你的祝福、有你的支持，他才能过得好。

文/土豆妈

孩子的书桌该摆在哪

1. 书桌摆在哪，影响孩子学习的心情

案例 1

一个妈妈说，女儿升初中那年，她腾出了家里空间最大、采光最好的卧室，给孩子打造了一个书房。她心想，孩子在这样的环境中学习，一定能够更专心、更自觉。可事实并非如此。女儿写作业越来越拖拉了，每次都磨蹭到半夜。一次，妈妈偷偷推开门缝探究竟，却发现孩子根本没有看书，而是在玩手机呢。

案例 2

日本庆应大学的研究员四十万靖说，他家老大，从小就不爱在书房里写作业，反而喜欢在客厅的餐桌上写作业。弟弟妹妹在客厅里追逐嬉闹，大人担心太吵会影响老大学习，可老大说什么也不肯回到书房里去学习。经过观察他发现，孩子喜欢的其实不是客厅，而是那种待在家人身边的感觉。

点评

脑科学家认为，“人的大脑在工作时，不是静止的、孤立的，而是不断变化的”。孩子身体和情绪上的感觉，也会刺激大脑。倘若把孩子放到没有任何人气、杂音，甚至是房门紧闭的空间里，他一个人孤独地坐在写字台前，要与睡魔作斗争，要拒绝手机的诱惑，还要面对大人都束手无策的难题，在这种情况下，孩子会有一种强烈的被“孤立”感，大脑自然很难集中精力思考。当学习变成了孤军奋战，孩子很快就会失去主动的欲望。所以，孩子的书桌如何摆放，会影响孩子学习的心情和效率。

2. 家人的互动，藏着孩子主动的秘密

案例 1

有个学霸，他的房间朝南，采光也好，可他从不在自己的房间里学习，而是拿着一张可折叠的小矮桌，跟在妈妈的身后。妈妈在沙发上休息，他就把小矮桌搬到客厅；妈妈在院子里晾衣服，他就把小矮桌搬到树荫下。妈妈干活的同时，就能看到孩子的学习情况。这种松散的状态，并不会给孩子造成压力，当他遇到难题时，还可以及时向妈妈求助；而妈妈看到他认真学习的样子，也会及时给予夸赞，帮孩子树立信心。这时，书桌成了孩子与父母情感联结的“工具”。

点评

哈佛大学教育学院李钧雷教授

曾说："我们和孩子之间，最缺的就是人与人的互动。"他还强调，和大人的眼神互动、整体观感全方位的接触，会激发孩子的发展欲望，这是任何高科技都没办法取代的。要想让孩子爱上学习、自主自觉，家人的陪伴、温暖的氛围、快乐的沟通，这些真实的感受，比什么都重要。

案例 2

还记得小女孩恩雅吗？父母用纸箱和木板，在狭小的空间里，给她搭了一个简易的小书桌。父母在案板上卖卤菜，恩雅在案板下聚精会神地上网课。周边人来人往、环境嘈杂，可是恩雅却十分专注和投入，脸上没有丝毫的不悦和烦躁。当有人问她："这个小书房你觉得怎么样？"恩雅说自己喜欢在案板下学习，因为这样就可以和父母在一起。她能看到父母忙碌的身影，想说话的时候也不会孤身一人。当她有不会的题时，也能马上得到父母的关注和回应。

点评

正如孙云晓老师所说："有了好的关系，才有好的教育。"其实孩子真正需要的，不是多好的房子、多贵的书桌，而是能和父母待在一起。孩子只有跟父母、家人同处于一个大环境中，一起聊天、一起学习，才能在这种正向的互动中感受到温暖和乐趣，从而激发主动学习的动力。孩子内驱力的背后，离不开良好的亲子互动，还有父母的用心与陪伴。

3. 买张大桌子，创造家人共享的空间

案例 1

在绘本《幸福的大桌子》里，兔奶奶一家八口所有的幸福时光，都离不开一张大桌子。它们在这里吃饭、喝茶、聊天、休息，兔奶奶年轻的时候，还在大桌子上熨衣服、做蛋糕、剥豆子、补衬衫。而孩子们就趴在大桌子上读书、写作业、画画、下棋。有时学习累了，孩子们就躲在大桌子下面捉迷藏、过家家。

点评

四十万靖曾说："很多孩子都喜欢变换学习地点，因为新的环境会给大脑带来新的刺激，有助于孩子更高效、自主地学习。"所以，最好的方法就是给孩子准备一个可以移动的小书桌。每隔一段时间，调整一下客餐厅、儿童房的装饰和布局，多给孩子制造新鲜感。对于孩子而言，在哪里学习并不重要，而和谁在一起学习，才是问题的核心。

文/李月亮　半夏

辅导孩子如何不生气

1. 父母辅导孩子作业

案例1

陈先生的儿子亮亮上小学三年级，陈先生陪儿子写作业，有一道数学题，亮亮卡住了，怎么都不会算。陈先生急火攻心，随手拿起桌子上的一个石榴狠狠地砸了过去。石榴砸在了亮亮的肚子上，亮亮大叫一声"痛"，然后就不再说话了，陈先生还以为什么没事。

第二天早上，亮亮腹痛难忍。送到医院一检查，亮亮的脾脏破裂出血了。医生说："脾脏是一个储血器官，上面有很多血管，一旦发生破裂，就会导致大出血。而且脾脏的质地像豆腐一样，很脆弱，破裂之后无法缝起来，只能整个摘除。

点评

新闻底下有人留言："父母陪孩子写作业，应该是一个温馨的场景啊，至于如此动怒吗？"说这话的网友，应该是没给孩子辅导过作业，否则，他一定知道，那个急火攻心来得多么容易。

案例2

刘先生每天辅导上小学三年级的儿子写作业。一天，一道题他讲了无数遍，孩子就是听不懂。刘先生气得胸口发闷，赶紧叫来妻子顶上。妻子又讲了半天，孩子还是不懂。坐在一旁的刘先生忍不住，腾的一下子站起来，却突然眼前一黑晕了过去。

点评

如此情景听起来像段子，但真正身处其中的父母，很难笑得出来，因为是真气、真焦虑、真压力巨大。所以，写作业这件事，看起来小，但对我们影响重大，值得好好思考。

2. 为什么如此生气

生气的根本原因是父母的期待过高。现在和过去不一样，过去一个家庭好几个孩子，而且孩子长大以后，人生差别不大。所以，父母不会在某个孩子身上较劲。但现在不同了，人与人之间的差距拉得很大。父母不得不把期望转移到孩子身上，希望孩子能为父母争气、为自己逆袭。

现在很多家庭都只有一个孩子，这个家庭的未来，便都压在了这个孩子的身上。在父母心里，孩子绝不能输。不能输，就不能差，尤其是在学习上不能差。因为对于普通家庭而言，好成绩就是通往成功的路。

孩子白天在学校学得如何，父

母看不到。父母能感受到的只是晚上孩子回来写作业这件事。那么，问题来了，你这边殷殷期盼，咬紧牙、铆足劲，盼着孩子有好成绩；而孩子那边稀里糊涂、马马虎虎，干啥啥不行，学啥啥不会，父母自然就很容易生气。

3. 到底该不该生气

（1）孩子没理由承担我们的高期待

我们是普通人，孩子大概率也是普通人。我们教育孩子的正确心态应该是“你如果能有出息，那最好；不能的话，做个普通人也没问题”，而不是“你一定要有出息，否则你和我们这辈子都完了”。

（2）你的暴怒，会让孩子很受伤

你对着孩子一顿吼，宣泄完了压力和愤怒，你没事了，但那些负面情绪，变本加厉地传递给了孩子。小小的孩子，无法理解你的焦虑，却不得不背负起这样的重压，而他又无处宣泄。慢慢地，孩子的心理一定会出问题。

（3）孩子大概率会出现以下状况

一是抗拒学习；二是反感父母；三是情绪抑郁，严重的甚至得抑郁症；四是沉迷游戏，以排解内心的压抑。孩子的学习能力本来就一般，再丧失了学习兴趣和学习动力，他的成绩能好吗？父母气急败坏地逼孩子学习，本意是为他好，但结果可能正相反——孩子的成绩不行了，心理也不健康了。

4. 如何才能不生气

（1）要了解孩子的思维模式

大人太习惯用自己的思维方式去看待孩子了。但事实上，孩子并不是“缩小版的成人”。孩子和父母的思维方式，有很大差异。

比如大人知道1+1=2，就知道2-1=1。但小孩子只有单向思维，他只知道从左到右，不知道倒过来推算。我们不能因为自己知道，就觉得孩子也知道，这是不对的。

再比如“假设把四只兔子和两只鸡关在一个笼子里”的数学题。大人知道这就是让你算数，到底是鸡还是鸭并不重要。但孩子就会思考，就会想鸡会不会跟兔子打架，谁会赢。这就是孩子的正常思维模式，这么思考的孩子才正常。你必须得全然接受，不能要求他像大人一样瞬间理解出题者的意图，否则就是你有问题。

其实，很多时候我们暴怒都是因为自己无知，不懂孩子的思维方式。自以为是地觉得孩子应该怎样怎样，然后发现孩子跟自己想得不一样，就会暴怒。这既是无知，也是霸凌，对孩子非常不公平。所以我们一定要改变自己的想法，多了解和尊重孩子的思维模式。

（2）要允许孩子吊儿郎当

孩子的天性就是爱玩、爱动、爱探索、没耐心、坐不住、容易被外界动静吸引。几岁的孩子，耐心就只有十分钟。写十分钟作业就要玩一会，这是孩子的正常节奏。我们必须坦然接受，让孩子坐在那里一口气把作业写完，不符合孩子的天性。

允许孩子在学习的时候磨洋工。他要喝水，就让他喝点水；他要抠指甲，就让他抠一会指甲。这是孩子的正常需求，你不但不能生气，还得满足。要想各种办法帮他完成学习这项辛苦的任务。

很多孩子在家写作业都是这样的画面：孩子伏案写作业，父母在旁边眼都不眨地盯着。一出点什么小错，父母马上就开始纠正，勒令孩子擦掉重写。一开小差，父母马上喝止，要求他专心学习。孩子战战兢兢，唯恐出错，抓耳挠腮，浑身难受。写作业这件事，父母在旁边要做的，不是各种挑剔，比如姿势不对了，思路不对了，更不是监督吓唬，逼他一直写不能停，我们真正应该做的，是陪伴、鼓励和引导。

（3）如果没办法，不如放手

如果你的教学能力、情绪控制力都不行，那么，不如把专业的事交给专业的人做。给孩子请个家教，让家教在孩子的学习上帮帮忙。专业的人不会动那么大的怒，也不会伤害孩子。你放开手，换来一个和谐的亲子关系，是值得的。

其实，那道怎么也学不会的题，并不是非要今晚必须学会。即便学不会也不能说明是孩子笨。父母和一道题较劲，不是认真负责，而是霸道，是心理问题。在孩子漫长的人生里，一道难题，一次写不完的作业，本来就不值得一提，如果因为一道题、一次作业，而引发了家庭灾难，后果就严重了。

所以，与其在暴跳如雷中把问题搞砸，不如在温暖和煦中，帮助孩子积蓄力量，让孩子轻装上阵，信心满满、热情洋溢地一路向前。

让自己幸福快乐的小习惯（10）

10. 不再逃避该解决的问题

卡夫卡曾说：“你唯一能逃避的，就是逃避本身。”逃避没有任何好处。到最后，只是多了一条弯路。有个“四分钟法则”：如果不愿意做某件事，先尝试着手做四分钟。四分钟后，因为惯性，你的抵触心理会大大降低，倾向于继续做这件事。

教育孩子首先不要输在家庭教育上

提升家长的家庭教育综合素养从学习家庭教育开始

文/尹建莉

儿童的马虎是一种正常现象

为什么要求孩子不马虎，他的功课却更糟糕了呢？因为学习是一件需要精细处理的事情，它需要动用智力、兴趣、毅力和情感等共同协作来完成，单一的“认真”并不存在，也不可能完成这么复杂的事件。

如果一个孩子在学习上总是因为马虎而挨批评，他就会自动进行调整，这种调整可能会带来一些负面影响。那么，孩子会怎么进行调整呢？

一

人的注意力有限，儿童的注意范围更狭窄，能量十分有限，如果他把注意力投注到对错问题上，对思考和探索就无暇顾及了。

注意力如何分配，是一种习惯养成。孩子只关注对错，久而久之，不出错的习惯培养出来了，但不善思考、缺少探究兴趣的习惯也培养出来了。

教育家杜威认为，儿童的可塑性不同于泥巴或蜡的可塑性，它不受外来压力而改变。它必须以他自身的经验为发酵剂，以经验中的成功或失败作为成长训练，催化儿童改变自己行为的力量。没有这种力量，获得习惯是不可能的。

二

人都是趋利避害的，如果孩子不断接收到“你可以笨，但不可以错”的信息，且一再地因为马虎挨批评，他就会在潜意识里，自动降低自己的智力水平，让自己真的不会，以逃避失误带来的指责。

这种逃避的后果，不但阻碍了他的智力发展，同时也降低了他的自我认同感。

孩子都是喜欢自己聪明的，感觉聪明能给自己带来自信。对自己智力上的信任，以及对学业上的兴趣，是保证孩子在学习上投注感情和毅力的重要前提，如果没有这种信任和兴趣，想要获得杰出的知识是不可能的。只是为了不出错而获

让自己幸福快乐的小习惯(11)

11. 不再吝啬对他人的欣赏

《半山文集》里写道：“对世界保持欣赏，因为欣赏是人间最美好的礼貌。”欣赏他人，是一种气度、一种智慧、一种境界。欣赏不是崇拜，不会因为一时的冲动趋于盲目。欣赏不是吹捧，不会随着时间的流逝归于平淡。试着多发现一些别人身上的闪光点，人们更愿意对欣赏自己的人心生好感。

得的荣誉非常肤浅，无法给予孩子长久的自信，也无法让孩子对学习本身产生真正的兴趣。

三

经常批评孩子马虎，是一种贴标签行为，会给孩子一种负面的强化，让他觉得自己就是个“粗心大意”的人，这种自我心理暗示十分强大，会影响他的行为表达，真的变得越来越粗糙，从而招致父母越来越多的批评。

尽管出于父母的压力，孩子会屡屡保证以后不马虎，但在潜意识中，孩子会反抗这种要求，而产生情绪上的逆反。在不良自我暗示和反抗情绪中，他会变得更马虎，甚至会破罐破摔，把马虎固化为自己的一种特点，直至完全丧失自我修正的能力。

一个在学习上没有养成思考习惯和探究兴趣，不自信，或者一直马虎的孩子，你能指望他的学业出众吗？

四

儿童的“马虎”是一种非常正常的现象，是学习、生活中最不值得一提的小问题，是他们走向精细必不可少的提示。

山路本身并不是顶峰，想要到达顶峰，山路上的跋涉一步都不能省略。

一个孩子只要心理正常，都有自我完善的能力。成年人如果不曾忘记自己也曾幼小过，就不应该忘记自己也曾马虎过。

回头想想自己的成长，到底是严苛的责难让我们变得细致，还是宽容和时间帮助我们慢慢完善？

我们说某人是某方面的天才，只是意味着他有某方面的潜能，并非一出手就能达到完美，所谓“出手不凡”也必须有若干相关经验的积累，儿童则更需要这种积累。

天才也需要“试错”练习，过度要求孩子不马虎，只会剥夺他们的探究兴趣。所以，给孩子们多一些时间积累经验，积蓄潜能。

育儿之路看似步步维艰，但只要找到方法，便能从容应对。

让自己幸福快乐的小习惯(12)

12. 不再坚持只有自己是对的

越长大越发现，一个人不可能永远是对的，也没有必要为了“对”而苦撑。世上本没有对错，只是看待问题的角度不同而已。多一点理解，多一些求同存异。如果你持有的观点被否定，不要心急，更不必动气。毕竟，所谓观点，就是用来讨论的，而不是为了说服谁。 **（有书京介）**

淡化学数学的“任务感”

文/Guokr

1. 数感好数学才会好

许多父母在进行幼儿数学启蒙上，会陷入一个误区，觉得孩子早早会数数、会做加减法，就是有天赋。其实，学得早不代表学得好。

尽管数数、算术是数学的一部分，但在不求理解的情况下，单纯靠死记硬背来记住的数字和运算规律，只是机械的记忆。这种填鸭式的启蒙方式，恰恰伤害了孩子学习数学的根基——数感。

数感为何物？就像学英语需要语感，学画画需要美感，而数感是指能用数学的角度去观察、解释和表示客观事物的数量关系、数据特征和空间形式，善于捕捉一般问题中潜在的数学特征。所以，做数学启蒙，别急着学数数、认数字、算算术。区分、归类、图形、规律和空间关系等数学概念，都是培养孩子数感的垫脚石。

研究表明，孩子的思维发展分为三个阶段：1~3岁以直觉行动思维为主；3~6岁以具体形象思维为主；6岁以上以抽象逻辑思维为主。3~6岁的孩子处于具体形象思维阶段，所以利用身边的实物，让数学变得“可视化”是最好的方法。

加减法通过嘴巴念是很难记住的，但通过动手摆一摆，看到实物的变化，就很容易理解和记住。这也是为什么许多孩子刚开始学加减法，总是掰手指头算一算的原因。正因为眼见为实，看多了就记住了。而在生活中，像叠积木、拼乐高、玩扑克牌、排小火车等都是最好的道具。

2. 淡化学数学的“任务感”

如果你家有即将幼小衔接的孩子，练习册不用多，因为家里的绘本就是最好的老师，有趣又有料，孩子爱看还易懂。我就是把绘本一物多用，淡化学习数学的任务感，让孩子感觉他是在快乐地读绘本、做游戏，没感觉到学习的时候，就把知识学了。

(1) 提供画面，让数学概念具象化

我最初教孩子时，不断重复“三角形有三个角”，他听完毫无感觉。但看完《好饿的小蛇》，书里三个角的饭团以及小蛇吞下饭团后，变成“三角形”的肚子，他一下就记住了“三角形”的特征。

简单地告诉孩子1+1=2，这不叫

数学启蒙。能让孩子感兴趣并且能有效吸收的，是让孩子理解“我有1个苹果，再拿1个，我就有2个苹果了”。这个“2”不是背出来的，而是理解出来的。

比如读绘本《好饿的毛毛虫》，我引导孩子边读边数，每种水果各有几个，分别匹配的是哪几个数字。会数数不代表认识数字，只有学会“数和物的对应”，孩子才能更好地理解数字的意义。

“星期一，毛毛虫吃了1个苹果。让我们数数，这里苹果有几个？”“1个，你还知道什么是1个的？”“1只毛毛虫，1个太阳，1本书，都是1，1就是单独1个。”“星期二，毛毛虫吃了2个梨，让我们数一数，1个，2个。”“还有什么是2个？”“2只小手，2只小脚，2只眼睛，都是2。”你会发现，其实你和孩子玩的，就是数学学习。

靠实物进行数学学习是每个孩子必经的过程。数的时候，一定要让孩子学会用手指，指1个，数1个；指1个，数1个；指1个，数1个；重要的事情说三遍。至于原因是什么，除了让孩子学会数字和物体对应之外，还有一个非常重要的原因，后面再揭晓。

“数的分解与合成”，1+1=2，虽然看起来很简单，但对于幼小的孩子来说，要理解2可以分成1和1是有难度的。所以，我让“加减法”变成“看得见的加减法”。比如“毛毛虫今天有3个李子，但今天它不饿，只吃了1个，还剩下几个呢？”“3个，拿走1个吃掉的。数一数，现在还有1、2，2个对不对？所以，3就可以分成1个和2个，对吗？”“如果毛毛虫上午吃掉1个，下午吃掉2个，加起来一天吃了几个？数一数吧！”

绘本的画面丰富又具象，像这种在玩中学习数字和数量的方式，比起死记硬背，会有事半功倍的效果。数的多了，孩子熟悉了数字与数量的匹配，就能一眼看出简单的物体数量。以后做算术题，算起来就会更快，因为脑子里有“数”，就不用再掰着手指、脚趾慢慢地算了。

这和我们打牌时，不需要再去数数一样，哪怕遮住数字，一眼扫过去就能看出数量。这就像数字从具象变抽象后，被大脑刻入“硬盘”一样，再调取就简单多了。

（2）创造情境，让学习趣味化

陪孩子做“找规律”的题时，“1个圆形2个三角形，再来1个圆形2个三角形，那么接下来应该再放什么图形？”光靠说是难以理解的，而需要具体示范。做再多的规律题，还不如读一本《点点点》。就是动手点一点，数字、颜色、位置、规律等数学概念，通过绘本通通可以记忆下来。

①观察封面和扉页，这页的点点是什么颜色，是怎么排列的，用小手点一下。

②将绘本作为道具，竖着、横着、点一点、摇一摇、抖一抖、吹一吹、拍一拍，感受到点点位置的变化。

③听指令做动作，比如用右手点一点，点一下黄色，点两下红色，用左手数数蓝色有几个。

④玩点点找朋友的游戏，每次妈妈说出一种颜色，让孩子拿着相同颜色的点点与其配对。

⑤按规律排队，左边、右边、上面、下面。

做算术题，孩子不喜欢，也不愿意动脑。但讲故事、玩游戏，孩子一听就喜欢，自然积极又投入。同样是学，不如换个法子，教得轻松，学得认真。

类似这样的玩法，在很多绘本中都可以玩。比如《彩虹色的花》，可以让孩子体验“拿走一片，就减少一片”的减法概念。《我的情绪小怪兽》，可以学习颜色分类。《猜猜我有多爱你》，可以比较“高和矮”“大和小”“远和近”。《月亮的味道》，可以理解“上”和“下”、“最上”和“最下”等概念。

（3）观察细节，将好习惯培养起来

揭晓前面的答案，为什么“指1个，数1个”那么重要？别小瞧数一数这个动作，在小学一、二年级，这类“数一数，多少个”的题目很多。而粗心的孩子最容易出错的，就是眼睛看见了，手指数漏了。

所以给孩子读绘本时，要引导孩子观察细节。例如，在《我爸爸》这本绘本中，据说书里出现了10个太阳元素，我会让孩子去找一找，看能找出来几个？在数学启蒙时，学多学少不重要，习惯养成最关键。

心理学家霍华德·加德纳说过，学龄前儿童把世界看成一个数数的场所。父母作为第一启蒙人，任务不是教孩子数这个“数”，而是支持他爱“数”的天性，给他提供丰富多样的启蒙工具，让他在“眼见为实，手摸为准”的感官体验中，感受到数学的乐趣，开拓思维，接触更多的数学概念。

数学兴趣的小种子一旦埋下，学习能力自然被激发，学习成绩提升就是水到渠成。